Beiträge zur Verbraucherforschung

herausgegeben von
Dr. Christian Bala
für das Kompetenzzentrum Verbraucherforschung NRW (KVF NRW) und
Wolfgang Schuldzinski
für die Verbraucherzentrale Nordrhein-Westfalen e. V.

ISSN 2197-943X

Band 8

Das 2011 gegründete KVF NRW hat die Aufgabe, die Verbraucherforschung zu unterstützen, um so eine Wissensbasis als Grundlage für effizientes verbraucher- und wirtschaftspolitisches Handeln zu schaffen. Mit den „Beiträgen zur Verbraucherforschung" dokumentiert das KVF NRW seine Workshops, die Wissenschaftlerinnen und Wissenschaftlern verschiedener Fachrichtungen die Gelegenheit bieten, sich interdisziplinär über verbraucherrelevante Fragen auszutauschen. Diese halbjährlichen Tagungen sollen die Diskussion zwischen Wissenschaft, Politik und Verbraucherorganisationen anregen. Die Schriftenreihe „Beiträge zur Verbraucherforschung" präsentiert sowohl die Vielfalt der Fragestellungen und Disziplinen als auch die Pluralität von Theorien und Methoden. Dies wird durch die Farbgebung der Umschläge unterstrichen: So wie sich das Licht aus verschiedenen Komponenten, den Spektralfarben, zusammensetzt, verstehen wir die Verbraucherforschung als ein gemeinsames Anliegen, das ein breites Spektrum an Zugängen und Themen vereint.

Das KVF NRW ist ein Kooperationsprojekt der Verbraucherzentrale NRW e. V. mit dem Ministerium für Umwelt, Landwirtschaft, Natur- und Verbraucherschutz (MULNV) und dem Ministerium für Kultur und Wissenschaft (MKW) des Landes Nordrhein-Westfalen.

Christian Bala und Wolfgang Schuldzinski (Hrsg.)

Jenseits des Otto Normalverbrauchers

Verbraucherpolitik in Zeiten des „unmanageable consumer"

Bibliografische Information der Deutschen Nationalbibliothek

Die Deutsche Nationalbibliothek verzeichnet diese Publikation in der Deutschen Nationalbibliografie; detaillierte bibliografische Daten sind im Internet über http://dnb.dnb.de abrufbar.

1. Auflage, 2018
© Verbraucherzentrale NRW, Düsseldorf

Der Text dieses Werkes ist, soweit nichts anderes vermerkt ist, urheberrechtlich geschützt. Einzelne Beiträge dieses Werkes stehen unter Creative-Commons-Lizenzen. Die Lizenzen gelten ausschließlich für die Texte des Werkes, nicht für die verwendeten Logos und Bilder. Jede Verwertung, die nicht ausdrücklich vom Urheberrechtsgesetz oder durch die Creative-Commons-Lizenzen zugelassen sind, bedürfen der vorherigen Zustimmung der Autorinnen und Autoren sowie der Verbraucherzentrale NRW. Das Kennzeichen „Verbraucherzentrale" ist als Gemeinschaftswort- und Bildmarke geschützt (Nr. 007530777 und 006616734). Das Werk darf ohne Genehmigung der Verbraucherzentrale NRW nicht mit (Werbe-)Aufklebern o. Ä. versehen werden. Die Verwendung des Werkes durch Dritte darf nicht den Eindruck einer Zusammenarbeit mit der Verbraucherzentrale NRW erwecken.

ISSN 2197-943X
ISBN PRINT 978-3-86336-919-4
ISBN E-BOOK (PDF) 978-3-86336-920-0
DOI 10.15501/978-3-86336-920-0

Printed in Germany

Inhalt

7 Einleitung: One size does not fit all!
Christian Bala und Wolfgang Schuldzinski

19 Leitbilder, Erlebnisse und die mentale Dimension des modernen Konsums
Kai-Uwe Hellmann

53 Mit dem Verbraucher Politik machen?
Kathrin Loer und Alexander Leipold

77 Demografiegerechtes Verbraucherrecht?
Stefan Müller und Vanessa Kluge

97 Crowdfunding und mündige Verbraucher
Patrick Linnebach

117 Geflüchtete als Verbraucher
Katharina Witterhold

141 Vom Prosumenten zum Conpreneur
Michael-Burkhard Piorkowsky

163 Verbraucherorientierter Datenschutz
Ali Sunyaev, Tobias Dehling und Manuel Schmidt-Kraepelin

181 Privatsphäre im Internet
Mirja Kroschke

197 Thesen: Jenseits des Otto Normalverbrauchers
Kompetenzzentrum Verbraucherforschung NRW

207 Impressum

Einleitung: One size does not fit all!

Differenzierte Verbraucherbilder und Herausforderungen für Verbraucherpolitik

Christian Bala und Wolfgang Schuldzinski

DOI 10.15501/978-3-86336-920-0_1

Abstract

Die Verbraucherforschung hat seit jeher Skepsis gegenüber vereinfachenden Betrachtungsweisen und idealisierten Leitbildern an den Tag gelegt. So unterschiedlich wie die Menschen, sind auch ihre Bedürfnisse, ihre Präferenzen, ihre Fähigkeiten und Ressourcen. Auch die Verbraucherberatung kennt keinen Otto Normalverbraucher, für sie steht der konkrete Mensch im Mittelpunkt. Doch gerade diese Vielzahl von Zielgruppen, Verhaltensweisen und Bedürfnissen stellt die Verbraucherberatung und die Verbraucherpolitik vor Herausforderungen. Wenn der (Durchschnitts-)Verbraucher nicht existiert, müssen Instrumente entwickelt werden, welche den Bedürfnissen und Fähigkeiten der unterschiedlichen Zielgruppen entsprechen.

Dieser Beitrag erscheint unter der Creative-Commons-Lizenz: Namensnennung – Weitergabe unter gleichen Bedingungen 3.0 Deutschland | CC BY-SA 3.0 DE
Kurzform | http://creativecommons.org/licenses/by-sa/3.0/de/
Lizenztext | http://creativecommons.org/licenses/by-sa/3.0/de/legalcode

1 Verbraucherbilder und wissenschaftliche Erkenntnisse

One size fits all, diese, vornehmlich aus der Bekleidungsbranche bekannte, Größenangabe wirkt, gerade in Zeiten, in denen der Handel auf Individualisierung und Personalisierung setzt, etwas antiquiert. Die deutsche Übersetzung, Einheitsgröße, weckt, denkt man beispielsweise an den Einheitsbrei, auch nicht gerade positive Assoziationen. Trotzdem hat sich dieses Label in den letzten Jahren zu einem Modetrend in den USA und auch in Europa entwickelt. Allerdings seien diese Kleider, „gemessen an herkömmlichen Standards [...] in S geschnitten. Small. Wer nicht in dieses Körperschema passt, fällt raus. ‚One size', das gilt eigentlich nur für die Schlanken und Schönen. Wer zu dick ist, entspricht nicht dem Standard, lautet die subversive Botschaft hinter dem Marketingkonzept." (O. A. 2015) Auf der Nachrichtenseite „Buzzfeed" wurde die Einheitsgröße von unterschiedlichen Frauen getestet. Eine zog abschließend das Fazit: „Wir sind alle unterschiedlich, weshalb die Idee einer Einheitsgröße für alle einfach nur absurd ist." (Lowry 2014)

So unterschiedlich wie der Körperbau der Menschen, sind auch ihre Bedürfnisse, ihre Präferenzen, ihre Fähigkeiten und Ressourcen, dies muss eine moderne Verbraucherpolitik berücksichtigen. Diese Erkenntnis ist seit den 2010er-Jahren wieder deutlicher ins Bewusstsein der Akteure gedrungen, obwohl sie nicht wirklich neu ist.

Die Verbraucherforschung hat seit jeher Skepsis gegenüber simplifizierenden Betrachtungsweisen und idealisierten Leitbildern an den Tag gelegt. So wandten sich Gerhard Scherhorn et al. (1976, 3) vor rund 40 Jahren gegen die „heroische Vorstellung vom souveränen Konsumenten, der seine Bedürfnisse autonom entwickelt und sich ihrer Befriedigung bewußt und rational des Instruments Wirtschaft bedient".

Und der Berliner Betriebswirtschaftler Eberhard Kuhlmann stellte in seinem 1990 erschienen Lehrbuch über „Verbraucherpolitik" fest:

> „Es liegt nahe, das mit den Merkmalen der vollständigen Konkurrenz und des homo oeconomicus ausgemalte Leitbild der Konsumentensouveränität auf seinen deskriptiven Gehalt zu überprüfen […]. Leicht einzusehen ist, daß das Ergebnis derartiger Überprüfungen recht negativ ausfällt, d. h. man gelangt zu dem Schluß, daß dieses Leitbild keiner empirischen Prüfung an der Realität standhält." (Kuhlmann 1990, 31)

20 Jahre später betonte der Wissenschaftliche Beirat Verbraucher- und Ernährungspolitik beim BMELV:

> „Insbesondere die jüngere verhaltensökonomische Forschung zeichnet das eher realistische Bild eines überlasteten, zeitknappen, weniger kompetenten, bedingt interessierten, nicht immer disziplinierten Verbrauchers." (Micklitz et al. 2010, 1)

Es stellt sich die Frage, wie oft noch die wissenschaftliche Erkenntnis ein idealisiertes und monistisches Verbraucherbild widerlegen muss, bis reflexhafte Abwehrreaktionen ausbleiben?

In der Folge der durch die Stellungnahme des Jahres 2010 (Micklitz et al. 2010; Becker et al. 2010) ausgelösten Diskussion über „Verbraucherleitbilder" wurde deutlich, dass man nicht von einem „Einheitsverbraucher" ausgehen kann, sondern, je nach Lesart, zwischen Typen oder Verhaltensweisen unterscheiden muss.[1] Dass es angesichts dieser unmittelbar einsichtigen Notwendigkeit der Differenzierung (siehe dazu Jaquemoth und Hofnagel 2018, Kap. 4.1) zu teilweise aufgeheizten Debatten kommt, wird nur dadurch verständlich, dass einige Akteure dahinter eine verbraucherpolitische Weichenstellung wittern, deren Ziel der „unmündige Verbraucher" sei.[2] Dabei genügt ein Blick in die dreiseitige Stellungnahme des Wissenschaftlichen Beirats Verbraucher- und Ernährungspolitik beim damaligen BMELV aus dem Jahre 2010, dass dies nicht die Intention der Autorinnen und Autoren war:

---

1 Andreas Oehler (2017, 22) betont, dass es sich bei der Einteilung in vertrauende, verletzliche und verantwortungsvolle Verbraucherinnen und Verbraucher um Verhaltensweisen und nicht um Typen handelt. Peter Kenning und Ina Wobker (2013) hingegen nehmen explizit Typenbildungen entlang dieser Begriffe vor.
2 Siehe als aktuelles Beispiel Schnellenbach (2018), als Reaktion darauf Müller (2018). Ein weiteres Beispiel ist Neubacher (2014).

> „Hält man also am Leitbild des ‚mündigen' Verbrauchers fest, so müssen sich die verbraucherpolitischen Strategien stärker an den unterschiedlichen Verhaltensmustern ausrichten. Auch gibt es ganz unterschiedliche Kompetenzprofile von Verbraucherinnen und Verbrauchern. Zum Ziel des mündigen Verbrauchers führen verschiedene Wege." (Micklitz et al. 2010, 3)

Ob die 2010 eingeführte begriffliche Trias von vertrauenden, verletzlichen und verantwortungsvollen Verbraucherinnen und Verbrauchern (Micklitz et al. 2010) tatsächlich in wissenschaftlicher und politischer Hinsicht gut gewählt war, sollte aber durchaus diskutiert werden. Zum einen erscheint sie im Hinblick auf das politische Framing (siehe dazu Wehling 2017) fragwürdig, denn allzu leicht wurde damit ein Abschied vom „mündigen Verbraucher" im Sinne einer „Entmündigung" in Verbindung gebracht. Zum anderen sind die drei Begriffe (noch) zu unzureichend definiert, um sie wissenschaftlich fruchtbar zu nutzen (siehe u. a. KVF NRW 2018, 5).

Unabhängig aber davon, ob man diese Einteilung in drei Verhaltensweisen teilt oder nicht, bleibt aber eine gemeinsame Erkenntnis: Den Verbraucher beziehungsweise die Verbraucherin gibt es nicht, auch nicht im Sinne der Verbrauchertrias (siehe Oehler 2017, 22). Die Notwendigkeit zu differenzieren, ist evident und hat bereits dort in das Verbraucherrecht Eingang gefunden, wo besonders schutzbedürftige Gruppen identifiziert werden (siehe Schmidt-Kessel und Germelmann 2016, 69-71).

2 Verbraucherberatung kennt keinen Otto Normalverbraucher

Was die Verbraucherforschung schon vor 40 Jahren konstatierte, können all jene, die tagtäglich Verbraucherberatung leisten, nur bestätigen: Die Fragen und Probleme, mit denen die Beraterinnen und Berater der Verbraucherzentralen konfrontiert werden, sind so vielfältig wie die Verbraucherinnen und

Verbraucher. Manche von ihnen sind souverän und suchen Hilfe bei der Umsetzung, manche erscheinen überfordert. Einige benötigen nur Informationen, andere auch Zuspruch und aktive Hilfe.

Die Anforderungen an Verbraucherberaterinnen und -berater haben sich aber auch gewandelt: Früher wurden Angebote der Verbraucherzentralen und anderer Verbraucherorganisationen vor allem von Menschen „mit hohem ökonomischen und kulturellen Kapital" (Nessel 2015, 174) wahrgenommen. Heute haben wir es mit neuen Zielgruppen und Themen zu tun: Schülerinnen und Schüler, die sich in der digitalen Welt zurechtfinden müssen. Seniorinnen und Senioren, die mit bargeldlosem Zahlungsverkehr überfordert sind. Migrantinnen und Migranten, denen die hiesige Konsumwelt fremd ist. Personen mit geringem Einkommen, die unter Energiearmut leiden. Auch auf die Veränderungen der Konsumwelt müssen wir uns einstellen: Verbraucherinnen und Verbraucher, die nicht nur nach dem Preis schauen, sondern soziale und ökologische Kriterien beim Einkauf berücksichtigen möchten. Angesichts der Sharing Economy und dem Auftreten von Prosumentinnen und Prosumenten verschwimmen die Grenzen zwischen Verbrauchern und Anbietern.

Wir können keinen One-size-fits-all-Verbraucherschutz betreiben, sondern müssen die unterschiedlichen Bedürfnisse, Voraussetzungen und Ressourcen in unserer Arbeit berücksichtigen und unsere Angebote entsprechend anpassen: Verbraucherbildung für Schülerinnen und Schüler. Aufsuchende Beratung im Quartier für Menschen, die den Weg in eine Beratungsstelle aus Unkenntnis, finanziellen, physischen oder sozialen Gründen nicht selbst finden. Bildungsangebote für Flüchtlinge und Helfende in der Flüchtlingsarbeit. Unterstützung für Bürgerinnen und Bürger, die ihre Energierechnungen nicht bezahlen konnten. Ehrenamtliche Verbraucherscouts für ältere Menschen, die eine persönliche Ansprache suchen. Die Verbraucherberatung kannte noch nie den Otto Normalverbraucher, für sie stand und steht der konkrete Mensch im Mittelpunkt.

3 Der „Unmanageable Consumer"

Doch gerade diese Vielzahl von Zielgruppen, Verhaltensweisen und Bedürfnissen stellt die Verbraucherpolitik vor Herausforderungen. Wenn der (Durchschnitts-)Verbraucher nicht existiert, müssen Instrumente entwickelt werden, welche die Bedürfnisse und Fähigkeiten der unterschiedlichen Zielgruppen berücksichtigen, um ihre Rechte und ihre Selbstbestimmtheit zu stärken. Wenn festgestellt wird, dass beispielsweise das Informationsparadigma brüchig zu sein scheint (siehe Oehler 2017, 22), so stellt das noch nicht die Notwendigkeit und den Wert der Information an sich infrage, vielmehr zeigt sich, dass es ein gewisses Maß an Information und ihrer Darstellung gibt, das für spezifische Verbraucherinnen und Verbraucher sinnvoll erscheint (Bala 2016). Doch wie können diese Gruppen erkannt werden? Wie gelangen die Informationen zu ihnen? Zielgruppen und ihre besonderen Bedürfnisse zu erkennen und die Verbraucherinnen und Verbraucher zu erreichen, ist die Herausforderung, vor der verbraucherpolitische Akteure stehen.

Die Fragmentierung der einstmals als einheitlich perzipierten Gruppe *Verbraucher*, führt zu Steuerungsproblemen, das hoben der Organisationswissenschaftler Yiannis Gabriel und der Experte für Ernährungspolitik Tim Lang 1995 in ihrem Buch „The Unmanageable Consumer" hervor: „Consumers have proven that in spite of the best efforts to constrain, control and manipulate them, they can act in ways that are unpredictable, inconsistent and contrary." (Gabriel und Lang 2008, 334, ähnlich Gabriel und Lang 2015, 12) Verbraucherinnen und Verbraucher sind in dieser mehrdimensionalen Perspektive eben nicht nur Marktakteure, sondern sie tragen verschiedene Masken, haben unterschiedliche Gesichter und treten in verschiedenen Rollen auf, etwa als Bürgerinnen und Bürger, Aktivistinnen und Aktivisten, als Identitätssuchende oder verletzliche Personen.

„The notion of an average consumer has become a fiction. In a world where everyone claims the consumer for her- or himself, the consumer must now be deemed unmanageable, claimed by many, but controlled by nobody, least of all by consumers themselves. [...] The consumer, then, is unmanageable, both as a concept, since no-one can pin it down to one specific conceptualization at the expense of all others, and as an entity, since attempts to control and manage the consumer result in a mutation from a stable consumer concept to an unstable one." (Gabriel und Lang 2008, 332, ausführlich dazu Gabriel und Lang, 2015, Kap. 22)

Es stellt sich die Frage, ob wir überhaupt noch von einer einheitlichen Verbraucherpolitik ausgehen können oder vielmehr nach Zielgruppen, Märkten, Versorgungssystemen und/oder Bedarfsfeldern differenzierte Ansätze entwickeln müssen?

4 Verbraucherforschung: Problemlösungen, keine Patentrezepte

Die These von der *unmanageability* bildete den Ausgangspunkt für den 10. Workshop Verbraucherforschung, der am 10. Juli 2017 in Düsseldorf stattfand. Im Zentrum der Beiträge stehen Fragen

- nach dem Bild, das sich die Verbraucherforschung von ihrem Untersuchungsgegenstand macht (Kai-Uwe Hellmann).
- nach den Konsequenzen von Alters-, Migrations- und Kulturerfahrungen für das Verbraucherrecht und die Verbraucherarbeit (Stefan Müller und Vanessa Kluge; Katharina Witterhold).
- nach der Entwicklung von Zielen und Instrumenten verbraucherpolitischer Instrumente angesichts einer fragmentierten Verbraucherschaft (Kathrin Loer und Alexander Leipold; Patrick Linnebach).
- nach der Vermischung von Anbieter- und Nachfragerollen (Michael-Burkhard Piorkowsky).
- nach der Identifikation unterschiedlicher Verhaltenstypen bei Datenschutzfragen (Ali Sunyaev, Tobias Dehling und Manuel Schmidt-Kraepelin; Maja Kroschke).

Die hier versammelten Artikel zeigen, bei allen unterschiedlichen Ansätzen, Fragestellungen und disziplinären Herangehensweisen, dass eine unabhängige und transdisziplinäre Verbraucherforschung über Kreativität und Problemlösungen verfügt, jedoch keine Patentrezepte erwartet werden dürfen. Der Soziologe Armin Nassehi hat das Verhältnis von Wissenschaft und Politik unlängst in einer Rede auf der Jahresversammlung der Hochschulrektorenkonferenz so beschrieben:

> „Man wünscht sich sichere, zeitstabile, anwendbare Erkenntnis. Die Erwartung lautet: Eindeutigkeit. Wer je Politiker oder Unternehmen erlebt hat, die sich wissenschaftliche Expertise ins Haus holen, kennt das Problem: Die Enttäuschung ist groß, wenn Wissenschaft nicht die Eindeutigkeit bereitstellen kann, die man fürs politische Entscheiden oder die unternehmerischen Strategien braucht. Und noch größer ist die Enttäuschung, wenn Wissenschaft vorführt, dass womöglich ganz andere Fragen gestellt werden müssen. Der Eigensinn der Wissenschaft besteht darin, Lösungen für selbst gestellte Probleme anzubieten – und ihre größte Stärke ist, Fragen zu stellen, die man ohne sie nicht hätte." (Nassehi 2017, 6)

Die von Armin Nassehi beschriebene Erwartungshaltung an Wissenschaft kann nur vermieden werden, wenn Wissenschaft, Verbraucherarbeit, Politik und Wirtschaft miteinander in einen Dialog treten.

Dies genau ist die Aufgabe des Kompetenzzentrum Verbraucherforschung NRW (KVF NRW), das mit Beginn des Jahres 2018 zu einer festen gemeinsamen Einrichtung der Verbraucherzentrale Nordrhein-Westfalen e. V. mit dem Ministerium für Umwelt, Landwirtschaft, Natur- und Verbraucherschutz und dem Ministerium für Kultur und Wissenschaft des Landes Nordrhein-Westfalen wurde (Verbraucherzentrale NRW 2017). Dies ist ein ermutigendes Zeichen für die Verbraucherforschung als inter- und transdisziplinäres Thema, dem nun mehr als nur „höfliches Interesse" (Ölander 2005, 27) entgegengebracht wird. Vielmehr wird die Relevanz von Grundlagen- und anwendungsorientierter Forschung erkannt. Der einst beklagte „Mangel an Kontinuität" (Ölander 2005, 24) ist der Erkenntnis gewichen, dass kurzfristige Impulse nicht ausreichen, sondern die Stärkung und Förderung der Verbraucherforschung langfristig und nachhaltig angelegt sein muss. Dies ist ein gemeinsamer Erfolg der beteiligten Wissenschaftlerinnen und Wissenschaftler, der politischen Stakeholder und den Akteuren aus der Verbraucherarbeit. Ihnen allen gebührt unser Dank.

Danksagung

Der Dank für das Gelingen dieses Bandes gilt allen, die dabei geholfen haben, den achten Band der „Beiträge zur Verbraucherforschung" zu ermöglichen. An erster Stelle sind natürlich die Autorinnen und Autoren zu nennen. Wir danken unseren Kooperationspartnern, dem Ministerium für Umwelt, Landwirtschaft, Natur- und Verbraucherschutz (MULNV) und dem Ministerium für Kultur und Wissenschaft (MKW) des Landes Nordrhein-Westfalen. Die redaktionelle Bearbeitung hat Hannah Scharrenberg übernommen. Heike Plank hat in bewährter Weise den Band als Lektorin betreut.

Literatur

Bala, Christian. 2016. Overload? Filter failure? Zur Ambivalenz des Informationsbegriffs in der Verbraucherforschung. Vortrag auf dem BVL-Symposium „Herausforderungen 2017: Prävention durch Information", Berlin, 27. Oktober.

Becker, Tilman, Helmut Jungermann, Ingrid-Ute Leonhäuser, Hans-W. Micklitz, Andreas Oehler, Michael-Burkhard Piorkowsky und Lucia A. Reisch. 2010. Wollen wirklich alle den „mündigen Verbraucher"? Wie Interessengruppen ein Leitbild instrumentalisieren. Stellungnahme des Wissenschaftlichen Beirats Verbraucher- und Ernährungspolitik beim BMELV. Berlin, Dezember. http://www.bmelv.de/SharedDocs/Downloads/Ministerium/Beiraete/Verbraucherpolitik/2010_12_InteressengruppeMuendigerVerbraucher.pdf?__blob=publicationFile.

Gabriel, Yiannis und Tim Lang. 2008. New faces and new masks of today's consumer. *Journal of Consumer Culture 8,* Nr. 3: 321–340. doi:10.1177/1469540508095266.

—. 2015. *The unmanageable consumer.* 3. Auflage. Los Angeles: SAGE Publications.

Hufnagel, Rainer und Mirjam Jaquemoth. 2018. *Verbraucherpolitik: Ein Lehrbuch mit Beispielen und Kontrollfragen.* Stuttgart: Schäffer-Poeschel.

Kenning, Peter und Inga Wobker. 2013. Ist der „mündige Verbraucher" eine Fiktion? Ein kritischer Beitrag zum aktuellen Stand der Diskussion um das Verbraucherleitbild in den Wirtschaftswissenschaften und der Wirtschaftspolitik. *Zeitschrift für Wirtschafts- und Unternehmensethik* 14, Nr. 2: 282–300. http://www.hampp-verlag.de/hampp_e-journals_zfwu.htm#213.

Kuhlmann, Eberhard. 1990. *Verbraucherpolitik: Grundzüge ihrer Theorie und Praxis*. Vahlens Handbücher der Wirtschafts- und Sozialwissenschaften. München: Vahlen.

KVF NRW (Kompetenzzentrum Verbraucherforschung NRW). 2018. *Der vertrauende Verbraucher: Zwischen Regulation und Information?* Thesenpapiere des KVF NRW 11. Februar. Düsseldorf: Verbraucherzentrale NRW. doi:10.15501/kvftp_11.

Lowry, Candace, Lara Parker, Kristin Chirico, Allison Bagg und Macey J. Foronda. 2014. This is what „one size fits all" actually looks like on all body types: All women's bodies weren't created equal. *BuzzFeed*. 13. Dezember. https://www.buzzfeed.com/candacelowry/heres-what-one-size-fits-all-looks-like-on-all?utm_term=.ym446aYlD#.widgB6vK5 (Zugriff: 27. März 2018).

Micklitz, Hans-W., Andreas Oehler, Michael-Burkhard Piorkowsky, Lucia A. Reisch und Christoph Strünck. 2010. Der vertrauende, der verletzliche oder der verantwortungsvolle Verbraucher? Plädoyer für eine differenzierte Strategie in der Verbraucherpolitik: Stellungnahme des Wissenschaftlichen Beirats Verbraucher- und Ernährungspolitik beim BMELV. Berlin, Dezember. http://www.bmelv.de/SharedDocs/Downloads/Ministerium/Beiraete/Verbraucherpolitik/2010_12_StrategieVerbraucherpolitik.html.

Müller, Klaus. 2018. Was ist denn „mündig"? Das alte Leitbild hat ausgedient. *Frankfurter Allgemeine Zeitung* (3. März): 16.

Nassehi, Armin. 2017. *Die Rolle der Wissenschaften in der modernen Welt: Festvortrag im Rahmen der HRK-Jahresversammlung am 8. Mai 2017 in Bielefeld*. Beiträge zur Hochschulpolitik 2017,2. Bonn: HRK. https://www.hrk.de/fileadmin/redaktion/hrk/02-Dokumente/02-10-Publikationsdatenbank/Beitr-2017-02_Nassehi_Die_Rolle_der_Wissenschaften_in_der_modernen_Welt.pdf.

Nessel, Sebastian. 2015. Verbraucherorganisationen als Resilienz- und Vulnerabilitätsfaktor von Markterwartungen. In: *Resilienz im Sozialen: Theoretische und empirische Analysen,* hg. von Martin Endreß und Andrea Maurer, 153–180. Wiesbaden: Springer.

Neubacher, Alexander. 2014. Verbraucher: Der Trottel als Leitbild. *Der Spiegel,* Nr. 40 (29. September): 28–29. http://www.spiegel.de/spiegel/print/d-129456809.html (Zugriff: 14. April 2015).

O. A. 2015. Realitäts-Check: Video entlarvt die Mode-Lüge „One size fits all". *RP ONLINE* (28. Januar). http://www.rp-online.de/panorama/mode/one-size-fits-all-ein-video-entlarvt-mode-versprechen-als-luege-aid-1.4784196 (Zugriff: 27. März 2018).

Oehler, Andreas. 2017. Entwicklungspfade der Verbraucherwissenschaften. In: *Verbraucherwissenschaften: Rahmenbedingungen, Forschungsfelder und Institutionen*, hg. von Peter Kenning, Andreas Oehler, Lucia A. Reisch, und Christian Grugel, 19–29. Wiesbaden: SpringerGabler. doi:10.1007/978-3-658-10926-4_2.

Ölander, Folke. 2005. Die verbraucherpolitisch orientierte Forschung – allerorts ein Stiefkind. In: *Verbraucherforschung in Deutschland*, hg. vom vzbv, 21-29. Berlin: BWV.

Schellenbach, Jan. 2018. Verbraucherschützer propagieren fragwürdiges Leitbild. *Frankfurter Allgemeine Zeitung* (19. Februar): 20. http://www.faz.net/aktuell/wirtschaft/verbraucherschuetzer-propagieren-fragwuerdiges-leitbild-15455696.html (Zugriff: 27. März 2018).

Scherhorn, Gerhard, Elke Augustin, Heinrich Gustav Brune, Gerd Eichler, Annemarie Hoffmann, Harald Schumacher, Claus Henning Werner und Klaus Wieken. 1975. *Verbraucherinteresse und Verbraucherpolitik*. Kommission für Wirtschaftlichen und Sozialen Wandel 17. Göttingen: Schwartz.

Verbraucherzentrale NRW. 2017. Pressemitteilung: Kompetenzzentrum Verbraucherforschung NRW wird dauerhafte Einrichtung. 24. Mai. https://www.verbraucherzentrale.nrw/pressemeldungen/presse-nrw/kompetenzzentrum-verbraucherforschung-nrw-wird-dauerhafte-einrichtung-10151 (Zugriff: 27. März 2018).

Wehling, Elisabeth. 2017. *Politisches Framing: Wie eine Nation sich ihr Denken einredet – und daraus Politik macht*. Lizenzausgabe für die Bundeszentrale für politische Bildung. Schriftenreihe 10064. Bonn: Bundeszentrale für politische Bildung.

Über die Autoren

Dr. Christian Bala ist Leiter des Kompetenzzentrums Verbraucherforschung NRW (KVF NRW) der Verbraucherzentrale Nordrhein-Westfalen e. V. und Lehrbeauftragter an der Fakultät für Sozialwissenschaft der Ruhr-Universität Bochum. Webseite: https://www.verbraucherforschung.nrw.

Wolfgang Schuldziniski ist Rechtsanwalt und Vorstand der Verbraucherzentrale Nordrhein-Westfalen e. V. Webseite: https://www.verbraucherzentrale.nrw.

Leitbilder, Erlebnisse und die mentale Dimension des modernen Konsums

Zum Menschenbild der akademischen Verbraucherforschung

Kai-Uwe Hellmann

DOI 10.15501/978-3-86336-920-0_2

Abstract

Die akademische Verbraucherforschung hat in den letzten Jahrzehnten einen beachtlichen Reifungsprozess durchlaufen. Vor diesem Hintergrund wird gefragt, ob sie noch über ein zeitgemäßes Menschenbild verfügt. In Vorbereitung auf eine Antwort wird auf neuere Konsumforschung („experiential consumption") Bezug genommen, in der nicht zuletzt die mentale Dimension des Konsums erkennbar werden lässt, wie ein solches aktualisiertes Menschenbild ausschauen könnte.

Dieser Beitrag erscheint unter der Creative-Commons-Lizenz:
Namensnennung 3.0 Deutschland | CC BY 3.0 DE
Kurzform | http://creativecommons.org/licenses/by/3.0/de/
Lizenztext | http://creativecommons.org/licenses/by/3.0/de/legalcode

1 Verbraucherforschung, Verbraucherpolitik und Verbraucherleitbilder

Die akademische Verbraucherforschung hat in den letzten Jahrzehnten einen beachtlichen Reifungsprozess durchlaufen. Dies gilt auch für die „Objekte" ihres Forschungsinteresses, also die Verbraucher und Verbraucherinnen, welche zumindest in der Wahrnehmung der Forschung zusehends agiler, intransparenter, ja unberechenbarer geworden sind (Szallies 1990; Belk 2002; Hellmann 2003, 107-160; Gabriel und Lang 2006; Gasteiger 2010, 210-254).

Angesichts dieses offensichtlichen Kultur- wie Strukturwandels darf gefragt werden, wie das Verhältnis von „Objekten" und „Subjekten" fachintern betrachtet wird. Konkret: Welche Bilder macht sich eigentlich die Verbraucherforschung von ihrem Untersuchungsgegenstand? Noch konkreter: Welche Verbraucherleitbilder gibt es etwa, und was leisten diese? Dabei wird die Aufmerksamkeit deshalb auf die laufende Debatte über zeitgemäße Verbraucherleitbilder gelenkt, weil sie gerade in den letzten Jahren an Differenziertheit, Intensität und Kontroversität enorm zugenommen hat, insbesondere im deutschsprachigen Raum[1]. Sogar der Bundesminister der Justiz und für Verbraucherschutz hat hierzu persönlich Stellung bezogen (Maas 2014). Insgesamt ist damit wohl angezeigt, dass es bei der Frage, womit es Verbraucherforschung und Verbraucherpolitik letztlich zu tun haben, inzwischen erheblichen Abstimmungs-, Optimierungs- beziehungsweise Reflexionsbedarf gibt.

Freilich teilen Verbraucherforschung und Verbraucherpolitik nicht unbedingt die gleiche Interessenlage. Die Verbraucherpolitik sucht für ihre Klientel in der Regel eine Art Dienstleistung zu erbringen – sei es Aufklärung, Beratung, Bevormundung, Bildung, Ermahnung, Erziehung, Förderung, Information, Infrastrukturbereitstellung, Kontrolle, Qualitätssicherung, Rechtfertigung, Rechtssicherheit, Schutz, Transparenz, Verteidigung oder Vertretung. In der

---

1 Siehe dazu Kuhlmann 1990, 27-57; Knops 1998; Reisch 2003a, 2003b; Schwan 2009; Micklitz et al. 2011; Brandl 2012; Strünck et al. 2012; Torp 2012; Kenning und Wobker 2013; Oehler 2013; Bala und Müller 2014a, 2014b, 2015; Möstl 2014; Bala und Schuldzinski 2015; Klink und Riesenhuber 2015; Oehler und Reisch 2016; Schmidt-Kessel und Germelmann 2016.

akademischen Verbraucherforschung geht es primär darum, Verbraucher und Verbraucherinnen dahingehend zu studieren, wie sie für sich selbst Konsum erleben, betreiben, bewerten, welche Motive und Praktiken, ob auffällige oder unauffällige, feste oder flüssige,[2] deren Konsum empirisch prägen und schließlich, welchen Stellenwert Konsum für deren Lebensführung generell einnimmt (Arnould et al. 2004; Solomon et al. 2013).[3] Vereinfacht gesprochen vertritt die Verbraucherpolitik eine Außenperspektive, während die Verbraucherforschung eine Binnenperspektive verfolgt. Nochmals zugespitzt: Verbraucherpolitik will von außen unterstützen (patronizing), Verbraucherforschung von innen her verstehen (analyzing).

Schaut man sich daraufhin einige aktuell diskutierte Verbraucherleitbilder näher an, ist unschwer zu erkennen, dass fast alle diese Leitbilder explizit oder implizit politisch-rechtlich motiviert oder wenigstens doch normativ intendiert sind (Schwan 2009; Klink und Riesenhuber 2015; Schmidt-Kessel und Germelmann 2016).[4] Explizit wird dies etwa für das Leitbild des mündigen Verbrauchers so gesehen (Strünck 2015). Nur selten liegt dagegen ein vorherrschend wissenschaftlich-analytisches Erkenntnisinteresse an dem vor, was Konsum für die Verbraucher und Verbraucherinnen subjektiv-realiter bedeutet. Dies zeigt sich schon daran, dass der internationale Forschungsstand der

---

2 Vgl. hierzu Shove und Warde 2002; Sullivan und Gershuny 2004; Eckhardt et al. 2015; Bardhi und Eckhardt 2017.
3 In der Forschungspraxis vermischt sich das allerdings oft (vgl. Hagen et al. 2011). Und es wird auch davon abgesehen, dass Verbraucherforschung häufig Auftragsforschung leistet, nicht zuletzt für politische Interessenlagen.
4 Überaus deutlich wird diese politische Funktion von Verbraucherleitbildern in einer Stellungnahme des Bundesverbandes der Deutschen Industrie: „In der Politik werden Leitbilder meist von den politischen Parteien oder der Regierung formuliert, wenn es darum geht, einen möglichen Handlungsbedarf und/oder eine Handlungsrichtung abzuleiten. Leitbilder haben in diesem Sinne die Funktion eines Steuerungsinstruments, das der indirekten Steuerung gesellschaftlichen Handelns dient. Mit Hilfe der formulierten Leitbilder versucht der Staat bei festgestellten oder beobachteten Abweichungen die Bürger oder gesellschaftlichen Gruppen über Verhaltensangebote, aber auch intervenierender Steuerungsinstrumente (Steuern, Verbote) zu beeinflussen, etwa durch die Bereitstellung von Institutionen oder Infrastruktur, die den Adressaten neue Handlungsmöglichkeiten eröffnen. Leitbilder dienen somit als politisches Steuerungsinstrument, wenn ein Ziel durch freiwillige Befolgung durch die Bürger erreicht werden soll und andere Steuerungsmechanismen nicht greifen." (BDI 2014, 21)

akademischen Verbraucherforschung oft nur sehr eingeschränkt zur Kenntnis genommen wird.

Ob nun der ethische, der flüchtige, der gläserne, der informierte oder informierbare, der ignorante, der moralische, der mündige, der verletzliche, der verantwortungsvolle, der (angemessen) verständige oder der vertrauende Verbraucher: Zumeist wirkt im Hintergrund dieser Leitbilder ein politisches Interesse, das sich für eine bestimmte, häufig dann die einzig richtige Form von Konsum ausspricht („Nachhaltigkeit!")[5] – und von dort aus entsprechende Verbraucherleitbilder und Verhaltensstandards entwickelt, oder eine irgendwie geartete Sorge um die Verbraucher und Verbraucherinnen, sei es, dass sie als bedrängt, gefährdet, krankhaft, manipuliert, schutzlos, überfordert, unreif oder auch unterschätzt und entmündigt wahrgenommen werden (Kuhlmann 1990; Schwan 2009). In jedem Fall sind es Erwartungen, die an die Verbraucher und Verbraucherinnen meist von außen herangetragen werden.[6]

Die Sinnfälligkeit, ja Notwendigkeit, sich derart mit den regulären, mitunter auch prekären Befindlichkeiten von Verbrauchern und Verbraucherinnen normativ-politisch-rechtlich zu befassen, sind dabei evident und unbestreitbar, unabhängig davon, zu welchen Maßnahmen und Standards jeweils geraten wird. Doch ebenso klar ist auch, dass den meisten Verbraucherleitbildern

---

5 So findet sich in Reisch (2003a) noch die widersprüchliche Haltung, einerseits für die völlige Wahlfreiheit der Verbraucher und Verbraucherinnen einzutreten, insbesondere was die „Wahl der Bewertungsmaßstäbe" (ohne Hervorhebung, d. V.) betrifft, andererseits aber durchaus pejorative Bewertungen zugunsten des ‚verantwortlich handelnden Verbrauchers' vorzunehmen, und dies in direkter Nachbarschaft: „Dabei handelt es sich um ein normatives Leitbild, dessen Theoriekern im Gegensatz zu den bisherigen marktwirtschaftlichen Konzepten eindeutig ethischer Natur ist. Empirisch betrachtet ist es nur bei einer Minderheit der Konsumenten handlungsleitend und eine nicht unbedeutende Gruppe der Konsumenten (Konsumhedonisten) steht ihm sogar feindlich gegenüber." (Reisch 2003a, 23) Damit werden ‚Konsumhedonisten' tendenziell als unkritische und unverantwortlich handelnde Verbraucher beziehungsweise Verbraucherinnen diffamiert.
6 Dies gilt selbst dann, wenn der Regulierungsbedarf staatlicherseits ‚freiwillig' auf ein Minimum beschränkt wird, etwa beim Plädoyer für den informierten, mündigen, selbstbestimmten Konsumenten, weil auch dem ein Eigeninteresse des Staates zugrunde liegt: „Mit der Forderung der Selbstbestimmtheit delegiert der Staat Verantwortung an den Verbraucher. Das heißt zugleich, er entzieht sich eines Teils der Verantwortung." (Schwan 2009, 73)

eine fachfremde „Wertbeziehung" (Weber 1985, 511) zugrunde liegt, also nicht Konsum per se von Interesse ist, sondern Relevanz nur gewinnt, weil bestimmte Auswüchse und Folgen des heutigen Konsums für andere Kontexte ein Problem darstellen und aus deren Sicht Handlungsbedarf aufzwingen.

Um das mal an einem Fall durchzuspielen: 2010 legte der Wissenschaftliche Beirat für Verbraucher- und Ernährungspolitik beim damaligen BMLEV eine Stellungnahme vor, in der eine stärkere Differenziertheit bei der Diskussion von Verbraucherleitbildern empfohlen wurde (Micklitz et al. 2011; Kenning und Wobker 2013). Hierzu führten die Autoren drei Idealtypen ins Feld: den vertrauenden, den verletzlichen und den verantwortungsvollen Verbrauchertyp. Die Konklusion der Diskussion dieser drei Typen ging wesentlich dahin, dass es beim vertrauenden Verbrauchertyp nur eines Mindestschutzes bedürfte; der verletzliche Verbrauchertyp benötige hingegen eine gezielte Infrastrukturförderung sowie intelligente, lebensnahe Modelle der Beratung; und dem verantwortungsvollen Verbrauchertyp sollte man zusätzliche Informationsmöglichkeiten und Ressourcen bieten. Der Zweck dieser drei Verbraucherleitbilder richtete sich am Ende also auf eine wissenschaftlich reflektierte Beratung der Verbraucherpolitik, gemäß der Funktion dieses Beirats allemal konsequent. Nur zeigt sich diese Tendenz bei den meisten Leitbildern dieser Art. Über die subjektive Haltung der jeweiligen Verbraucher oder Verbraucherinnen zu ihren persönlichen Konsumerlebnissen erfährt man demgegenüber kaum etwas. Oder ist davon auszugehen, dass für vertrauende Verbraucher ihr Vertrauen, für verletzliche Verbraucher ihre Verletzlichkeit und für verantwortungsvolle Verbraucher ihre Verantwortungsbereitschaft im Vordergrund ihrer ureigensten Konsuminteressen stehen? Wohl kaum.

Sofern man diese Deutung soweit mitträgt, erweisen sich derartige Verbraucherleitbilder also durchaus als funktional, indem sie spezifischen Regelungsbedarf aufzeigen, gerade für die Verbraucherpolitik. Allerdings wirken diese Leitbilder tendenziell dysfunktional, sowie sie schlicht als Maßstab dafür genommen werden, was Verbraucher und Verbraucherinnen selber, also intrinsisch, am Konsum interessiert, wenn etwa Konsum eine sozial distinguierende oder gar autotelische, sich selbst genügende Qualität entfaltet, die nur rein immanent verstanden werden kann, ohne Bezug auf fachfremde Wertbeziehungen – ein Umstand, der übrigens für (post-)moderne Formen des Konsums hochbedeutsam geworden ist (Belk 1988; Firat und Dholakia 1998; Ratneshwar et al. 2000; Belk et al. 2003; Ratneshwar und Mick 2005).

Um aufzuzeigen, in welchem Maße nun gerade diese autotelische Seite des (post-)modernen Konsums ein völlig anders geartetes Verbraucherleitbild benötigt, das im Kontrast zu den bisher angesprochenen dezidert konsumimmanent verortet ist, wird im Folgenden ein Forschungsansatz exemplarisch vorgestellt, der dafür besonders prädestiniert ist – eingeleitet durch eine Kurzdarstellung der Entwicklungsgeschichte der akademischen Verbraucherforschung und im Weiteren dann gesellschaftstheoretisch eingebettet sowie durch einen kurzen Einblick in den Stand der Forschung über mentalen Konsum abgerundet.

2 Konsumerlebnisse, Erlebniskonsum und Hedonismus

Nach Gerrit Antonides und W. Fred van Raaij (1998) lässt sich die Entwicklungsgeschichte der akademischen Verbraucherforschung in sieben Phasen einteilen. Zu Beginn gab es eine „pre-scientific stage", die alles einschloss, was nur irgendwie mit dem Verhalten von Verbrauchern zu tun hatte. In den 1940er-Jahren folgte die Motivationsforschung mit Ernest Dichter und anderen Marktforschern, die keinesfalls schon akademisch institutionalisiert waren (Tadajewski 2006). Hier wäre eher noch an das 1925 von Wilhelm Vershofen gegründete Institut für Wirtschaftsbeobachtung der deutschen Fertigware (die heutige Gesellschaft für Konsumforschung) in Nürnberg zu denken (Kapferer 1994). Ab den 1950er-Jahren entwickelte sich auf akademischer Seite allmählich ein „single-concepts approach", bei dem mit einzelnen Erklärungsansätze schon systematisch Verbraucherforschung betrieben wurde. Ab 1966 setzten sich dann verstärkt „grand theories" durch, die mit immer größeren Erklärungsansprüchen das gesamte Kaufverhalten von Verbrauchern und Verbraucherinnen in den Blick nahmen. Ab den 1970er-Jahren beherrschte der „information-processing approach" auf Basis der Kognitionspsychologie die

Forschung größtenteils. In den 1980er-Jahren folgte der „affective approach", bei dem Gefühle eine zentrale Bedeutung spielen; und ab den 1990er-Jahren setzte sich der „experiential approach", der sich den „symbolic meanings of consumption, hedonism and expressive value" (Antonides und Raaij 1998, 10) widmet, immer stärker in Szene. Eben dieser Forschungsansatz, der sich gleichermaßen mit „consumption experiences", „experiencing consumption", „experiential consumption" und „consuming experiences" befasst, steht nunmehr im Mittelpunkt der Analyse.

2.1 „The Experiential Aspects of Consumption": ein multidimensionaler Forschungsansatz

Die eigentliche Karriere dieses Ansatzes begann mit zwei Aufsätzen zweier Autoren, die beide 1982 in zwei Top-Journals dieser Zunft veröffentlicht wurden: zum einen der Artikel „The experiential aspects of consumption: Consumer fantasies, feelings, and fun" von Morris B. Holbrook und Elizabeth C. Hirschman (1982), zum anderen der Artikel „Hedonic consumption: Emerging concepts, methods and propositions" von Hirschman und Holbrook (1982). Bezieht man „leisure research", „sport research" und „tourist research" mit ein, die diesbezüglich wichtige Vor- und Parallelarbeiten geleistet haben, ist die Zahl der Beiträge, die sich inhaltlich mit „experiential consumption" befassen, inzwischen beachtlich geworden (Abbildung 1).

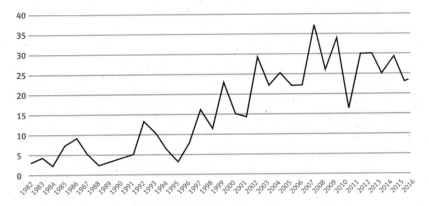

Abbildung 1: Veröffentlichungen zum Thema „experiential consumption" von 1955 bis Oktober 2017. Eigene Darstellung, aktuell wurden 591 Publikationen berücksichtigt.

Auch wenn die ersten Ausführungen überwiegend noch programmatischer Natur waren, da es Hirschman und Holbrook im Wesentlichen um einen Vorstoß in unbekanntes Terrain ging, ohne dafür schon hinreichend gerüstet zu sein, konnten sie der akademischen Verbraucherforschung doch wichtige Anstöße geben, um zwei Stereotype zu überwinden, die über Jahrzehnte hinweg vorherrschend waren:

- Erstes Stereotyp: Verbraucherforschung hätte sich nur mit Einkaufsverhalten zu befassen, getrieben vom Mantra des Marketing, das nur daran interessiert ist, mehr zu verkaufen;
- Zweites Stereotyp: Konsum sei in erster Linie als „decision making process" zu begreifen, der im Sinne des sogenannten Homo oeconomicus rein nützlichen, instrumentellen Erwägungen folge.

Im Nachhinein lässt sich jedenfalls feststellen, dass der „experience consumption approach" der akademischen Verbraucherforschung im Laufe der letzten dreißig Jahre Schritt für Schritt neue, lange Zeit vernachlässigte Phänomene des alltäglichen Kaufens und Konsumierens erschloss. So wurde endlich auch der Konsum nach dem Kauf, jenseits der Wirtschaft, systematisch in den Fokus genommen, und das Motivspektrum konnte durch Hedonismus und verwandte Motivlagen erheblich erweitert werden (vgl. Abbildung 2).[7]

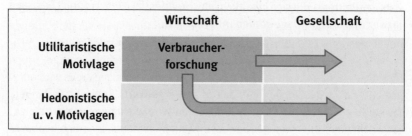

Abbildung 2: Zur Ausdifferenzierung der akademischen Verbraucherforschung
Eigene Darstellung.

---

7 Außerdem fand eine dritte Erweiterung statt, die sich auf die Forschungsmethoden bezog, Interpretative Turn genannt, da für die Erforschung dieser neu entdeckten Konsumgebiete vor allem qualitative Methoden (Interviews, Fokusgruppen, Ethnographie, Netnographie, Introspektion) zum Zuge kamen, die lange verpönt waren, weil zu subjektiv.

Um mit dem „experience consumption approach", der in der deutschen Verbraucherforschung kaum bekannt ist, besser vertraut zu machen, werden im Folgenden zentrale Annahmen dieses Ansatzes kursorisch vorgestellt. Hierfür kann der Titel „The experiential aspects of consumption: Consumer fantasies, feelings, and fun" erste Orientierung geben, und zwar in dieser Reihenfolge: „experiences", „fantasies", „feelings" und „fun".

Zunächst zu den mehrdeutigen Bezeichnungen „experiences" beziehungsweise „experiential aspects". In der Literatur gibt es multiple Deutungen und divergierende Definitionen. Mitunter bedeutet „experience" kaum mehr als „event", also Ereignis (Carù und Cova 2003). Diese Bedeutung entspricht etwa dem, was wir als Eventmanagement kennen: die Ausrichtung bestimmter Veranstaltungen, die ein besonderes Ereignis darstellen sollen. Diese Auslegung ist konsequent angebotsorientiert und folgt rein der Marketinglogik. In der Regel wird mit „experience" hingegen etwas bezeichnet, das zwischen den beiden Polen „Erfahrung" und „Erlebnis" changiert und auf die subjektive Wahrnehmung der Verbraucher und Verbraucherinnen bezogen ist (Jantzen 2013; Bærenholdt 2016). So wird des Öfteren mit „experience" (im Sinne von Erfahrung) ein nachhaltiger, häufig erinnerungsstarker („memorable customer experiences"), jedenfalls innerpsychischer Effekt bezeichnet, der durch bestimmte Außenereignisse hervorgerufen wird (Fitzsimmons und Fitzsimmons 2000; Lindgreen et al. 2009). Solche „experiences" (Erfahrungen) zeichnen sich dadurch aus, dass sie die Verbraucher und Verbraucherinnen (messbar) verändern, etwa indem diese etwas Neues über sich oder ihre Umwelt lernen (wobei sich Ursache und Wirkung dann fast wie Angebot und Nachfrage verhalten). Doch auch diese Auslegung stellt eher die Ausnahme dar. Denn meistens wird unter „experience" etwas verstanden, das wir mit dem Wort „Erlebnis" verbinden, das heißt, ein inneres Erleben bestimmter äußerer wie innerer Ereignisse, genauer: ein mehr oder weniger bewusst wahrgenommener, innerlich beobachteter Erlebnisstrom multisensorieller Qualität, den wir in Summe – sozusagen verdichtet und oft erst im Nachhinein – als „Erlebnis" bezeichnen (ähnlich wie beim Verhältnis von Handeln und Handlung). Es geht also um das subjektive Erleben von Konsum und bestimmte Konsumerlebnisse, die Verbraucher oder Verbraucherinnen ganz für sich selber haben – teilweise sogar um den Konsum von Erlebnissen im Unterschied zum Konsum von Sach- oder Dienstleistungen. Subjektivität, Idiosynkrasie und das „ominöse" Vorstellungsvermögen der Verbraucher und Verbraucherinnen, welches letztlich völlig unerforschbar bleibt, solange die Neurowissenschaften nicht deutliche Fortschritte erzielen, stehen hier im Vordergrund (Unger und Kernan 1983; Hirschman 1984; Addis und Holbrook 2001). Diese Lesart leitet zum nächsten Punkt über.

Die Rede von „fantasies" war Anfang der 1980er-Jahre, angesichts eines mehrheitlich positivistisch orientierten Wissenschaftsverständnisses des Fachs, durchaus provokativ, ja riskant, weil karrieregefährdend.[8] Mit dem Plural „fantasies" war dabei angezeigt, dass (plötzlich) nicht nur innerpsychische Befindlichkeiten und Einstellungen der Verbraucher und Verbraucherinnen hinsichtlich der Forschungsagenda Legitimität verdienen (dies war mit der Motivforschung in den 1950er-Jahren schon ansatzweise gelungen), sondern Phänomene wie „illusion, fantasy, day-dream, make-believe, imaginative speculation" (Campbell 1987, 82), also surreale, irreale oder gar abnorme Bewusstseinsinhalte in die Betrachtung regulär mit einbezogen werden sollten. Die mentale Seite des Konsums trat damit zum Vorschein, die zwar immer schon gegenwärtig gewesen war, gemeinhin aber latent gehalten wurde. Gegen diese Erweiterung gab es massive methodologische Vorbehalte; denn wie kann erforscht werden, was von außen völlig unzugänglich, opak, Black Box bleibt und intersubjektiv kaum (mit)teilbar, geschweige denn generalisierbar ist? Nichtsdestotrotz konnte sich dieser Aspekt mit der Zeit behaupten und wurde auch wiederholt untersucht (MacInnes und Price 1987, 1990; Rook 1988; Fournier und Guiry 1993; Belk und Costa 1998; Martin 2004; d'Astous und Deschênes 2005; Ketchum 2005; Lutter 2010, 2012; Jenkins et al. 2011; Lao 2014). Damit erweiterte sich der Gegenstandsbereich der akademischen Verbraucherforschung natürlich erheblich, nicht zuletzt um Motivlagen und Vorstellungswelten, die fernab von Geldverkehr und Warenkauf keinerlei ökonomische Bezüge mehr aufwiesen.

Eng verbunden damit war die Nennung von „feelings", die nicht nur für die Befassung mit „fantasies" ein permanentes Begleitphänomen darstellen, sondern auch generell, bei jeder Form von Konsum, beiher spielen und nicht selten sogar eine führende Rolle innehaben. Und ähnlich wie bei den „fanta-

---

8 Inzwischen stellt der „experience consumption approach" innerhalb der akademischen, vor allem nordamerikanischen Verbraucherforschung allerdings eine feste Größe dar, ist institutionell gut verankert und verfügt mit der „Consumer Culture Theory Conference"-Serie seit 2007 über eine eigene Tagungsreihe, die inzwischen abwechselnd in Europa und Nordamerika stattfindet.

sies" sollte auch bei den „feelings" eine ganz eigene Dimension regulär mit in Betracht gezogen werden. Ging es bei den „fantasies" um die rein subjektive Perspektive, im Gegensatz zum vorherrschenden Objektivitätsanspruch im Fach, drehte es sich bei den „feelings" um die Emanzipation vom damals vorherrschenden „cognitive processing approach": Nicht nur das nüchterne Abwägen von Angebot und Nachfrage, Menge und Preis gleich einem Computer, sondern die emotionale Bewertung und Wahrnehmung allen Konsums müssten berücksichtigt werden. Inzwischen hat dieser Forschungsstrang an Gewicht deutlich zugelegt (Holbrook et al. 1984; Holbrook 1986; Richins 1997; Boden und Williams 2002; Illouz 2009; Jantzen et al. 2012). Wobei in beiden Hinsichten qualitative Methoden viel stärker gefordert sind als quantitative (Thompson et al. 1989).

Direkt verknüpft war damit schließlich der Aspekt „fun", der sich dezidiert von der utilitaristischen Perspektive absetzte, die in der damaligen akademischen Verbraucherforschung ebenfalls dominant war. Es sollten somit nicht nur Nützlichkeitsmotive beforscht werden, bei denen der Konsum lediglich eine instrumentelle Rolle spielt, sondern auch solche, die auf unmittelbaren Genuss, Glücksempfinden, Immersion, Vergnügen oder selbst Verschwendung zielen, kurzum autotelisch (Konsum als Selbstzweck, ‚Konsum des Konsums'), hedonistisch und manchmal sogar ‚irrational' geartet sind und damit einem primär protestantischen, tendenziell asketischen Verständnis von Konsum diametral zuwiderliefen (Campbell 1983; Elliott 1997). Inzwischen hat sich freilich auch hier die Bandbreite möglicher Motivlagen enorm verbreitet, wenngleich die Unterscheidung utilitaristisch/hedonistisch im Fachjargon unverändert häufig in Gebrauch ist (Ahtola 1985; Batra und Ahtola 1990; Babin et al. 1994; Dhar und Wertenbroich 2000; Childers et al. 2001; Voss et al. 2003; O'Brien 2010; Lu et al. 2016).

Was im weiteren Verlauf der „experience consumption"-Forschung alsbald in den Vordergrund trat, war dann die Befassung mit „extraordinary consumption experiences", weil sich mit diesen die Erwartung verband, dass die damit verbundene, subjektiv empfundene Intensität und Wirksamkeit der entsprechenden Konsumerlebnisse viel höher bewertet und viel stärker nachgefragt werden als „ordinary consumption experiences", wie sie den normalen Konsumalltag beherrschen (Celsi et al. 1993; Arnould et al. 1993, 1999; Tumbat und Belk 2011; Hansen und Mossberg 2013; Lindberg und Østergaard 2015). Im Hintergrund dieses Erkenntnisinteresses stand die Annahme, abgeleitet aus der Forschung von Abraham Maslow (1964) über „peak experiences", dass solche außergewöhnlichen Erlebnisse eine ungleich stärkere transformative, ja transzendierende Wirkung entfalten können, die die jeweiligen Verbraucher oder Verbraucherinnen nicht nur beiläufig tangiert/touchiert, sondern im Kern bewegt, erschüttert und radikale (natürlich nur positive) Veränderungen für sie bedeuten (Celsi et al. 1993; Schouten et al. 2007; Naylor et al. 2008; Lindberg und Østergaard 2015; Goulding and Saren 2016). Zielstellung war extravagantes „excitement", wie Tibor Scitovsky (1981) dies schon früh diagnostiziert hatte (Cohen 1979). Inzwischen hat sich aber auch diese Zuspitzung abgenutzt, und es wird zur Kenntnis genommen, dass „ordinary consumption experiences", welche zweifelsohne die große Mehrheit aller Konsumerlebnisse ausmachen, nicht minder Aufmerksamkeit verdient haben (Abrahams 1986; Jenkins et al. 2011; Bhattacharjee und Mogilner 2014; Lindberg und Østergaard 2015).

Im Nachvollzug ist festzustellen, dass dieser Forschungsansatz eine ganzheitlich-holistische Tendenz aufweist. So interessierten von Beginn an nicht bloß Einkaufs-, sondern Konsumerlebnisse aller Art. Es wird also ebenso danach gefragt, wie Vorkauf-, Kauf- und Nachkaufphasen erlebt werden, und mehr noch konzentriert sich diese Forschung zunehmend auf relativ marktferne Konsumkontexte, egal ob Sach- oder Dienstleistungen involviert sind. Damit geht einher, dass es zwar eine Fraktion gibt, die sich nahezu unbeirrt seitens des Marketing mit diesen Phänomenen befasst, rein angebotsgetrieben sozusagen (Schmitt 1999, 2003; Boswijk et al. 2007). Überwiegend werden aber Emphase und Empathie auf die Verbraucherseite gelenkt, auf deren inneres Konsumerleben. Hierbei wird ständig betont, in welchem Ausmaß die Verbraucher und Verbraucherinnen aktiv engagiert sind und bei der Konstruktion ihrer innerpsychischen, nicht selten auch physiologisch, weil multisensoriellen, und sozial bedeutsamen Konsumerlebnisse durchaus kreativ-produktiv vorgehen – verbunden mit der Einsicht, dass die Varietät dieser höchst individuellen Konsumerlebniskonstruktionen, bei aller Angewiesenheit auf Sozialität, kaum fassbar ist, weshalb man sich davor hüten sollte, vorschnell zu verallgemeinern, wenn einzelne über ihre Konsumerlebnisse berichten (Knobloch et al. 2016).

Was sich nach mehr als 30 Jahren Forschung überdies herausgeschält hat, ist die ausgeprägte Multidimensionalität dieses Ansatzes. So sind „fantasies", „feelings" und „fun" zwar eng aufeinander bezogen, aber keineswegs dasselbe. Was bei der Dichotomie utilitaristisch/hedonistisch zunächst einleuchten mag, dass nämlich Hedonismus mit Emotionen auf das Engste verbunden sei, Utilitarismus dagegen kaum oder gar nicht, führt in die Irre. Einerseits geht es bei dieser Dichotomie primär gar nicht um Emotionen, sondern um extrinsische beziehungsweise intrinsische Motivlagen, das heißt, Konsum als Mittel oder Selbstzweck – verbunden mit dem ethischen „Skandal", wenn Konsum ganz profan um des Konsums willen betrieben wird. Andererseits werden keineswegs nur hedonistische, sondern auch utilitaristische Konsumerlebnisse unmittelbar von Emotionen begleitet, möglicherweise sogar getragen, nur jeweils anderen, und es geht mitnichten nur um positive, sondern allenthalben auch um negative Emotionen, unabhängig davon, welche Kognition im Spiel sein mag (Andrade und Cohen 2007; Scott et al. 2017). Bei „fantasies" wurde das Augenmerk wiederum klar auf die Subjektivität, Idiosynkrasie und Virtualität von Konsumerlebnissen gerichtet; hier geht es um die mentale Dimension von Konsum aller Art, um innerpsychische Konsumsituationen der Verbraucher und Verbraucherinnen in ihrer ganzen Vielfalt. Außerdem sei noch darauf hingewiesen, dass der „experience consumption approach" nicht nur fachpolitisch gegen den damals dominanten „decision making approach" Stellung bezogen, sondern mit „experiences" auch sachlich eine verglichen mit „decisions" ziemlich fremdartige Kategorie ins Feld geführt hatte – mit der kontraintuitiven Einsicht, dass selbst Kauf- und Konsumentscheidungen erlebt werden, also jede Form des Konsums, ob passiv oder aktiv, durchgängig ein mehr oder weniger bedeutsames Erlebnis darstellt.

Von herausragender Bedeutung erscheint mir hierbei die Einbeziehung der mentalen Dimension des Konsums. Überaus konsequent hat dies Colin Campbell (1987) in „The romantic ethic and the spirit of modern consumerism" herausgearbeitet. So geht Campbell davon aus, dass das innerpsychische Konsumerleben, mit der Zielstellung fortlaufender Vergnügungssuche („mentalistic hedonism"), die eigentlich bedeutsame Aktivität heutiger Verbraucher und Verbraucherinnen ausmacht:

> „The essential activity of consumption is thus not the actual selection, purchase or use of products, but the imaginative pleasure-seeking to which the product image lends itself, ‚real' consumption being largely a resultant of this ‚mentalistic' hedonism." (Campbell 1987, 89)

Der Hang zum Hedonismus ist dafür sicher ein wichtiges Antriebsmoment. Viel wichtiger erscheint mir allerdings, dass das während dessen beiherlaufende

„Kopfkino" – worum es sich thematisch auch immer handeln mag, ob mit Sach- oder Dienstleistungen, Ich- oder Wir-Bezug, Passivität oder Aktivität, positiven oder negativen Gefühle verknüpft – unsere ganze Aufmerksamkeit verdient, insbesondere unter dem Gesichtspunkt reflexiver Identitätskonstruktion, die wir unentwegt vollführen. Hierzu ein kleiner Exkurs.

2.2 Moderne Gesellschaft, Identität und Konsum

Die Thematisierung von Konsum unter dem Aspekt der Identität genießt spätestens seit den 1990er-Jahren anhaltend hohe Aufmerksamkeit seitens der akademischen Verbraucherforschung[9]. Und „consumption experiences" nehmen hierbei einen besonderen Stellenwert ein:

> „For the postmodern consumer, consumption is not a mere act of devouring, destroying, or using things. It is also not the end process of the (central) economic cycle, but an act of production of experiences and selves or self-images. In effect, it is the process of producing one's life, not mere sustenance or maintenance of life." (Firat und Dholakia 1998, 96)

Warum ist dem so? Begreift man die moderne Gesellschaft als eine Gesellschaft andauernder Enttraditionalisierung, in der Jahrhunderte alte Gewissheiten Stück für Stück erodieren, ohne dass sich neue, vergleichbar stabile herausbilden, bedeutet dies für das moderne Subjekt eine fortlaufende „crisis of identity" (Bendle 2002) und das ununterbrochene Erfordernis, sich reflexiv der eigenen Identität zu vergewissern, oft nur temporär und hoch kontingent, das heißt, anders vorstellbar (Giddens 1991, 1996; Luhmann 1992; Bauman 2000). Mit Luhmann (1989) könnte man auch davon sprechen, dass mit der allmählichen Durchsetzung der modernen Gesellschaft die ehemals für nahezu alle Gesellschaftsmitglieder erfahrbare Vorgegebenheit der eigenen Identität, was Luhmann „Inklusionsindividualität" nannte, durch eine „Exklusionsindividualität" ersetzt wurde, da wir uns fast in jeder Situation neu aufstellen und einbringen,

---

9   Siehe dazu Belk 1988; Schouten 1991; Lund und Livingstone 1992; Warde 1994a, 1994b; du Gay 1996; Elliott 1997; Schau 2000; Desmond 2003; Autio 2004; Campbell 2004; Ahuvia 2005; Kirmani 2009; Schau et al. 2009; Shankar et al. 2009; Sassatelli 2010; Reed II et al. 2012; Ruvio und Belk 2012.

ja fast neu erfinden müssen. Kontextspezifisches „Impression Management" ist dadurch für fast jede/-n von uns zur Alltagsroutine geworden – fordernd, anstrengend und nicht selten frustrierend, weshalb Luhmann in diesem Zusammenhang einmal von erlittenen „Phantomschmerzen" sprach, weil etwas verloren geht, das sich so nicht mehr ersetzen lässt, und man genau diesen Verlust und seine vergebliche Substitution als äußerst schmerzvoll erleben kann.

So sehr nun die funktionale Differenzierung der modernen Gesellschaft uns mit einer Vielzahl heterogener Rollen- und Verhaltenserwartungen konfrontiert, häufig inkompatibel und konflikttrachtig, gibt es doch den Wunsch, diese fortlaufend zu erbringende Identitätsarbeit nicht bloß zwanghaft, sondern freiwillig und affirmativ-identifizierend vollbringen zu wollen. Und hierfür eignet sich vorzugsweise der Konsum (von Massenmedien) und bevorzugt das Shopping.

> „Given the intrinsic volatility and unfixity of all or most identities, it is the ability to ‚shop around' in the supermarket of identities, the degree of genuine or putative consumer freedom to select one's identity and to hold to it as long as desired, that becomes the royal road of the fulfilment of identity fantasies." (Bauman 2000, 83)

Kaum eine andere Sphäre in unserer Gesellschaft (von der Kunst einmal abgesehen) überhäuft uns gleichermaßen mit derartig vielfältigen hoch-kontingenten Identifikationsangeboten, durch die Werbung massiv unterstützt. Konsum ist für viele quasi zur prädestinierten Domäne geworden, um eine enorme Vielzahl von „possible selves" (Markus und Nurius 1986) für sich auszuprobieren, und dies rein fiktiv, ohne reale Kosten und Konsequenzen, als reines Spiel der Ideen und Imaginationen. Dieser Umstand ist wohl genuin modern und lässt sich für frühere Gesellschaftsformen so nicht antreffen, weshalb auch diese Qualität des Konsums eine genuin moderne sein dürfte (Miles 2015).

Dies soll nicht heißen, dass real vollzogener, durch andere beobachtbarer Konsum, ob beim Einkaufen oder Verwenden irgendwelcher Sach- oder Dienstleistungen, zu vernachlässigen wäre, mitnichten. Immerhin manifestiert sich darüber ja, für welche Identitäten man sich zeitweilig entschieden hat, wem gegenüber man Inklusionsabsichten hegt und Zugehörigkeit anstrebt. Doch sind dies eben nur Formen, Manifestationen oder Objektivationen einer Dimension, die originär mental und damit latent bleibt, als ein Reich bloßer Vorstellbarkeiten (Hellmann 2008). Dieser Möglichkeitsraum ist tendenziell grenzenlos.

„Fantasy is totally unbounded."[10] Und deswegen erscheint gerade Konsum so überaus attraktiv, wenn es um dieses beinahe institutionalisierte Identitätsdesignerfordernis geht.

Dabei kann bezüglich der Produktionsweise derartiger Identitätskonstruktionen auf die Unterscheidung ‚I' und ‚me' von George Herbert Mead Bezug genommen werden (Mead 1973; Callero 2003). Demnach befinden wir uns innerpsychisch in einem permanenten Prozess der Selbstbeobachtung und Selbstregulierung hinsichtlich unserer Wirkungen auf andere und die Welt, indem unser ‚I' unsere externen Wirkungen in Form vieler kontextspezifischer „me's" intern reflektiert und gegebenenfalls nachjustiert, mit Giddens (1991, 36) könnte man auch „reflexive monitoring of action" sagen, wie bei einem kybernetischen Mechanismus. Im Grunde wird die externe Form der wechselseitigen Wahrnehmung und Beobachtung innerpsychisch rekonstruiert: Wir beobachten innerlich fortlaufend, uns dessen oft gar nicht immer voll bewusst, wie wir uns in der Welt verhalten, andere uns behandeln und diese sich wiederum zu uns verhalten – nicht selten sogar im Konjunktiv, als reine „Als ob"-Simulation. Eben hierfür stellt Konsum einen idealen wie ideellen Vorstellungs- und Verfügungsraum bereit. Hierzu noch ein weiterer kurzer Exkurs.

2.3 Die mentale Dimension modernen Konsums

Für einen Großteil der akademischen Verbraucherforschung mag die Fokussierung auf die mentale Dimension des modernen Konsums ein bisschen fragwürdig erscheinen. Nicht nur methodisch ist es ja äußerst schwierig, dieser innerpsychischen Phänomene empirisch habhaft zu werden.[11] Auch der praktische Wert dieser Forschung erscheint ungewiss, wenn sogleich eingestanden wird, dass eine Generalisierbarkeit vorrangig qualitativ erhobener Befunde bei sehr geringen Fallzahlen Probleme bereitet.

---

10 So die Einschätzung von Zane, einem Interviewpartner in der Studie von Martin (2004, 142).
11 Vgl. die Anstrengungen, die Richardson (1984) oder auch Holbrook (1997) unternehmen, um ihrem Gegenstand methodologische Legitimität zu verschaffen.

Gleichviel gilt: In verwandten Forschungsgebieten wird die mentale Dimension ökonomischen Verhaltens durchaus mit Erfolg beforscht.[12] Vorne weg ist die ‚Prospect Theory' von Daniel Kahneman und Amos Tversky (1979) zu nennen (Kahneman et al. 1982). Auch verhaltenswissenschaftliche Arbeiten, etwa von Richard Thaler (1985), gehören hierzu (Kivetz 1999). In der Wirtschaftssoziologie hat diese Problemstellung inzwischen ebenso Interesse gefunden (Lutter 2010, 2012; Beckert 2016). Georg Franck (2005) hat das Label ‚Mentaler Kapitalismus' eingeführt. Und selbst in der akademischen Verbraucherforschung wurde wiederholt dazu publiziert (MacInnes und Price 1987, 1990; Fournier und Guiry 1993; Martin 2004; d'Astous und Deschênes 2005; Lutter 2010, 2012; Jenkins et al. 2011; Lao 2014). Anhand dreier Publikationen sei dies exemplarisch illustriert.

Susan Fournier und Michael Guiry (1993, 352) haben in einer viel beachteten Studie „pre-purchase dreaming" untersucht, und zwar mittels einer „variety of pre-purchase consumption dreaming activities including wish list construction, anticipatory consumption planning, and fantastical entertainment of consumption possibilities". Dabei sind sie auf zahlreiche Phantasien gestoßen, die überwiegend materialistischer Natur waren und „consumer products" zum Gegenstand hatten wie „a new, bigger, or more beautifully-situated house ... new cars ...[or] luxury items such as yachts, antiques, jewelry, and designer clothes." (Fournier und Guiry 1993, 355) In der Endbewertung heißt es:

> „The most significant predictor of consumption dreaming activities to emerge from the study was materialism. Materialist values were strongly related to frequency of consumption dreaming, both in general and for specific planful and entertainment-driven forms of dreaming as well." (Fournier und Guiry 1993, 357)

Offenbar erfasste diese Studie überwiegend noch Ausläufer der 1980er-Jahre. Zugleich, wenn auch mit geringerer Signifikanz, fanden sich aber auch erste Anzeichen für den aufkommenden „experiential consumption"-Trend, so Fournier und Guiry: „The popularity of experiences may signify their place as new symbols of status for the 1990s, a move away from the conspicuous product consumption of the 1980s." (Fournier und Guiry 1993, 357)

---

12 Wichtige Vorarbeiten kommen u. a. von Maslow 1964; Richardson 1965; Singer 1966; Csikszentmihalyi und Graef 1980.

In einer weiteren Studie haben sich Alain d'Astous und Jonathan Deschênes (2005) mit Konsumträumen und deren Differenzierbarkeit befasst. Dabei verstehen sie unter „consumption dreaming": „Contrary to daydreaming, consumption dreaming is a creative and deliberate activity based on a relatively stable but evolving representation that is accessible on demand." (d'Astous und Deschênes 2005, 5) Außerdem unterscheiden die Autoren verschiedene Bedingungen, Eigenschaften und Funktionen von Konsumträumen. So können diese Art Träume nach bestimmten Merkmalen wie „content", „origin", „evolution", „clarity", „uniqueness", „accessibility", „self-centerdness" und „importance" klassifiziert werden. Daneben zeigen sich auch bei den entsprechenden Verbrauchern oder Verbraucherinnen gewisse Unterschiede, etwa die „Propensity to consumption dream" oder „Frequency of dreaming", womit sich schon abzeichnet, dass mentaler Konsum mitnichten für jede/-n gleichermaßen attraktiv ist.[13] Bestätigt wurde allerdings, dass materielle Konsumgüter wie Häuser (an erster Stelle) und Autos (an dritter Stelle) weiterhin hoch im Kurs stehen, wenn auch Reisen (an zweiter Stelle) oder „Being a lottery winner" (an achter Stelle), was ja Lutter (2010) eingehender untersucht hatte und sich der Wahrscheinlichkeitsrechnung nach für kaum jemanden erfüllt, ebenso vordere Plätze einnehmen. In der „Conclusion" heißt es schließlich:

> „Consumption dreaming emerges as a common consumer activity in which consumers engage", und „dreaming may become a fundamental element in the construction and protection of one's identity or may serve as a useful compensation strategy." (d'Astous und Deschênes 2005, 25-26)

Eine dritte Studie sei noch angesprochen, die eine bemerkenswerte Relativierung anregt. Während oftmals davon ausgegangen wurde, dass bei solchen Konsumphantasien die eigentlichen Konsumgüter, ob Sach- wie Dienstleistungen, ostentativ im Vordergrund der innerpsychischen Betrachtung stünden, zeigen Jenkins et al. (2011) auf, dass erträumte Konsumgüter von ihren Probanden lediglich eine Kulissenfunktion zugewiesen bekommen, um Szenarien zu imaginieren, innerhalb derer soziale Interaktionen nicht-ökonomischer Natur das Geschehen bestimmen. Konsumgüter werden also lediglich als Mit-

---

13 Bei Carù und Cova (2008, 173) heißt es hierzu selbstkritisch: „We acknowledge that this type of approach does not work in all consumption situations, nor does it apply to all consumers."

tel für andere soziale Zwecke eingesetzt, wie Daniel Miller (1998) dies schon aufgezeigt hatte, und bleiben für sich betrachtet unbemerkt, fast vorbewusst. „The objects form the *background* and are used as props to allow the action of the scene." (Jenkins et al. 2011, 270)

Genau diese Semantik ‚von „background" und „scene" ermöglicht nun die Bezugnahme auf die Theatermetaphorik von Erving Goffman (1983). Denn was die Forschung über die mentale Dimension des modernen Konsums nahelegt, ist die Anwendung der Goffman'schen Metaphorik auf diese Form des Konsumerlebens. Was wir beim mentalen Konsumieren beobachten können, ist die Simulation einer Theatersituation, in der die Verbraucher und Verbraucherinnen jeweils für sich in einem fiktiven Zuschauerraum sitzen und sich beim Konsumieren auf einer fiktiven Bühne selber zuschauen. Sie agieren quasi in einer Doppelrolle, einmal passiv zuschauend, einmal aktiv vorführend. Campbell (1987, 78) hat dies sehr plastisch auf den Punkt gebracht: „The individual is both actor and audience in his own drama, 'his own' in the sense that he constructed it, stars in it, and constitutes the sum total of the audience." Die Selbstinszenierung der Verbraucher und Verbraucherinnen als Verbraucher und Verbraucherinnen bedient sich demnach einer durchaus kreativ-produktiven innerpsychischen Rollenkomplementarität: Auf der einen Seite sind sie das (sich innerlich jeweils selber) erlebende Publikum, auf der anderen Seite das (innerlich) handelnde Ensemble auf einer hypostasierbaren Bühne, auf der es vor und für sich selber aufspielt, beides in einem und beides als inneres Erleben dessen, was einem selber beim Konsumieren widerfährt. Peter Kaufmann (1969, 147) hat dies einmal wie folgt illustriert: „Das Kleid wird gekauft, weil die Frau sich darin ‚sieht' – und sie kauft es, weil sie sich ihrem Gatten gegenüber ‚sieht' oder weil sie der Begegnung mit Familienfreunden entgegen ‚sieht'." Genau dieses Sich-selber-‚sehen' als innerlicher Vorgang der Selbstbeobachtung ist hier entscheidend.[14] Wobei der altmodische Manipulationsverdacht damit ein ganz neues, sozusagen inverses Vorzeichen erhält,

---

14 Nochmals Zane in der Studie von Martin (2004, 142) mit Bezug auf ein Phantasiespiel: „Yeah, well, it's kind of like it's happening around you, I suppose, I always imagine that I'm like this wizard sitting on a throne or something at the back of the scene, just saying 'Attack' to these particular creatures, and they go racing off across the field." Wobei die Spezifik des Konsumspielfeldes darin besteht, dass man sich selber dabei zuschaut, wie man selber ‚go racing off across the field' des Konsums.

weil nunmehr fortlaufend Selbsttechniken der Erlebniskonsumoptimierung im Spiel sind (Schulze 1992).

Inhaltlich betrachtet, sozusagen auf das selbst aufgeführte Stück auf einer innerpsychischen Bühne mit deklariertem Konsum-Fokus bezogen, wird zumeist eine durch Konsum begünstigte „perfected vision of life" simuliert, so Campbell, oder wie Gerhard Schulze (1992) dies formuliert hat, das ‚Projekt des schönen Lebens', bei dem eine Kombination von Erlebnisorientierung, Hedonismus und Wohlbefinden das Geschehen als konsumspezifisch prägt und damit unterscheidbar macht von anderen Erlebnissen, etwa während der Arbeit, auf dem Bürgeramt, im Gerichtssaal, in der Kirche, in einem Krankenhaus, in der Schule, am Stammtisch, in einer Fakultätssitzung oder Wahlkabine, bei denen diese Kombination merklich seltener zum Zuge kommen dürfte. Für nachweislich viele gilt jedenfalls, dass, wie Firat et al. (2013, 197) dies so prägnant formuliert haben, „the key issues of enjoying life are consumption of goods and services" – allenfalls Familie, Intimbeziehungen oder Kunst mögen hierzu noch in Konkurrenz stehen.

3 Der (sich selbst) erlebende Verbraucher – utopistisch gedeutet[15]

Um jetzt die Fragestellung vom Anfang nach einem Verbraucherleitbild, das den subjektiven, ja intrinsischen Belangen und Befindlichkeiten der Verbraucher und Verbraucherinnen stärker Rechnung trägt, wieder aufzugreifen, dürfte ansatzweise deutlich geworden sein, dass der „experience consumption approach" eine ganz eigensinnige Perspektive vertritt als jene Verbrau-

---

15 Kuhlmann (1990, 27-32) verwendete im Zusammenhang mit Verbraucherleitbildern die Charakterisierung „Utopie". Wahrscheinlich weisen heutige Verbraucherleitbilder jedoch eine deutlich größere Realitätsnähe auf, das wäre eine empirische Frage.

cherleitbilder, die anfangs Erwähnung fanden. Nicht dass der ethische, der flüchtige, der gläserne, der informierte oder informierbare, der ignorante, der moralische, der mündige, der verletzliche, der verantwortungsvolle, der (angemessen) verständige oder der vertrauende Verbraucher nicht auch Realtypen darstellen können, die Beachtung verdienen und womöglich sogar mit der Selbstbeobachtung gewisser Verbraucher oder Verbraucherinnen direkt korrespondieren. Geht man demgegenüber allerdings von einem (sich selber) erlebenden Verbraucher als Leitbild aus, können alle diese Figuren vor seinem inneren Auge gleichermaßen in Erscheinung treten, sei es abwechselnd nacheinander oder gleichzeitig. Und es sind bislang nur solche Verbraucherleitbilder, die aus Sicht der Verbraucherpolitik opportun erscheinen. Wie viele weitere kämen noch hinzu, wenn man sich von diesem Sonderinteresse löst? Schaut man nur auf die Galerie aus „activist", „chooser", „citizen", „communicator", „explorer", „hedonist", „identity-seeker", „rebel", „victim" oder „worker", die Gabriel und Lang (2006) kuratiert haben, gibt dies einen ersten Vorgeschmack auf die mögliche Vielfalt. Wie viele weitere Konsumträume werden sonst noch gehegt? Verhält es sich womöglich so, wie Zane es formuliert hat: „Fantasy is totally unbounded." (Martin 2004, 142)

Unstrittig dürfte jedenfalls sein, dass Verbraucher und Verbraucherinnen heutzutage multidimensional konzipiert gehören. Dabei hat man es allein im Rahmen des „experience consumption approach" schon mit (mindestens) drei Dimensionen zu tun: erstens jener Dimension, welche sich aus der Gesamtheit extrinsisch wie intrinsisch motivierter Aktivitäten ergibt, die – dies wäre die zweite Dimension – nur mental oder auch real, als rein imaginatives Konsum*erleben* oder empirisch beobachtbares Konsum*handeln* wirksam werden können. Eine dritte Dimension würde schließlich darin bestehen, sämtliche Motivlagen emotionalisiert zu denken, und zwar mit positiven, neutralen oder negativen Emotionen, je nach Konsument und Kontext, und immer in Kombination mit der kognitiv-rationalistischen Komponente.

Hervorheben möchte ich in diesem Zusammenhang allerdings die zweite Dimension, die sich (nicht nur) mit der mentalen Seite modernen Konsums befasst. Hier steht das innerpsychische Selbsterleben der Verbraucher und Verbraucherinnen im Vordergrund des Erkenntnisinteresses, das durchaus reflexiv geschieht (vielleicht nicht immer voll bewusst, weil habitualisiert) und eine Art Kopfkino darstellt – mit der Besonderheit, dass Beobachter und Beobachteter dieselbe Person sind, die sich gleich einem kybernetischen Mechanismus zur Selbstoptimierung ihrer Konsumerlebniserwartungen selber steuert. Mit Goffman gesprochen, geht es um ein Wechselspiel zwischen Zuschauer und Schauspieler in Personalunion, wobei der oder die im Zuschauerraum sitzende Verbraucherin die Hauptfigur in ihrem eigenen Stück spielt: Sie konsumiert sich, wenn sie sich beim Konsumieren beobachtet, sie erlebt sich selbst als handelnd und zieht aus dem, was sie dabei an und für sich beobachtet und erlebt, ihren eigentlich konsumistischen Genuss.

Ein Verbraucherleitbild, das konzeptionell ganz auf diese Situation bezogen wäre, also auf (sich selber) erlebende Verbraucher und Verbraucherinnen, verspricht – obgleich radikal utopisch, weil dieser „Ort" empirisch kaum erreichbar ist – eine ganze andere Qualität zu haben, als die anfangs diskutierten Verbraucherleitbilder, die ihre eigene kontextspezifische Legitimität allemal bewahren, oftmals aber ganz anderen Interessenlagen genügen müssen. Ein Leitunterschied bestünde etwa darin, den inneren Vorstellungsmöglichkeiten der Verbraucher und Verbraucherinnen deutlich mehr Raum zu geben und sie dabei nicht normativ-politisch-rechtlich zu bevormunden, sondern ihnen werturteilsfrei zu begegnen. Was dabei zu Tage treten könnte, mag mitunter grenzwertig erscheinen, ist aber Teil der Konsumsphäre. Ziel dieser Initiative ist es jedenfalls anzuregen, sich bei der Debatte um zeitgemäße Verbraucherleitbilder viel stärker noch auf die Seite der Verbraucher und Verbraucherinnen zu begeben und diese Problemstellung entschiedener von ihrem Standpunkt aus zu bedenken.

Literatur

Abrahams, R. D. 1986. Ordinary and extraordinary experience. In: *The anthropology of experience*, hg. von Victor W. Turner und Edward M. Bruner, 45–73. Urbana: University of Illinois Press.
Addis, Michela und Morris B. Holbrook. 2001. On the conceptual link between mass customization and experiential consumption: An explosion of subjectivity. *Journal of Consumer Behaviour* 1, Nr. 1: 50–66.
Ahtola, Olli T. 1985. Hedonic and utilitarian aspects of consumer behavior: An attitudinal perspective. *Advances in Consumer Research* 12: 7–10.

Ahuvia, Aaron C. 2005. Beyond the extended self: Loved objects and consumers' identity narratives. *Journal of Consumer Research* 32, Nr. 1: 171–184.

Andrade, Eduardo B. und Joel B. Cohen. 2007. On the consumption of negative feelings. *Journal of Consumer Research* 34, Nr. 3: 283–300.

Antonides, Gerrit und W. Fred van Raaij. 1998. *Consumer behaviour: A European perspective.* Chichester et al.: John Wiley & Sons.

Arnould, Eric J. und Linda L. Price. 1993. River magic: Extraordinary experience and the extended service encounter. *Journal of Consumer Research* 20, Nr. 1: 24–45.

Arnould, Eric J., Linda L. Price und Cele Otnes. 1999. Making magic consumption: A study of white-water river rafting. *Journal of Contemporary Ethnography* 28, Nr.1: 33–68.

Arnould, Eric, Linda Price und George Zinkhan. 2002. *Consumers.* Boston: McCraw-Hill/Irwin.

Arnould, Eric J. und Craig J. Thompson. 2005. Consumer Culture Theory (CCT): Twenty years of research. *Journal of Consumer Research* 31, Nr. 4: 868–882.

Autio, Minna. 2004. Finnish young people's narrative construction of consumer identity. *International Journal of Consumer Studies* 28, Nr. 4: 388–398.

Babin, Barry J., William R. Darden und Mitch Griffin. 1994. Work and/or fun: Measuring hedonic and utilitarian shopping value. *Journal of Consumer Research* 20, Nr. 4: 644–656.

Bala, Christian und Klaus Müller, Hrsg. 2014a. *Der gläserne Verbraucher: Wird Datenschutz zum Verbraucherschutz?* Beiträge zur Verbraucherforschung 1. Düsseldorf: Verbraucherzentrale NRW.

—, Hrsg. 2014b. *Der verletzliche Verbraucher: Die sozialpolitische Dimension der Verbraucherpolitik.* Beiträge zur Verbraucherforschung 2. Düsseldorf: Verbraucherzentrale NRW.

—, Hrsg. 2015. *Abschied vom Otto Normalverbraucher: Moderne Verbraucherforschung: Leitbilder, Information, Demokratie.* Essen: Klartext.

Bala, Christian und Wolfgang Schuldzinski, Hrsg. 2015. *Der verantwortungsvolle Verbraucher: Aspekte des ethischen, nachhaltigen und politischen Konsums.* Beiträge zur Verbraucherforschung 3. Düsseldorf: Verbraucherzentrale NRW.

Bærenholdt, Jørgen Ole. 2016. Experiencing the enchantment of place and mobility. *Journal of Consumer Culture* 16, Nr. 2: 393–411.

Bardhi, Fleura und Giana M. Eckhardt. 2017. Liquid consumption. *Journal of Consumer Research* 44, Nr. 3: 582–597.

Batra, Rajeev und Olli T. Ahtola. 1990. Measuring the hedonic and utilitarian sources of consumer attitudes. *Marketing Letters* 2, Nr. 2: 159–170.

Bauman, Zygmunt. 2000. *Liquid modernity.* Cambridge: Polity Press.

BDI (Bundesverband der Deutschen Industrie). 2014: *Verbraucherleitbild und Positionsbestimmung zum ‚Mündigen Verbraucher'.* Studie. BDO-Publikations-Nr. 0017. Berlin: BDI.

Beckert, Jens. 2016. *Imagined futures: Fictional expectations and capitalist dynamics.* Cambridge/London: Harvard University Press.

Belk, Russell W. 1988. Possessions and the extended self. *Journal of Consumer Research* 15, Nr. 2: 139–168.

—. 2002. Changing consumer: Changing disciplinary. In: *The changing consumer. Markets and meanings,* hg. von R. Steven Miles, Alison Anderson und Kevin Meethan, 145–161. London: Tayler & Francis.

Belk, Russell W. und Janeen Arnold Costa. 1998. The mountain man myth: A contemporary consuming fantasy. *Journal of Consumer Research* 25, Nr. 3: 218–240.

Belk, Russell W., Güliz Ger und Sören Askegaard. 2003. The fire of desire: A multisited inquiry into consumer passion. *Journal of Consumer Research* 30, Nr. 3: 326–351.

Bendle, Mervyn F. 2002. The crisis of ‚identity' in high modernity. *British Journal of Sociology* 53, Nr. 1: 1–18.

Bhattacharjee, Amit und Cassie Mogilner. 2014. Happiness from ordinary and extraordinary experiences. *Journal of Consumer Research* 41, Nr. 1: 1–17.

Boden, Sharon und Simon J. Williams. 2002. Consumption and emotion: The romantic ethic revisited. *Sociology* 36, Nr. 3: 493–512.

Boswijk, Albert, J. P. T. Thijsen und Ed Peelen. 2007. *The experience economy. A new perspective.* Amsterdam: Pearson Prentice Hall.

Brandl, Werner. 2012. Der ‚mündige Verbraucher' – ein Mythos zwischen Wunsch und Wirklichkeit. *HiBiFo. Haushalt in Bildung und Forschung* 1: 86–100.

Callero, Peter L. 2003. The sociology of the self. *Annual Review of Sociology* 29: 115–133.

Campbell, Colin. 1983. Romanticism and the consumer ethic: Intimations of a Weber-style thesis. *Sociological Analysis* 44, Nr. 4: 279–296.

Campbell, Colin. 1987. *The romantic ethic and the spirit of modern consumerism*. London: Basil Blackwell.
—. 2004. I shop therefore I know that I am: The metaphysical basis of modern consumption. In: *Elusive Consumption*, hg. von Karin M. Ekström und Helene Brembeck, 27–44. Oxford: Berg (Bloomsbury Academy).
Carù, Antonella und Bernard Cova. 2003. Revisiting consumption experience: A more humble but complete view of the concept. *Marketing Theory* 3, Nr. 2: 267–286.
—. 2008. Small versus big stories in framing consumption experiences. *Qualitative Market Research. An International Journal* 1, Nr. 2: 166–176.
Celsi, Richard L., Randall L. Rose und Thomas W. Leigh. 1993. An exploration of high-risk leisure consumption through skydiving. *Journal of Consumer Research* 20, Nr. 1: 1–23.
Childers, Terry L., Christopher L. Carr, Joann Peck und Stephen Carson. 2001. Hedonic and utilitarian motivations for online retail shopping behavior. *Journal of Retailing* 11: 511–535.
Cohen, Erik. 1979. A phenomenology of tourism experiences. *Sociology* 13: 179–201.
Csikszentmihalyi, Mihalyi und Ronald Graef. 1980. The experience of freedom in daily life. *American Journal of Community Psychology* 8, Nr. 4: 401–414.
d'Astous, Alain und Jonathan Deschênes. 2005. Consuming in one's mind: An exploration. *Psychology & Marketing* 22, Nr. 1: 1–30.
Desmond, John. 2003. *Consuming behaviour*. Hampshire: Palgrave.
Dhar, Ravi und Klaus Wertenbroich. 2000. Consumer choice between hedonic and utilitarian goods. *Journal of Marketing Research* 37: 60–71.
du Gay, Paul. 1996. *Consumption and identity at work*. London: Sage.
Eckhardt, Giana M., Russel W. Belk und Jonathan A. J. Wilson. 2015. The rise of inconspicuous consumption. *Journal of Marketing Management* 31, Nr. 7-8: 807–826.
Elliott, Richard. 1997. Existential consumption and irrational desire. *European Journal of Marketing* 31, Nr. 3/4: 285–296.
Firat, Aytekin, Kemal Y. Kutucuoğlu, Işıl Arikan Saltik und Özgür Tunçel. 2013. Consumption, consumer culture and consumer society. *Journal of Community Positive Practices* 13, Nr. 1: 182–203.
Firat, A. Fuat und Nikhilish Dholakia. 1998. *Consuming people. From political economy to theaters of consumption*. London: Sage.

Fitzsimmons, James A. und Mona J. Fitzsimmons, Hrsg. 2000. *New service development. Creating memorable experiences.* Thousand Oakes: Sage.

Fournier, Susan und Michael Guiry. 1993. 'An emerald green Jaguar, a house on Nantucket, and an African safari': Wish lists and consumption dreams in materialist society. *Advances in Consumer Research* 20: 352–358.

Franck, Georg. 2005. *Mentaler Kapitalismus: Eine politische Ökonomie des Geistes.* München: Hanser.

Gabriel, Yiannis und Tim Lang. 2006. *The unmanageable consumer.* 2. Auflage. London: Sage.

Gasteiger, Nepomuk. 2010. *Der Konsument: Verbraucherbilder in Werbung, Konsumkritik und Verbraucherschutz 1945-1989.* Frankfurt: Campus.

Giddens, Anthony. 1991. *Modernity and self-identity: Self and society in the late modern age.* Cambridge: Polity Press.

—. 1996. Leben in einer posttraditionellen Gesellschaft. In: *Reflexive Modernisierung,* hg. von Ulrich Beck, Anthony Giddens und Scott Lash, 113–194. Frankfurt am Main: Suhrkamp.

Goffman, Erving. 1983. *Wir alle spielen Theater: Die Selbstdarstellung im Alltag.* München: Piper.

Goulding, Christina and Michael Saren. 2016. Transformation, transcendence, and temporality in theatrical consumption. *Journal of Business Research* 69: 216–223.

Hagen, Kornelia, Andreas Oehler und Lucia A. Reisch. 2011. Verbraucherwissenschaft: In welchen Themenbereichen wird geforscht? *DIW Wochenbericht,* Nr. 25: 25–29.

Hansen, Ann H. und Lena Mossberg. 2013. Consumer immersion: A key to extraordinary experiences. In: *Handbook on the Experience Economy,* hg. von Jon Sundbo und Flemming Sørensen, 209–227. Cheltenham: Edward Elgar.

Hellmann, Kai-Uwe. 2003. *Soziologie der Marke.* Frankfurt am Main: Suhrkamp.

—. 2008. Philosophie des Konsums: Zum Verhältnis von Möglichkeitssinn und Gesinnungsmoral in der Marktwirtschaft. In: *Verantwortung als marktwirtschaftliches Prinzip,* hg. von Ludger Heidbrink und Alfred Hirsch, 261–280. Frankfurt am Main: Campus.

Hirschman, Elizabeth C. 1984. Experience seeking: A subjectivist perspective of consumption. *Journal of Business Research* 12: 115–136.

Hirschman, Elizabeth C. und Morris B. Holbrook. 1982. Hedonic consumption: Emerging concepts, methods and propositions. *Journal of Marketing* 46: 92–101.

Holbrook, Morris B. 1986. Emotion in the consumption experience: Towards a new model of the human consumer. In: *The role of affect in consumer behavior*, hg. von Robert A. Peterson, Wayne D. Hoyer und William R. Wilson, 17–52. Lexington: D. C. Heath.

—. 1997. Romanticism, introspection, and the roots of experiential consumption. *Consumption, Markets and Culture* 1, Nr. 2: 97–164.

Holbrook, Morris B., Robert W. Chestnut, Terence A. Oliva und Eric A. Greenleaf. 1984. Play as a consumption experience: The roles of emotions, performance, and personality in the enjoyment of games. *Journal of Consumer Research* 11, Nr. 2: 728–739.

Holbrook, Morris B. und Elizabeth C. Hirschman. 1982. The experiential aspects of consumption: Consumer fantasies, feelings, and fun. *Journal of Consumer Research* 9, Nr. 2: 132–140.

Jantzen, Christian. 2013. Experiencing and experience: A psychological framework. In: *Handbook on the experience economy*, hg. von Jon Sundbo und Flemming Sørensen, 146–170. Cheltenham: Edward Elgar.

Jantzen, Christian, James Fitchett, Per Østergaard und Mikael Vetner. 2012. Just for fun? The emotional regime of experiential consumption. *Marketing Theory* 12, Nr. 2: 1–18.

Jenkins, Rebecca, Elizabeth Nixon und Mike Molesworth. 2011. ‚Just normal and homely'. The presence, absence and othering of consumer culture in everyday imagining. *Journal of Consumer Culture* 11, Nr. 2: 261–281.

Kahneman, Daniel und Amos Tversky. 1979. Prospect theory: An analysis of decision under risk. *Econometrica* 47, Nr. 2: 263–291.

Kahneman, Daniel, Paul Slovic und Amos Tversky, Hrsg. 1982. *Judgement under uncertainty: Heuristics and biases*. Cambridge: Cambridge University Press.

Kapferer, Clodwig. 1994. *Zur Geschichte der deutschen Marktforschung: Aufzeichnungen eines Mannes, der dabei war*. Hamburg: Marketing Journal.

Kaufmann, Peter. 1969. *Der Schlüssel zum Verbraucher: Selbstgespräche eines Generaldirektors über das Einkaufserlebnis in der Konsumgesellschaft*. Düsseldorf: Econ.

Kenning, Peter und Inga Wobker. 2013. Ist der „mündige Verbraucher" eine Fiktion? Ein kritischer Beitrag zum aktuellen Stand der Diskussion um das Verbraucherleitbild in den Wirtschaftswissenschaften und der Wirtschaftspolitik. *Zeitschrift für Wirtschafts- und Unternehmensethik* 14, Nr. 2: 282–300.

Ketchum, Cheri. 2005. The essence of cooking shows: How the food network constructs consumer fantasy. *Journal of Communication Inquiry* 29, Nr. 3: 217–234.

Kirmani, Amna. 2009. The self and the brand. *Journal of Consumer Psychology* 19, Nr. 3: 271–275.

Kivetz, Ran. 1999. Advances in research on mental accounting and reason-based choice. *Marketing Letters* 10, Nr. 3: 249–266.

Klinck, Fabian und Karl Riesenhuber, Hrsg. 2015. *Verbraucherleitbilder: Interdisziplinäre und europäische Perspektiven*. Berlin: de Gruyter.

Knobloch, Uli, Kirsten Robertson und Rob Aitken. 2016. Experience, emotion, and eudaimonia: A consideration of tourist experiences and well-being. *Journal of Travel Research* 56, Nr. 5: 1–12.

Knops, Kai-Oliver. 1998. Verbraucherleitbild und situationsbezogene Unterlegenheit. *Verbraucher und Recht* 11: 363–365.

Kuhlmann, Eberhard. 1990. *Verbraucherpolitik: Grundzüge ihrer Theorie und Praxis*. München: Vahlen.

Lao, Aurély. 2014. Mental imagery and its determinants as factors of consumers emotional and behavioural responses: Situation analysis in online shopping. *Recherche et Applications en Marketing* 28, Nr. 3: 58–81.

Lindberg, Frank und Per Østergaard. 2015. Extraordinary consumer experiences: Why immersion and transformation cause trouble. *Journal of Consumer Behavior* 14: 248–260.

Lindgreen, Adam, Joelle Vanhamme und Michael B. Beverland, Hrsg. 2009. *Memorable customer experiences: A research anthology*. Farnham: Gower.

Lu, Jingyi, Zhengyan Liu und Zhe Fang. 2016. Hedonic products for you, utilitarian products for me. *Judgement and Decisions Making* 11, Nr. 4: 332–341.

Luhmann, Niklas. 1989. *Gesellschaftsstruktur und Semantik: Studien zur Wissenssoziologie der modernen Gesellschaft*. Band 3. Frankfurt am Main: Suhrkamp.

—. 1992. *Beobachtungen der Moderne*. Opladen: Westdeutscher Verlag.

Lunt, Peter K. und Sonia M. Livingstone. 1992. *Mass consumption and personal identity: Everyday economic experience*. Buckingham: Open University Press.

Lutter, Mark. 2010. *Märkte für Träume: Die Soziologie des Lottospiels*. Frankfurt am Main: Campus.

—. 2012. Tagträume und Konsum: Die imaginäre Qualität von Gütern am Beispiel der Nachfrage für Lotterien. *Soziale Welt* 63, Nr. 3: 233–251.

Maas, Heiko. 2014. Mündige Bürger? Ein schönes Ideal. *Süddeutsche Zeitung* (10. März). https://www.bundesregierung.de/Content/DE/Namensbeitrag/2014/03/2014-03-10-maas-sueddeutsche.html.

MacInnis, Deborah J. und Linda L. Price. 1987. The rote of imagery in information processing: Review and extensions. *Journal of Consumer Research* 13, Nr. 4: 473–491.

—. 1990. An exploratory study of the effects of imagery processing and consumer experience on expectations and satisfaction. *Advances in Consumer Research* 17: 41–47.

Markus, Hazel und Paula Nurius. 1986. Possible selves. *American Psychologist* 41, Nr. 9: 954–969.

Martin, Brett A. S. 2004. Using the imagination: Consumer evoking and thematizing of the fantasy imaginary. *Journal of Consumer Research* 31, Nr. 1: 136–149.

Maslow, Abraham H. 1964. *Religion, values and peak-experiences*. Columbus: Ohio State University Press.

Mead, George Herbert. 1973. *Geist, Identität und Gesellschaft aus Sicht des Sozialbehaviorismus*. Frankfurt am Main: Suhrkamp.

Micklitz, Hans-W., Andreas Oehler, Michael-Burkhard Piorkowsky, Lucia A. und Christoph Strünck. 2011. Der vertrauende, der verletzliche oder der verantwortungsvolle Verbraucher? Plädoyer für eine differenzierte Strategie in der Verbraucherpolitik. Stellungnahme des Wissenschaftlichen Beirats Verbraucher- und Ernährungspolitik beim BMELV. Berlin, Dezember.

Miles, Steven. 2015. Consumer Culture. *Oxford Bibliographies Online*. http://www.oxfordbibliographies.com/view/document/obo-9780199756384/obo-9780199756384-0135.xml (Zugriff: 19. Januar 2018).

Miller, Daniel. 1998. *A theory of shopping*. Ithaca: Cornell University Press.

Möstl, Markus. 2014. Wandel des Verbraucherleitbilds? *Werbung in Recht und Praxis* 8: 906–910.

Naylor, Gillian S., Susan Bardi Kleiser, Julie Baker und Eric Yorkston. 2008. Using transformational appeals to enhance the retail experience. *Journal of Retailing* 84, Nr. 1: 49–57.

O'Brien, Heather Lynn. 2010. The influence of hedonic and utilitarian motivations on user engagement: The case of online shopping experiences. *Interacting with Computer* 22, Nr. 5: 344–452.

Oehler, Andreas. 2013. Neue alte Verbraucherleitbilder: Basis für die Verbraucherbildung? *HiBiFo. Haushalt in Bildung und Forschung* 2: 44–60.

Oehler, Andreas und Lucia A. Reisch. 2016. *Verbraucherleitbild: Differenzieren, nicht diskriminieren!* Sachverständigenrat für Verbraucherfragen beim Bundesministerium der Justiz und für Verbraucherschutz. Berlin: BMJV.

Ratneshwar, S. und David Glen Mick, Hrsg. 2005. *Inside consumption: Consumer motives, goals, and desires.* London: Routledge.

Ratneshwar, S., David Glen Mick und Cynthia Huffman, Hrsg. 2000. *The why of consumption: Contemporary perspectives on consumer motives, goals, and desires.* London: Routledge.

Reed II, Americus, Mark R. Forehand, Stefano Puntoni und Luk Warlop. 2012. Identity-based consumer behaviour. *International Journal of Research in Marketing* 29: 310–321.

Reisch, Lucia A. 2003a. Verbraucherpolitik hat Konjunktur: Strategische Grundsätze und Leitbilder einer ‚neuen Verbraucherpolitik'. *Verbraucher und Recht* 11: 405–409.

—. 2003b. *Strategische Grundsätze und Leitbilder einer neuen Verbraucherpolitik.* Diskussionspapier des Wissenschaftlichen Beirats für Verbraucher- und Ernährungspolitik beim BMVEL. Berlin: BMVEL.

Reisch, Lucia A. und Andreas Oehler. 2016. Es gibt nicht den Verbraucher: Alle reden vom mündigen Verbraucher. Er kann aber auch überfordert und uninformiert sein. Ein Gastbeitrag. *Frankfurter Rundschau* (28. Oktober). http://www.fr.de/politik/meinung/gastbeitraege/verbraucherpolitik-es-gibt-nicht-den-verbraucher-a-297004 (Zugriff: 19. Januar 2018).

Richardson, Alan. 1965. The place of subjective experience in contemporary psychology. *British Journal of Psychology* 56, Nr. 2: 223–232.

—. 1984. The experiential dimension of psychology. St. Lucia: University of Queensland Press.

Richins, M. L. 1997. Measuring emotions in the consumption experience. *Journal of Consumer Research* 24, Nr. 2: 127–146.

Rook, Dennis. 1988. Researching consumer fantasy. In: *Research in consumer behaviour* 3, hg. von Elizabeth C. Hirschman, 247–270. Greenwich: JAI Press.

Ruvio, Ayalla A. und Russell W. Belk, Hrsg. 2012. *The Routledge companion to identity and consumption.* London: Routledge.

Sassatelli, Roberta. 2010. Consumer identities. In: *Routledge handbook of identity studies,* hg. von Anthony Elliott, 236–253. London: Routledge.

Schau, Hope Jensen. 2000. Consumer imagination, identity and self-expression. *Advances in Consumer Research* 7: 50–56.

Schau, Hope Jensen, Mary C. Gilly und Mary Wolfinbarger. 2009. Consumer identity renaissance: The resurgence of identity-inspired consumption in retirement. *Journal of Consumer Research* 36, Nr. 2: 255–276.

Schmidt-Kessel, Martin und Claas Christian Germelmann, Hrsg. 2016. *Verbraucherleitbilder – Zwecke, Wirkungsweisen und Maßstäbe.* Jena: Jenaer Wissenschaftliche Verlagsgesellschaft.

Schmitt, Bernd H. 1999. Experiential marketing. *Journal of Marketing Management* 15: 53–67.

—. 2003. *Customer experience management: A revolutionary approach to connecting with your customers.* Hoboken: Wiley & Sons.

Schouten, John W. 1991. Selves in transition: Symbolic consumption in personal rites of passage and identity reconstruction. *Journal of Consumer Research* 17, Nr. 4: 412–425.

Schouten John .W, James H. McAlexander und Harold F. Koenig. 2007. Transcendent customer experience and brand community. *Journal of the Academic of Marketing Science* 35: 357–368.

Schulze, Gerhard. 1992. *Die Erlebnisgesellschaft: Kultursoziologie der Gegenwart.* Frankfurt am Main: Campus.

Schwan, Patrick. 2009. *Der informierte Verbraucher? Das verbraucherpolitische Leitbild auf dem Prüfstand. Eine Untersuchung am Beispiel des Lebensmittelsektors.* Wiesbaden: Verlag für Sozialwissenschaften.

Scitovsky, Tibor. 1981. The desire for excitement in modern society. *Kyklos* 34, Nr. 1: 3–13.

Scott, Rebecca, Julien Cayla und Bernard Cova. 2017. Selling pain to the saturated self. *Journal of Consumer Research* 44, Nr. 1: 22–43.

Shankar, Avi, Richard Elliott und James A. Fitchett. 2009. Identity, consumption and narratives of socialization. *Marketing Theory* 9, Nr. 1: 75–94.

Shove, Elizabeth und Alan Warde. 2002. Inconspicuous consumption: The sociology of consumption, lifestyles and the environment. In: *Sociological theory and the environment. Classical foundations, contemporary insights,* hg. von Riley Dunlap, Frederick Buttel, Peter Dickens und August Gijswijt, 230–251. Lanham, MA: Rowman and Littlefield.

Singer, Jerome L. 1966. *Daydreaming: An introduction to the experimental study of inner experience.* New York: Random House.

Solomon, Michael R., Gary J. Bamossy, Sören Askegaard und Margaret K. Hogg. 2013. *Consumer behavior: A European perspective.* Harlow: Pearson.

Strünck, Christoph. 2015. Der mündige Verbraucher: Ein populäres Leitbild auf dem Prüfstand. In: *Abschied vom Otto Normalverbraucher. Moderne Verbraucherforschung: Leitbilder, Information, Demokratie,* hg. von Christian Bala und Klaus Müller, 19–28. Essen: Klartext.

Strünck, Christoph, Ulrike Arens-Azevêdo, Tobias Brönneke, Kornelia Hagen, Mirjam Jaquemoth, Peter Kenning, Christa Liedtke, Andreas Oehler, Ulf Schrader und Marina Tamm. 2012. *Ist der „mündige Verbraucher" ein Mythos? Auf dem Weg zu einer realistischen Verbraucherpolitik.* Stellungnahme des Wissenschaftlichen Beirats Verbraucher- und Ernährungspolitik beim BMLEV. Berlin: BMVEL.

Sullivan, Oriel und Jonathan Gershuny. 2004. Inconspicious consumption: Work-rich, time–poor in the liberal market economy. *Journal of Consumer Culture* 4, Nr. 1: 79–100.

Szallies, Rüdiger. 1990. Zwischen Luxus und kalkulierter Bescheidenheit – Der Abschied von Otto Normalverbraucher. In: *Wertewandel und Konsum: Fakten, Perspektiven und Szenarien für Markt und Marketing,* hg. von Rüdiger Szallies und Günter Wiswede, 42–58. Landsberg/Lech: verlag moderne industrie.

Tadajewski, Mark. 2006. Remembering motivation research: Toward an alternative genealogy of interpretive consumer research. *Marketing Theory* 6, Nr. 4: 429–466.

Thaler, Richard H. 1985. Mental accounting and consumer choice. *Marketing Science* 4, Nr. 3: 199–214.

Thompson, Craig J., William B. Locander und Howard R. Pollio. 1989. Putting consumer experience back into consumer research: The philosophy and method of existential-phenomenology. *Journal of Consumer Research* 16, Nr. 2: 133–146.

Torp, Claudius. 2012. *Wachstum, Sicherheit, Moral: Politische Legitimationen des Konsums im 20. Jahrhundert.* Göttingen: Wallstein.

Tumbat, Gülnur und Russell W. Belk. 2011. Marketplace tensions in extraordinary experiences. *Journal of Consumer Research* 38, Nr. 1: 42–61.

Unger, Lynette S. und Jerome B. Kernan. 1983. On the meaning of leisure: An investigation of some determinants of the subjective experience. *Journal of Consumer Research* 9, Nr. 4: 381–392.

Voss, Kevin E., Eric R. Spangenberg und Bianca Grohmann. 2003. Measuring the hedonic and utilitarian dimensions of consumer attitude. *Journal of Marketing Research* 40: 310–320.

Warde, Alan. 1994a. Consumption, identity-formation and uncertainty. *Sociology* 28, Nr. 4: 877–898.

—. 1994b. Consumers, identity and belonging: Reflections on some theses of Zygmunt Bauman. In: *The authority of the consumer,* hg. von Russell Keat, Nigel Whiteley und Nicholas Abercrombie, 53–68. London: Routledge.

Weber, Max. 1985. Gesammelte Aufsätze zur Wissenschaftslehre. Tübingen: Mohr (Siebeck).

Über den Autor

Prof. Dr. Kai-Uwe Hellmann lehrt am Institut für Soziologie der Technischen Universität Berlin und ist Geschäftsführer des Instituts für Konsum- und Markenforschung. Webseite: http://www.kaiuwehellmann.de/.

Mit dem Verbraucher Politik machen?

Der Verbraucher als Steuerungsadressat und Bestandteil politischer Strategien in komplexen Politikfeldern

Kathrin Loer und Alexander Leipold

DOI 10.15501/978-3-86336-920-0_3

Abstract

Der Beitrag zeigt, wie der Verbraucher in unterschiedlichen Politikfeldern zum Adressaten politischer Instrumente wird. Dabei geht es vor allem um ein systematisches Verständnis, welche impliziten Adressatenkonzepte die Instrumente prägen. Maßgeblich ist die Frage, welches Verständnis vom Verbraucher (als Adressat) den politischen Instrumenten zu Grunde liegt. Der Beitrag stützt sich auf eine Auswertung von Gesetzesinitiativen des Deutschen Bundestages in den Jahren 2009 bis 2017.

Dieser Beitrag erscheint unter der Creative-Commons-Lizenz: Namensnennung – Nicht-kommerziell – Keine Bearbeitung 3.0 Deutschland | CC BY-NC-ND 3.0 DE Kurzform | http://creativecommons.org/licenses/by-nc-nd/3.0/de/
Lizenztext | http://creativecommons.org/licenses/by-nc-nd/3.0/de/legalcode

1 Verbraucherpolitik jenseits des Verbraucherschutzes

Wer kann sich noch an die Hamsterkäufe von Glühbirnen erinnern? Den „Sturm auf die Regale" (Hnida 2009) gab es 2009, als die Europäische Union eine Verordnung (Verordnung (EG) Nr. 244/2009) erlassen hatte, nach der künftig nur noch energiesparende Leuchtmittel verkauft werden durften[1]. Dies bedeutete das Ende für die „Glühbirne" mit feinem Draht, die bis dahin – vor allem in Deutschland – weit verbreitet war. Ein solcher Eingriff in den Markt, der sowohl Unternehmen als auch Verbraucher betrifft, ist das schärfste Schwert, das Regierungen (beziehungsweise in diesem Fall der Europaischen Union) zur Verfügung steht. Der Eingriff kann sich politisch daraus begründen, dass (nur) auf diese Weise ein bestimmtes Ziel zu erreichen ist. Prinzipiell stehen allerdings verschiedene Instrumente zur Verfügung, um politische Ziele zu erreichen. Diese reichen von weichen Formen der Steuerung, die zum Beispiel lediglich eine Kooperation zwischen Akteuren anregen, über Informationen bis hin zu spürbaren Anreizen und letztlich eben Geboten und Verboten.

Alle diese Instrumente lassen sich in unterschiedlichen Politikfeldern finden, sie adressieren sowohl kollektive wie auch individuelle Akteure. Im Zusammenhang mit diesem Beitrag interessieren uns Instrumente, die sich an individuelle Akteure richten, wenn diese in ihrer Rolle als Verbraucher auftreten. (Politik-)wissenschaftliche Beiträge widmeten sich bislang vor allem dem Schutz des Verbrauchers zum Beispiel im Überblick über die verschiedenen Facetten inklusive Ausführungen zur Vermittlung von Verbraucherinteressen (zum Beispiel Strünck 2017), der von großer Bedeutung ist. Allerdings stellt sich dabei die Frage, inwieweit der Verbraucher von der Politik gerade deshalb adressiert wird, weil seine Entscheidungen einen Einfluss auf bestimmte politische Ziele haben (Grugel 2017). Das Beispiel der Glühbirnen zeigt diesen Fall sehr deutlich: Hier ließe sich zwar auch argumentieren, dass der Verbraucher vor zu hohen Stromrechnungen „geschützt" wird, aber in erster Linie dient die

---

1   Nach einer gewissen Übergangszeit, in der ein Abverkauf der alten Produkte noch möglich war.

„Durchführungsverordnung zur Energieeffizienzrichtlinie" (2005/32/EG) dem politischen Ziel, die „verstärkte Abhängigkeit von Energieimporten" zu reduzieren, Angebote angesichts „knappe[r] Energieressourcen" zu schaffen und „dem Klimawandel Einhalt zu gebieten" (2005/32/EG). Der Verbraucher soll also sein Verhalten ändern, um übergeordnete politische Ziele – hier: Klimaschutz, Ressourcenschonung – zu erreichen.

Das Beispiel dieser Durchführungsverordnung, die zur Verhaltensänderung beitragen soll, fällt in den Bereich der Energiepolitik. Prinzipiell gibt es viele Felder, in denen politische Ziele nur erreicht werden können, wenn Menschen ihr Verhalten verändern. Dies ist beispielsweise auch im Bereich der Gesundheit (Ernährung, Bewegung, sonstige Faktoren der Lebensführung) der Fall. Individuelles Verhalten wirkt sich da unter Umständen so aus, dass die gesundheitlichen Folgen von ungesunder Ernährung, fehlender Bewegung und anderen Facetten der Lebensführung nicht nur zu konkreten individuellen Belastungen (beispielsweise Schmerzen) führen, sondern auch volkswirtschaftliche Konsequenzen haben (chronische Krankheiten, Arbeitsausfall, Frühverrentung etc.). Das Beispiel der Glühbirnen zeigt, wie in der Umwelt- und Energiepolitik individuelles Kaufverhalten eine wesentliche Rolle spielen kann – aber dies ist nicht nur der Fall, wenn es um die Wahl des Leuchtmittels geht. Im Sinne nachhaltiger Entwicklung (Buhl, Schipperges und Liedtke 2017) befassen sich politische Akteure mehr und mehr mit jenem individuellen Verhalten, das den Energieverbrauch (Beispiel: Energie- und Umweltpolitik) beeinflusst oder das sich auf die individuelle Gesundheit auswirkt (Beispiel: Ernährung/Bewegung/Lebensstile).

Sollen also am besten alle energieineffizienten und ungesunden Produkte verboten werden? Die Politikwissenschaft geht davon aus, dass dieser stärkste Eingriff in den Markt durch Verbote nicht im Sinne des politischen Akteurs ist:

> „[...] governments, for ideological reasons, would prefer to use the least coercive instruments available and would only ‚move up the scale' of coercion as far as necessary in order to overcome societal resistance to attaining their goal." (Doern und Wilson 1974)

Eine solche Einschätzung würden wohl in freiheitlichen Demokratien auch Bürger und Unternehmen teilen. Das Verhältnis von Staat, Markt und Individuum (beziehungsweise einer (Haushalts-)Gemeinschaft) muss immer wieder neu ausgestaltet und ausgehandelt werden. Dieser Beitrag widmet sich diesem Verhältnis und stellt konzeptionell vor, wie sich politische Instrumente voneinander unterschieden lassen. Das Beispiel der „Politik mit dem Verbraucher", der zu Verhaltensänderungen gebracht werden soll, bietet sich dafür an, weil sich in der diesbezüglichen Instrumentenwahl nicht nur das Selbstverständnis des Staates, sondern auch eine bestimmte Vorstellung vom Adressaten ausdrückt.

Während sich idealtypisch vier Typen von Instrumenten voneinander abgrenzen lassen (Kapitel 2), finden sich in der Empirie meistens Kombinationen von Instrumententypen (vgl. Kapitel 3: Analyse von Gesetzesbeschlüssen und Beschlussempfehlungen des Deutschen Bundestags). Da sich Instrumente immer an Adressaten richten, muss sich jeder Instrumententyp durch ein bestimmtes Adressatenkonzept charakterisieren lassen, auch wenn dies nicht explizit so benannt oder beschrieben ist.

Bislang spielt in der wissenschaftlichen Instrumentendiskussion allerdings eine solche Perspektive noch keine Rolle. Unser Beitrag schlägt eine Konzeption vor, um Instrumente und Adressaten im Kontext zu untersuchen: Dafür analysieren wir Bundestags-Texte für den Zeitraum von 2009 bis 2017 entlang der Frage, welches Verbraucherverständnis die Texte transportieren und wie dieses Verständnis darin mit dem ausgewählten Instrument - gegebenenfalls implizit - verknüpft wird (Kapitel 3). Auf diese Weise möchten wir klären, inwieweit tatsächlich Politik „mit dem Verbraucher/der Verbraucherin" gemacht wird, wenn die Instrumente ihn beziehungsweise sie adressieren.

Gleichzeitig möchten wir aber auch aufzeigen, welche Herausforderungen sich möglicherweise ergeben, wenn politische Maßnahmen auf eine Verhaltensänderung des Individuums abzielen.

Es wäre natürlich auch denkbar, dass Politik, in der eigentlich der Verbraucher oder die Verbraucherin eine wesentliche Rolle spielt, sich mit Maßnahmen gar nicht an den Verbraucher wendet. Ein solcher Fall wäre zum Beispiel denkbar, wenn politische Maßnahmen Produzenten oder Dienstleister als Intermediäre adressieren, deren Angebote entsprechend umgestaltet werden (müssen).

2 Instrumente in der Politikgestaltung: Wer sind die Adressaten?

Politik entsteht nicht nur, wenn Lösungen für soziale, ökonomische oder andere Probleme gesucht werden. Politisches Handeln ergibt sich auch in politischen Kontexten, um Macht und Stärke zu demonstrieren oder um überhaupt Handlungsfähigkeit unter Beweis zu stellen. Je nachdem, welches Ziel politische Akteure tatsächlich verfolgen, suchen sie nach Instrumenten, um das jeweilige Ziel zu erreichen. Was erwarten die politischen Akteure, wenn sie ein bestimmtes Instrument einsetzen? In der Regel impliziert ein Instrument eine bestimmte Erwartung an den Adressaten, es unterstellt einen bestimmten Mechanismus, ähnlich dem stimulus-response-Modell: Das Individuum soll in seinem Handeln auf den jeweiligen Stimulus erwartungsgemäß reagieren. Im Englischen trifft dies der Begriff „compliance", der mittlerweile auch teilweise in deutschsprachigen Kontexten genutzt wird (beispielsweise Patientenverhalten in Bezug auf Medikation oder therapeutische Empfehlungen). Sofern also das Individuum erwartungsgemäß (compliant) handelt, ist ein politisches Instrument effektiv. Im besten Fall erkennen später die Wähler, dass es der Regierung besonders gut gelingt, ihre angekündigten Ziele zu erreichen. Wenn dies der Fall ist, liegt das eben an der Wirksamkeit der Instrumente.

Dass dieses Zielerreichen nicht nur konzeptionell anspruchsvoll ist, sondern in der Realität tatsächlich häufig auch nicht gelingt, kann verschiedene Gründe haben. Viele Faktoren beeinflussen soziale und ökonomische Kontexte und verlangen unter Umständen verschiedene Maßnahmen auf unterschiedlichen politischen Ebenen, die aufeinander abgestimmt sein müssten. Wesentlich scheint aber auch, dass ein Instrument oder eine Instrumentenkombination überhaupt nur wirksam sein kann, wenn sich das Adressatenverhalten in Reaktion auf das Instrument erwartungsgemäß verändert. Dies setzt voraus, dass Instrumentengestaltung und Instrumentenwahl die Entscheidungssituation wie auch das Verhalten der Adressaten konzeptionell berücksichtigt. Tatsächlich lässt sich aber bezweifeln, dass die Instrumentenwahl mit der Überlegung beginnt, in welcher Situation im politischen Kontext und unter welchen Bedingungen der Adressat handelt. Ein solches Fehlen von Adressatenkonzepten lässt sich nicht nur empirisch, sondern auch in der politikwissenschaftlichen Literatur zu Instrumenten beobachten.

Diese Literatur kennt eine Vielzahl von Typologien, die Instrumente voneinander unterscheiden. Während ursprünglich Lowi in einer schlanken Typologie alle kontrollierenden Instrumente (command and control) von konstitutiven sowie (um)verteilenden (distributiven) Instrumenten unterschied (Lowi 1972), lassen sich auch Typologien mit über 50 unterschiedlichen Instrumententypen finden (zum Beispiel Kirschen 1969). Unser Beitrag folgt im Sinne der Parsimonie (Occam's razor) einem möglichst einfachen Konzept. Daher schlagen wir eine Vierer-Typologie vor. Diese sieht verbindliche, sanktionsbewehrte Instrumente am einen Ende des Spektrums, das das höchste Ausmaß an Zwang erreicht. Diese lassen sich als „autoritär" bezeichnen (**a**uthority: Verbote, Gebote). Weniger zwingend, aber immer noch sehr verbindlich sind Instrumente, die einen sozialen oder finanziellen Anreiz (**i**ncentives: marktförmig und nichtmarktförmig) bieten. Dieser kann sich in Steuern, Subventionen oder auch sozialer Zugehörigkeit ausdrücken. Anders verhält es sich mit Instrumenten, die auf der Basis von Informationen wirken und die intellektuelle Kapazität in den Mittelpunkt stellen (**c**apacity: Information und Überzeugen). Am anderen Ende des Spektrums stehen Instrumente, die am wenigsten Zwang ausüben. Sie setzen auf Organisation und Kooperation, in dem zum Beispiel bestimmte Gremien oder „Runde Tische" eingerichtet, Kooperation und Koordination zwischen Akteuren angeregt oder bestimmte Infrastrukturen zur Verfügung gestellt werden (**O**rganisation/Kooperation). Diese Vierteilung entspricht sowohl der NATO-Typologie von Hood (Hood und Margetts 2007) als auch vielen anderen Ordnungskonzepten in der politikwissenschaftlichen Forschung [2], läuft allerdings auf ein anderes Akronym hinaus (**AICO**), um für hinreichend präzise begriffliche Unterscheidung zu sorgen (Abbildung 1).

---

2 Maßgeblich zur Begriffsbildung tragen die Beiträge von Hood, Howlett und Schneider/Ingram bei (Hood 1983; Hood und Margetts 2007; Howlett 1991, 2000; Schneider und Ingram 1990). Terminologisch griffig: „carrots, sticks and sermons (CSS)" (Vedung 2003), was allerdings Organisation/Kooperation außer Acht lässt. Dieses Element wiederum integrieren Böcher (Böcher 2012), der die Organisation damit in geeigneter Weise reflektiert, sowie auch Böcher/Töller vor allem zur Umweltpolitik mit Betonung marktförmiger Instrumente (Böcher und Töller 2012, 152).

authority	incentive	capacity	organisation
alternative labels: "command and control" "sticks" "regulation" "regulatory"	alternative labels: "carrots" "treasure" "redistribution" "expenditure"	alternative labels: "nodality" "exhortation" "sermons" "advice" "symbols" "information"	alternative labels: "infrastructure" "cooperation"

Abbildung 1: AICO-Typologie. Eigene Darstellung auf Basis der Literatur zu Instrumenten (siehe Fußnote 2).

Die vorgestellten Instrumente implizieren unterschiedliche Erwartungen an den Adressaten, die aber letztlich alle einem bestimmten Rationalitätsverständnis entsprechen. Allerdings arbeitet die politikwissenschaftliche Literatur zu Instrumenten kein systematisches Verständnis von Adressaten heraus. Lediglich Howlett schlägt vor, eine sogenannte „Target Behaviour Pre-Requisite" einzubeziehen und präsentiert dazu vier Aspekte (Howlett 2016, 17 f.), die sich auf die AICO-Typologie anwenden lassen: Es muss die Bereitschaft oder vielmehr den Willen geben,

a) sich durch Zwang beeinflussen zu lassen (Instrument: Autorität), oder
b) auf Gewinnchancen und Verlustrisiken zu reagieren (Instrument: Incentive), oder
c) einer Information zu glauben (Instrument: Capacity/Information), oder
d) Produkte oder vor allem Dienstleistungen in Anspruch zu nehmen, die von der Regierung bereitgestellt werden (Instrument: Organisation/Kooperation – hier allerdings mit begrenztem Konzept eines staatlichen Angebots).

Dieser Beitrag verfolgt eine ähnliche Idee, versucht aber, die Adressatenkonzepte für die AICO-Instrumente noch etwas genauer zu spezifizieren: Wenn der Staat seine Autorität einsetzt, dann unterstellt diese Instrumentenwahl, dass der Adressat die Regeln befolgt. Eine solche Motivation des Adressaten könnte aus der Angst vor Sanktionen resultieren oder dann entstehen, wenn der

Adressat von den politischen Zielen und von der Strategie (Instrument) überzeugt ist. Beides setzt einen rationalen Verarbeitungsprozess voraus. Wenn Anreize geschaffen werden, dann folgt dies der Erwartung, dass der Adressat kalkuliert und sich ökonomische oder soziale Vorteile verspricht, wenn er erwartungsgemäß handelt. Sowohl bei marktförmigen als auch bei nichtmarktförmigen Anreizen unterstellt der Instrumenteneinsatz einen rational agierenden Akteur, der nichts tut, was ihm/ihr finanziell oder sozial schadet. Informatorische Instrumente setzen voraus, dass der Adressat sowohl willens als auch in der Lage ist, die Information zu verarbeiten. Die Voraussetzungen dieses Instruments gehen sogar noch weiter: Es kann nur dann seine Wirkung entfalten, wenn der Prozess der Informationsverarbeitung zu einem bestimmten Ergebnis führt und die entscheidenden Voraussetzungen für das Handeln schafft. Auch hier impliziert das Instrument einen rationalen Akteur. Geht es um Organisation/Kooperation, zielt der Instrumenteneinsatz darauf ab, einen kooperativen oder kooperierenden Akteur zu treffen. Allerdings lässt sich dazu herausstellen: Der Akteur wird sich nur dann kooperativ verhalten, wenn er irgendeine Art von Nutzen, und damit andere Formen der Regulierung, erwartet oder aber, wenn er sich der Kooperation nicht entziehen kann.

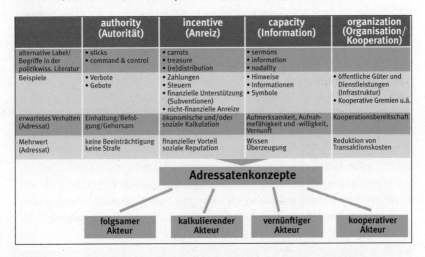

Abbildung 2: Adressatenkonzepte der AICO-Instrumente. Eigene Darstellung.

Unabhängig davon also, welches Instrument gewählt wird oder wie die Instrumente kombiniert werden, müssten die Maßnahmen immer auf der Vorstellung eines rational handelnden Akteurs basieren – unabhängig auch davon, ob er nun tatsächlich folgsam, kalkulierend, vernünftig oder kooperativ ist (Abbildung 2). Unbekannt ist allerdings bislang, inwieweit sich dieses Konzept beziehungsweise die unterschiedlichen Varianten rationaler Akteure möglicherweise tatsächlich in politischen Maßnahmen finden lassen und sie mit Instrumenten verknüpft sind (siehe dazu: Kapitel 3).

Alle AICO-Instrumente stellen einen kommunikativen Akt in den Mittelpunkt und beziehen staatliche Institutionen mit ein, die vom Adressaten wahrgenommen werden können. Insofern zeigt sich darin eine bestimmte Verbindung zwischen Staat und Bürger:

> „A public policy instrument constitutes a device that is both technical and social, that organizes specific social relations between the state and those it is addressed to, a technical device with the generic purpose of carrying a concrete concept of the politics/society relationship and sustained by a concept of regulation." (Lascoumes und Le Galès 2007, 4)

Im weitesten Sinne erhält der Bürger demnach immer einen Hinweis, was die Information über Verbote, Gebote, Steuern etc. mit einschließt. Der Staat verfügt über die Mittel, um diese Instrumente einzusetzen und immer dann, wenn er sie einsetzt, wird sein Handeln erkennbar. Dass der Staat im Prinzip den Bürgern vermittelt, was er von ihnen erwartet (Befolgen von Gesetzen, Zahlen von Steuern, Berücksichtigung von Informationen, Kooperation), schließt allerdings nicht mit ein, dass er sich systematisch mit den Parametern der individuellen Entscheidungssituation befasst. Sofern also die „klassischen" AICO-Instrumente wie beschrieben zum Einsatz kommen, berücksichtigt die Instrumentengestaltung nicht die Erkenntnisse, die mittlerweile breit durch verhaltenswissenschaftliche Forschung vorliegen. Dies spiegelt sich in den bisherigen Instrumententypologien wider, in denen ebenfalls die Entscheidungsparameter fehlen. Das Aufkommen verhaltenswissenschaftlich informierter Politik (Straßheim 2017), die gerade dieses Defizit zu beheben versucht, lenkt den Blick auf den Adressaten. Verhaltenswissenschaftler befassen sich mit Wahlarchitekturen – oder in den Worten von Sunstein und Thaler mit „choice architectures" (Thaler und Sunstein 2009) – und stellen diese in den Mittelpunkt der Instrumentengestaltung. Sofern sich Instrumente auf Basis von verhaltenswissenschaftlichen Erkenntnissen verändern, erfahren sie dabei einen sogenannten spin und wandeln sich in ihrer Wirkungsweise (ausführlich dargestellt in Loer i. E.). Dies hat maßgeblich damit zu tun, dass sehr unterschiedliche Adressatenkonzepte die Instrumente prägen können und durch deren systematische Berücksichtigung (voraussichtlich) eine größere Effektivität erreicht werden kann.

Für die Analyse zu diesem Beitrag soll nun der Blick darauf gelenkt werden, welche Instrumente sich überhaupt an den Verbraucher richten und inwieweit dabei bestimmte Adressatenkonzepte mit vermittelt werden. Die Analyse knüpft dabei an die Forschung an, die sich mit Verbraucherrollen befasst. Dabei muss zwischen Arbeiten unterschieden werden, die sich aus einer normativen Perspektive den Verbraucherrollen widmen und jenen, die im Sinne politischer oder empirischer Betrachtungen ein bestimmtes Verbraucherbild konstruieren oder dekonstruieren. Generell lässt sich festhalten, dass die Verbraucherforschung von keinem generellen „Verbraucherleitbild" ausgeht (umfassend dazu jüngst Bala und Müller 2015, und u. a. für Österreich: Fridrich et al. 2017). In den empirischen und normativen Argumentationen reicht das Spektrum vom vertrauenden, verletzlichen und verantwortlichen Verbraucher (Micklitz et al. 2010) über den moralischen Verbraucher (Heidbrink 2015), den Verbraucher in Markengemeinschaften (Hellmann 2007) bis hin zum ignoranten Verbraucher (Klug 2015), der als Gegenbild zum im politischen Kontext häufig konstruierten verantwortungsvollen Verbraucher herausgearbeitet wurde. Diese politisch motivierte Konstruktion, die häufig eng mit Vorstellungen des rationalen Akteurs verknüpft ist, sollte nicht verwechselt werden mit der normativen Idee, den mündigen Verbraucher (Scherhorn et al. 1973) als erstrebenswertes Ideal zu verstehen. In der Gesamtschau lässt sich zeigen, dass es kein geschlossenes Modell gibt, das wiederum mit einem Adressatenkonzept korrespondieren würde.

Zudem können wir davon ausgehen, dass sich individuelle Wahlentscheidungen immer auch in psychologischer, kultureller und ökonomischer Dimension auswirken (Gabriel und Lang 2015). Die Effekte können individuell und kollektiv sein – letztlich stellen alle Entscheidungen kommunikative Akte dar und erhalten damit auch eine politische Dimension. Letztlich scheint sich zu bestätigen, was Gabriel und Lang mit „unamangeable consumer" bezeichnen, auch wenn der Wunsch, den Konsumenten mit seinen Entscheiden „zu managen", nicht nur ein Ziel von Unternehmen, sondern (mittlerweile) eben auch von staatlichen Akteuren sein kann. Während Unternehmen ein breites Spektrum an Faktoren bei ihren Marketing-Strategien einbeziehen und die Entscheidungssituationen der Verbraucher möglichst umfassend in ihrem Sinne zu gestalten versuchen, sind solche Strategien im politischen Kontext zumindest (nicht gleichermaßen) augenscheinlich [3]. Inwieweit der Verbraucher nun tatsächlich auch jenseits des Verbraucherschutzes zum Adressaten von Politik wird, soll im Folgenden explorativ überprüft werden.

3 Der Verbraucher und sein Verhalten: Black Box oder konzeptionelle Klarheit?

Die folgende explorative Analyse soll in einem ersten Schritt zeigen, welche Instrumente von politischen Akteuren in Deutschland auf nationaler Ebene besonders intensiv genutzt werden, wenn es darum geht, Verbraucherverhalten zu beeinflussen. Im zweiten Schritt stellt die Analyse einen ersten Versuch dar, die Vorstellungen über den Verbraucher (Adressat) und sein Verhalten offenzulegen, die in Gesetzesinitiativen transportiert werden und die eine bestimmte Instrumentenwahl beeinflussen müssten [4].

Für diese explorative Studie wurde die Datenbank des Deutschen Bundestags (DIP) nach dem Wortbestandteil *verbraucher* für den Zeitraum von 2009 bis 2017 durchsucht. Damit bildet die Analyse die 17. Legislaturperiode des Bundestages komplett und die 18. Legislaturperiode nahezu vollständig ab. Insgesamt ergeben sich daraus 48 Gesetzesbeschlüsse und Beschlussemp-

---

[3] Sie verlangen zudem nach einer normativ-ethischen Debatte. In der Diskussion um den schillernden Oberbegriff „nudging" wird dies besonders deutlich (dazu instruktiv Lepenies und Malecka 2015).

[4] Es handelt sich bei diesen ersten vorläufigen Ergebnissen um eine Vorstudie für das Projekt „Instrumente in der Verbraucherpolitik" (IniVpol). Umfassende Darstellungen können künftig auf der Internetseite des Projektes (inivpol.fernuni-hagen.de) abgerufen werden.

fehlungen, die im weiteren Sinne den Politikfeldern Energie und Umwelt sowie Gesundheit und Soziales, teilweise auch dem Bereich „Finanzen und Steuern" beziehungsweise „Wirtschaft und Handel" zuzuordnen sind. Alle zur jeweiligen Zeit im Bundestag vertretenen Fraktionen waren mit entsprechenden Anträgen beteiligt, wobei sich in allen Fällen jene Fraktionen für die Annahme beziehungsweise Ablehnung einsetzten, die zu dem Zeitpunkt die Mehrheit stellten und damit die Bundesregierung stützten.

Die Datenauswertung umfasst die Drucksachen, die in den zuständigen Fachausschüssen verhandelt wurden, und die den Gesetzgebungsprozess durchlaufen haben. In den Drucksachen finden sich stets Problembeschreibung sowie ein oder mehrere Lösungsvorschläge, die für die Studie qualitativ ausgewertet wurden. Sie basieren zumeist auf den Referentenentwürfen aus den jeweils zuständigen Bundesministerien. Nur in Ausnahmefällen hätte es sich um Entwürfe aus Landesministerien handeln können, die über den Bundesrat eine Gesetzesinitiative beginnen. In den Fällen, die in der Analyse berücksichtigt werden, gab es allerdings keine erfolgreiche Bundesratsinitiative.

Im Zentrum der Analyse steht die Frage, welche Instrumententypen miteinander kombiniert werden und inwieweit sich aus den Texten ergibt, dass ein oder mehrere unterschiedliche Adressatenkonzepte eine Rolle spielen. Bei der Ermittlung der Adressatenkonzepte handelt es sich um eine Interpretation auf Basis einer qualitativen Textanalyse und nicht um dezidiert in den Texten zu findende Konzeptualisierungen[5].

3.1 Einsatz von Instrumenten und Kombinationen

Die einzelnen Texte wurden entlang der folgenden beiden Fragen geordnet und ausgewertet: a) Welche Politikinstrumente werden in dem jeweiligen Gesetzentwurf benannt oder beschrieben? b) Welches Verständnis vom Verbraucher – also: welches Adressatenkonzept – transportiert der Text?

---

5   Die Analyse zielt nicht darauf ab herauszufinden, wie sich die Entwürfe im Gesetzgebungsprozess veränderten oder inwieweit in diesem Prozess möglicherweise konkurrierende Perspektiven auf den Verbraucher eine Rolle spielten.

Im Vergleich der Legislaturen finden sich während der Regierungszeit von CDU, CSU und FDP (2009-2013) mehr Fälle von Gesetzgebung, die dem Suchkriterium *verbraucher* entsprechen. Diese Koalition initiierte und beschloss insgesamt 30 Maßnahmen. Die „Große Koalition" aus CDU, CSU und SPD (2013-2017) hingegen brachte 18 Gesetzesinitiativen ein, die dem Kriterium entsprachen. Allerdings gilt hierbei die Einschränkung, dass die Auswertung im März 2017 endete.

Dieser Unterschied setzt sich bei der Wahl der geeigneten Politikinstrumente fort. In beiden Zeiträumen war die Verwendung von Informations- und autoritären Instrumenten besonders häufig und machten zwischen einem Fünftel (2013-2017) und einem knappen Drittel (2009-2013) der Maßnahmen aus [6]. Generell lässt sich feststellen, dass in allen Kombinationen das autoritäre Instrument die wesentliche Rolle spielt. Welcher weitere Typus dieses begleitet, variiert. CDU/CSU und FDP kombinierten vor allem autoritäre Instrumente mit Information und Organisation (20 Prozent aller Maßnahmen). Es folgen auf den Plätzen drei und vier Kombinationen von autoritären Instrumenten und Organisation sowie von autoritären Instrumenten und Anreizen. Am wenigsten nutzte die Koalition die Mischung aus autoritären Instrumenten, Anreizen und Information (nur 3,3 Prozent aller Maßnahmen).

Anders sah dies in der folgenden Legislaturperiode aus. Neben der schon erwähnten Verbindung von autoritären Instrumenten und Information griff die „Große Koalition" vor allem auf Autorität als ausschließliches Instrument zurück (16,7 Prozent aller Maßnahmen). Auch die Verbindung von autoritären und organisatorischen Instrumenten fand mit knapp 13 Prozent aller Maßnahmen vergleichsweise hohen Zuspruch. Seltener hingegen lassen sich Verbindungen von drei oder vier Instrumenten finden. Insgesamt zeigen sich diese Kombinationen nur in 10 Prozent der betrachteten Fälle.

---

6 Zwischen 2009 und 2013 wurden insgesamt acht verschiede Kombinationen von Instrumenten eingeführt. In der darauffolgenden Legislatur waren dies nur noch sechs.

3.2 Instrumente in Politikfeldern

Eine größere Vielfalt zeigt sich im in Hinblick darauf, welchen Politikfeldern sich die Initiativen zuordnen lassen. Wir verstehen ein Politikfeld als „eine spezifische und auf Dauer angelegte Konstellation sich im politischen Konflikt aufeinander beziehender Probleme, Akteure, Institutionen und Instrumente" (Loer 2016, 56). Diese Kriterien treffen auf die Umwelt- und die Gesundheitspolitik im Grunde zu, während die Verbraucherpolitik beziehungsweise Verbraucherschutzpolitik eher als ein Querschnittsfeld einzuordnen ist (Loer, Reiter und Töller 2015). Allerdings lässt sich mittlerweile für einige Problemstrukturen der Umwelt- und Gesundheitspolitik ebenfalls ein ausgeprägter Querschnittscharakter zeigen.

Bei den ausgewerteten Fällen ergaben sich daher zwangsläufig Mehrfachzuordnungen, was der Eigenart von solchen Problemen entspricht, die in unterschiedliche Politikfelder fallen. Mehr als 60 Prozent der Maßnahmen, die den Verbraucher in irgendeiner Weise betreffen (und den Begriff berücksichtigen), lassen sich den Aufgabenbereichen Inneres und Recht, Energie und Umwelt, Wirtschaft und Handel sowie Finanzen und Steuern zuordnen. Als „Verbraucherpolitik" oder „Verbraucherschutz" explizit bezeichnet werden allerdings nur knapp 10 Prozent der Fälle. Ein möglicher Grund hierfür könnte sein, dass die jeweiligen Gesetzesinitiatoren nicht den Verbraucherschutz an sich zum Gegenstand des jeweiligen Vorschlags machten, sondern dieser als solcher Teil anderer Politiken war.

3.3 Verbraucherkonzepte und Adressatenverständnis

Eine große Streuung findet sich bei den Verbraucherkonzepten, die sich aus den Texten ermitteln lassen. Wie oben dargestellt, transportieren alle Maßnahmen ein bestimmtes Verständnis vom Verbraucher, der damit zum aktiven oder passiven Adressaten der Politik wird. In den wenigsten Fällen diskutieren die von uns ausgewerteten Maßnahmen ein solches Adressatenkonzept ausdrücklich. Vielmehr findet es sich implizit in der Art und Weise, wie das jeweils zu regulierende Phänomen problematisiert wird, und welche Lösungsvorschläge dafür vorgesehen werden.

Das Konzept eines regelbefolgenden Akteurs dominiert die Texte in der Analyse. Mit rund 25 Prozent aller Maßnahmen wird es verhältnismäßig stark angesprochen. Dies ist mit Blick auf die hohe Bedeutung autoritären Instruments auch folgerichtig: Wo die Politik auf Autorität setzt, erwartet sie einen regelbefolgenden Akteur. Damit in Verbindung steht die vergleichsweise hohe Relevanz des vernunftbasierten wie des kalkulierenden Akteurs (beide wurden in etwa 18 Prozent der Fälle adressiert). Vernunft und (ökonomisches) Kalkül spiegeln sich in der Verwendung von Politikinstrumenten wider, die die Verbraucher informieren sollen und/oder an ihre materiellen Bedürfnisse appellieren. Dass die Politik dabei zunehmend Fehlkalkulationen der Individuen beachtet, zeigt sich in der häufigen Berücksichtigung von miskalkulierenden und unverantwortlichen Akteuren, ohne aber neue Lösungen anzubieten. Die Verhaltensweisen dieser Akteurstypen produzieren ökonomische Folgekosten, die das Gemeinwesen in irgendeiner Form betreffen. Dieses Verhalten kann solche Handlungen hervorbringen, die zwar auf individueller Ebene rational erscheinen, im gesellschaftlichen Kontext jedoch ungewünschte Folgen zeitigen.

Die ausgewerteten Texte gaben keinen Hinweis darauf, dass die jeweiligen Autoren sich mit der Einbettung von Akteuren in soziale Kontexte auseinandersetzen. Die Instrumente setzen sich also nicht mit den Adressaten in ihrer Entscheidungssituation auseinander, sie fordern auch weder eigenständiges Lernen ein noch leiten sie dieses an. Nur geringe Berücksichtigung finden Adressatenkonzepte, die spontanes Handeln (sog. Mitnahmeeffekte) oder emotionale Handlungen adressieren. Interessanterweise zeigt sich kein Unterschied zwischen den Politikfeldern. Der inhaltliche wie institutionelle Rahmen, in den das Instrument eingebettet ist, scheint insofern keine Rolle zu spielen.

Nicht zuletzt bestätigt der starke Rückgriff auf Regelbefolgung, Vernunftansprache und Kalkulation, dass sich Regierungen in einer modernen Wirtschaftsgesellschaft ihre Bürger als solche Adressaten vorstellen, die nicht nur ihre (materiellen) Interessen verfolgen, sondern für deren Entscheidungen rationale Erwägungen immer und ausschließlich prägend sind. Diese Vorstellung erfordert dann nur, angemessene Rahmenbedingungen zu schaffen, finanzielle Anreize zu setzen und gegebenenfalls auch eingrenzende Verbote und Handlungsrestriktionen aufzustellen. Der Vergleich der beiden Legislaturperioden zeigt keinen bedeutsamen Unterschied, der auf eine Veränderung der Adressatenkonzepte schließen ließe. Auffallend ist allein, dass die „Große Koalition" nie ausschließlich auf Information setzt und damit nie nur vom vernunftbasierten, lernenden Akteur ausgeht.

3.4 Politikinstrumenten und ihre Erwartung an den Verbraucher (Adressatenkonzepte)

Die Instrumentenkombinationen haben wir schließlich auch in ihrer Wechselbeziehung zu den Verbraucherkonzepten betrachtet. Hierbei haben wir solche Instrumentenkombinationen selektiert, die mindestens zwei Mal Verwendung fanden, was nur für 14 Prozent aller Beispiele zutrifft. In diesen Fällen ergibt die Textanalyse zu den Adressatenkonzepten, dass der vernunftbasierte Akteur mit fünf Fällen am häufigsten vertreten ist. Für alle anderen Instrumentenkombinationen ergibt sich, dass sie unterschiedliche Adressatenkonzepte transportieren: Keine Kombination lässt sich mehr als zwei Mal erkennen. Vielmehr ergibt sich eine aufsteigende Verteilung von Adressatenkonzepten. Häufig vermitteln die Texte Kombinationen aus regelbefolgendem und kalkulierendem Akteur oder die Verbindung eines regelbefolgenden, kalkulierenden und kooperativen Akteurs und schließlich auch die Verknüpfung eines regelbefolgenden, kalkulierenden, miskalkulierenden und unverantwortlichen Akteurs[7]. Auch bei der Verwendung von Instrumenten zeichnet sich eine hohe Diversität ab. Jedoch schlägt sich dies stärker im Politikfeld Energie und Umwelt nieder. Im Feld der Gesundheitspolitik wurden lediglich drei Instrumentenkombinationen angewandt. Allerdings ist dieses auch verhältnismäßig selten mit dem Begriff des **Verbrauchers** verbunden worden.

---

7 Ein besonderer Schwerpunkt des Projekts „Instrumente in der Verbraucherpolitik" (IniVpol) liegt in der Beobachtung von Fallbeispielen aus den Bereichen der Gesundheits- und Umweltpolitik. Beide Politikfelder repräsentieren knapp ein Viertel aller analysierten Gesetzesentwürfe. Auch in diesen Feldern zeichnet sich kein Trend für ein bestimmtes Adressatenkonzept ab.

4 Politik mit dem Verbraucher: nur mit oder auch ohne autoritäre Instrumente?

All jene, die Sorge vor einem „manipulierenden" Staat haben, der die Bürger lenkt, ohne dass sie es bemerken könnten, dürften die Ergebnisse der kleinen explorativen Studie beruhigen: Sie zeigt den vorherrschenden Einsatz autoritärer Instrumente, die zwar häufig aber längst nicht immer mit anderen Instrumenten kombiniert werden. Allerdings sehen wir hier nur einen kleinen Ausschnitt; verallgemeinernde Aussagen lassen sich ausgehend von der kleinen explorativen Studie nicht treffen. Sie gibt aber Hinweise darauf, dass autoritären Instrumenten eine große Bedeutung zukommt, wenn es um das Verhalten von Verbrauchern geht. Hier ist allerdings der Verbraucherschutz mit einbezogen, was den Einsatz autoritärer Instrumente erklären kann. Die Analyse zeigt aber auch, dass (immer noch) der rationale, vor allem der vernunftbasierte Akteur (gegebenenfalls mit Lernwillen/-fähigkeit) vorherrscht, wenn Instrumente zum Einsatz kommen. Faktoren, die darüber hinaus das Handeln beeinflussen, spielen keine Rolle – vor allem berücksichtigen die Maßnahmen nicht, in welcher Entscheidungssituation sich der Adressat befinden mag. Politik „mit dem Verbraucher" hieße in dieser Lesart nichts weiter, als dem Verbraucher vorzuschreiben oder ihn anzuleiten, wie er zu entscheiden hat, und gegebenenfalls noch Informationen, Kooperationsformen oder Anreize ergänzend anzubieten.

Dieser Kombination von Instrumenten kommt eine erhebliche Bedeutung zu, was darauf hinweist, dass ein Instrumenten-Mechanismus allein nicht als ausreichend angesehen wird, um das gewünschte Ziel zu erreichen. Dies gilt sogar – oder im hier präsentierten Fall in besonderer Weise – für Gebote und Verbote, was auf ein Kontrollproblem zurückzuführen ist. Politische Akteure sind auf der Suche nach effektiven Instrumenten. Es wäre also zu erwarten, dass in den Verhaltenswissenschaften nach neuen Techniken gesucht wird, um die Wirksamkeit der Instrumente zu erhöhen. In der Gesetzgebung, die in der Studie ausgewertet wurde, lassen sich allerdings keine Anhaltspunkte für den Einsatz von Instrumenten finden, die durch verhaltenswissenschaftliche Erkenntnisse in ihrem Mechanismus verändert wurden.

Prinzipiell lässt sich für die ausgewählten Politikfelder (Umwelt- und Gesundheitspolitik) beobachten, wie individuelles (Verbraucher)verhalten zum Gegenstand von Politik wird. Die explorative Studie zeigt aber, dass Instrumente in der Politikgestaltung zumeist ausschließlich vom politischen System ausgehend konzipiert werden, da sie an institutionellen Strukturen, Überzeugungen oder Prinzipien hängen (dazu ausführlich für die Umweltpolitik zum Beispiel Jordan, Wurzel und Zito 2005, 41). Sie berücksichtigen die Entscheidungssituation der Adressaten nicht und widmen sich nicht systematisch der Wahlarchitektur. Für eine effektive Politik wären allerdings die „reasons for non-compliance" (Weaver 2015, 807) entscheidend, wie sie angesichts mangelnder Ressourcen, als Ergebnis von Schwierigkeiten bei Kontrolle und Durchführung der Maßnahmen aber auch angesichts von Überzeugen der Adressaten entstehen, die mit der policy in Konflikt stehen. Dies kann nur durch ein Konzept des multidimensionalen Akteurs erreicht werden.

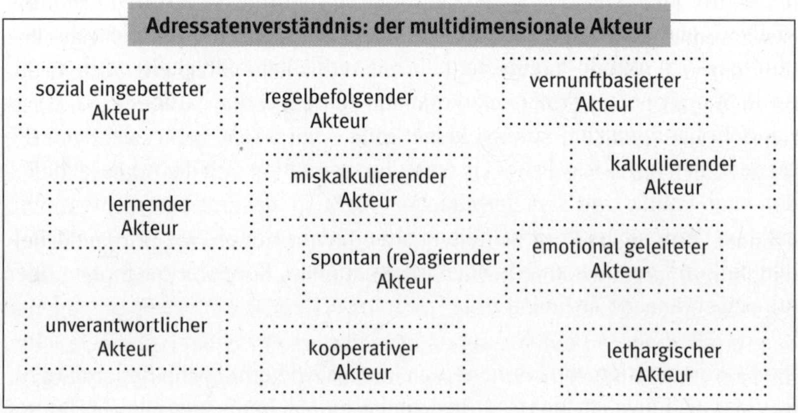

Adressatenverständnis: der multidimensionale Akteur

- sozial eingebetteter Akteur
- regelbefolgender Akteur
- vernunftbasierter Akteur
- lernender Akteur
- miskalkulierender Akteur
- kalkulierender Akteur
- spontan (re)agiernder Akteur
- emotional geleiteter Akteur
- unverantwortlicher Akteur
- kooperativer Akteur
- lethargischer Akteur

Abbildung 3: Der multidimensionale Akteur. Eigene Darstellung.

Die politikwissenschaftliche Verbraucherforschung benötigt ein systematisches Verständnis von jenen politischen Instrumenten, die sich an das Individuum als multidimensionalem Akteur richten. Verbraucher spielen mit ihren alltäglichen Entscheidungen eine wesentliche Rolle, wenn es um die Erreichung bestimmter politischer Ziele geht (wie v. a. im Zusammenhang mit nachhaltiger Entwicklung). Damit geht die politikwissenschaftliche Verbraucherforschung über den Verbraucherschutz hinaus, auch wenn dieser weiterhin ein wesentlicher Bestandteil von Verbraucherpolitik ist. Die vorgestellte Studie zeigt für Deutschland, wie der Verbraucher von der Politik adressiert wird, wenn seine Konsumentscheidungen bestimmte politische Ziele betreffen.

Dabei interpretieren wir die Ergebnisse so, dass autoritären Instrumenten die bedeutende Rolle zukommt – dies widerspricht der These, politische Akteure würden möglichst wenig Zwang ausüben wollen. Allerdings benötigt die politikwissenschaftliche Verbraucherforschung weitere Differenzierungen und umfassendere Analysen, um diesen Befund plausibel zu erhärten. Dies betrifft außerdem auch normative und ethische (theoretische) Dimensionen, die in diesem Beitrag nicht thematisiert wurden sowie auch die empirisch-analytische Dimension. Die Auseinandersetzung mit Instrumententypologien hat den Bedarf aufgezeigt, sich systematisch mit dem Adressatenverständnis als Faktor auseinanderzusetzen und nicht nur die Heterogenität von Adressaten, sondern vor allem die verschiedenen Einflussfaktoren auf individuelles Handeln zu beachten. Das Konzept des multidimensionalen Akteurs sollte dabei maßgeblich sein. Eine Erweiterung der Typologie, die den Einfluss verhaltenswissenschaftlicher Erkenntnisse auf Instrumente einbezieht (Loer i. E.), schließt sich daran an.

Grundsätzlich müssen politische Ziele und Instrumentenwahl getrennt voneinander betrachtet werden, weshalb dieser Beitrag nicht die politischen Ziele als solche thematisierte und analysierte. Dass es aber viele Ziele gibt, die nur dann erreicht werden können, wenn sich individuelles Handeln verändert, leitet über zur aktuellen Debatte um behavioural insights in der Politikgestaltung, zu den Visionen für individualisiertes policy-making, zu gruppenspezifischer Instrumentengestaltung. Im Hinblick auf die vorgestellte Analyse zeigt sich, dass die Bedeutung von Expertise im politischen Prozess zunehmen müsste, sofern der multidimensionale Akteur als Adressat von Politik berücksichtigt werden soll. Diese Entwicklung lässt sich in vielen Ländern beobachten, in denen Verhaltenswissenschaftler als Experten in die Politikentwicklung eingebunden sind. Nur so können komplexe Handlungsstrategien für komplexe Politikfelder und die geeigneten Instrumente für wirksames Regieren gefunden werden, die dann jedoch wiederum ethisch-normativen Prinzipien einer freiheitlichen Demokratie entsprechen müssen.

5 Handlungsempfehlungen

- Verbraucherforschung benötigt umfassende Analysen zu den Adressatenkonzepten in der Verbraucherpolitik – diese sollten an das Konzept des multidimensionalen Akteurs anschließen.

- Politische Maßnahmen, die das Individuum andressieren, können nur wirksam sein, wenn sie auch die Einflussfaktoren auf individuelles Handeln systematisch beachten.

- Ein Verständnis für Entscheidungs- oder Wahlsituationen (architechture of choice) bieten die Verhaltenswissenschaften, die unter spezifischen Voraussetzungen für die Politikgestaltung instruktiv sein können, aber nicht losgelöst vom politischen Prozess und von normativ-ethischen Voraussetzungen für demokratisches Handeln einbezogen werden sollten.

- Grundsätzlich müssen politische Ziele und Instrumentenwahl beziehungsweise -ausgestaltung getrennt voneinander betrachtet werden: Die Zielbestimmung obliegt den politischen Entscheidungsgremien und muss demokratisch legitimierten Prozessen folgen.

- Die Instrumentenwahl als Teil komplexer Handlungsstrategien muss nachvollziehbar und erkennbar für den Adressaten sein, auch wenn sie auf Basis verhaltenswissenschaftlicher Erkenntnisse entwickelt wurde: Dies schützt politische Akteure gegen den Verdacht, die Bürger manipulieren zu wollen.

Literatur

Bala, Christian und Klaus Müller. 2015. Einleitung: Abschied vom Otto Normalverbraucher: Verbraucherleitbilder und Verbraucherpolitik im Wandel. In: *Abschied vom Otto Normalverbraucher: Moderne Verbraucherforschung: Leitbilder, Information, Demokratie*, hg. von Christian Bala und Klaus Müller, 7-18. Essen: Klartext.

Böcher, Michael. 2012. A theoretical framework for explaining the choice of instruments in environmental policy. *Forest Policy and Economics* 16: 14-22.

Böcher, Michael und Annette Elisabeth Töller. 2012. *Umweltpolitik in Deutschland: Eine politikfeldanalytische Einführung.* Wiesbaden: Springer.

Buhl, Johannes, Michael Schipperges und Christa Liedtke. 2017. Die Ressourcenintensität der Zeit und ihre Bedeutung für nachhaltige Lebensstile. In: *Verbraucherwissenschaften: Rahmenbedingungen, Forschungsfelder und Institutionen,* hg. von Peter Kenning, Andreas Oehler, Lucia A Reisch und Christian Grugel, 295-311. Wiesbaden: Springer.

Doern, G Bruce und V Seymour Wilson. 1974. Conclusions and observations. *Issues in Canadian Public Policy* 339: 337.

Fridrich, Christian, Renate Hübner, Karl Kollmann, Michael-Burkhard Piorkowsky und Nina Tröger, Hrsg. 2017. *Abschied vom eindimensionalen Verbraucher.* Wiesbaden: Springer.

Gabriel, Yiannis und Tim Lang. 2015. *2015. The unmanageable consumer.* 3. Auflage. Los Angeles: SAGE Publications.

Grugel, Christian. 2017. Verbraucherpolitik statt Verbraucherschutz. In: *Verbraucherwissenschaften: Rahmenbedingungen, Forschungsfelder und Institutionen,* hg. von Peter Kenning, Andreas Oehler, Lucia A Reisch und Christian Grugel, 51-66. Wiesbaden: Springer.

Heidbrink, Ludger. 2015. Die moralische Verantwortung der Verbraucher als Bürger. In: *Abschied vom Otto Normalverbraucher: Moderne Verbraucherforschung: Leitbilder, Information, Demokratie,* hg. von Christian Bala und Klaus Müller, 187-206. Essen: Klartext.

Hellmann, Kai-Uwe. 2007. Zur Historie und Soziologie des Markenwesens. In: *Ambivalenzen des Konsums und der werblichen Kommunikation,* hg. von Michael Jäckel, 53-71. Wiesbaden: Springer VS Verlag.

Hnida, Ulrich. 2009. Bye-bye, Birne. Das Aus für die Glühbirne. *faz.net.* 31. August. http://www.faz.net/aktuell/technik-motor/technik/bye-bye-birne-das-aus-fuer-die-gluehbirne-1845034.html (Zugriff: 19. Januar 2018).

Hood, C. C. 1983. *The tools of government.* London: Palgrave Macmillan.

Hood, C. C. und Helen Z. Margetts. 2007. *The tools of government in the digital age.* London: Palgrave Macmillan.

Howlett, Michael. 1991. Policy instruments, policy styles, and policy implementation. *Policy Studies Journal* 19, Nr. 2: 1-21.

—. 2000. Managing the "hollow state": Procedural policy instruments and modern governance. *Canadian Public Administration* 43, Nr. 4: 412-431.

—. 2016. Policy Tools & Their Targets: Beyond Nudges and Utility Maximization in Policy Compliance. *IPSA 2016*: 1-30.

Jordan, Andrew, Rüdiger K. W. Wurzel und Anthony Zito. 2005. The rise of ‚new' policy instruments in comparative perspective: has governance eclipsed government? *Political Studies* 53, Nr. 3: 477-496.

Kirschen, Etienne-Sadi. 1969. *Financial integration in Western Europe*. New York: Columbia University Press.

Klug, Martin. 2015. Der ignorante Verbraucher als Leitbild der Verbraucherpolitik. In: *Abschied vom Otto Normalverbraucher: Moderne Verbraucherforschung: Leitbilder, Information, Demokratie*, hg. von Christian Bala und Klaus Müller, 79-94. Essen: Klartext.

Lascoumes, Pierre und Patrick Le Galès. 2007. Introduction: Understanding public policy through its instruments – from the nature of instruments to the sociology of public policy instrumentation. *Governance* 20, Nr. 1: 1-21.

Lepenies, Robert und Magdalena Małecka. 2015. The institutional consequences of nudging – nudges, politics, and the law. *Review of Philosophy and Psychology* 6, Nr. 3: 427-437.

Loer, Kathrin. 2016. Von politikfeldverdächtigen Konstellationen zum Politikfeld. In: *Entstehung von Politikfeldern – Vergleichende Perspektiven und Theoretisierung: Ergebnisse des Workshops am 25. November 2015*, hg. von Benjamin Bergemann, Jeanette Hofmann, Maximilian Hösl, Florian Irgmaier, Ronja Kniep und Julia Pohle. Berlin: WZB Discussion Paper.

—. i. E. The enzymatic effect of behavioural sciences – What about policymaker's expectations? In: *Handbook on behavioural change and public policy*, hg. von Silke Beck und Holger Straßheim. Cheltenham: Edward Elgar.

Loer, Kathrin, Renate Reiter und Annette Elisabeth Töller. 2015. Was ist ein Politikfeld und warum entsteht es? *der moderne staat – Zeitschrift für Public Policy, Recht und Management* 8, Nr.1: 7-28.

Lowi, Theodore J. 1972. Four systems of policy, politics, and choice. *Public Administration Review* 32, Nr. 4: 298–310.

Micklitz, Hans-W., Andreas Oehler, Piorkowsky Michael-Burkhard, Lucia A. Reisch, und Christoph Strünck. 2010. Der vertrauende, der verletzliche oder der verantwortungsvolle Verbraucher? Plädoyer für eine differenzierte Strategie in der Verbraucherpolitik: Stellungnahme des Wissenschaftlichen Beirats Verbraucher- und Ernährungspolitik beim BMELV. Berlin,

Dezember. http://www.vzbv.de/sites/default/files/downloads/Strategie_verbraucherpolitik_Wiss_BeiratBMELV_2010.pdf.

Scherhorn, Gerhard, Rose Marie Hansen, Heiner Imkamp und Claus-Henning Werner. 1973. *Gesucht: der mündige Verbraucher: Grundlagen eines verbraucherpolitischen Bildungs- und Informationssystems,* Veröffentlichung der Hochschule für Wirtschaft und Politik, Hamburg. Düsseldorf: Droste.

Schneider, Anne und Helen Ingram. 1990. Behavioral assumptions of policy tools. *The Journal of Politics* 52, Nr. 02: 510-529.

Straßheim, Holger. 2017. Die Globalisierung der Verhaltenspolitik. In: *Kapitalismus, Globalisierung und Demokratie,* hg. von K. Hirschbrunn, Gisela Kubon-Gilke und Richard Sturn, 211–242. Jahrbuch normative und institutionelle Grundfragen der Ökonomik 16. Weimar (Lahn): Metropolis.

Strünck, Christoph. 2017. Politikwissenschaftliche Perspektive. In: *Verbraucherwissenschaften: Rahmenbedingungen, Forschungsfelder und Institutionen,* hg. von Peter Kenning, Andreas Oehler, Lucia A. Reisch und Christian Grugel, 123-140. Wiesbaden: Springer.

Thaler, Richard H. und Cass R. Sunstein. 2009. *Nudge: Improving decisions about health, wealth, and happiness.* New York: Penguin.

Vedung, Evert. 2003. Policy instruments: Typologies and theories. In: *Carrots, sticks & sermons: Policy instruments and their evaluation,* hg. von Marie-Louise Bemelmans-Videc, Ray C. Rist und Evert Vedung, 21-58. New Brunswick, NJ: Transaction Publishers.

Weaver, R Kent. 2015. Getting people to behave: Research lessons for policy makers. *Public Administration Review* 75, Nr. 6: 806-816.

Über die Autoren

Dr. Kathrin Loer ist wissenschaftliche Mitarbeiterin am Institut für Politikwissenschaft an der FernUniversität Hagen und leitet dort das Forschungsprojekt „Instrumente der Verbraucherpolitik".
Webseite: https://www.fernuni-hagen.de/polis/lg3/team/loer.kathrin.shtml.

Alexander Leipold, M. A. ist wissenschaftlicher Mitarbeiter beim Forschungsprojekt „Instrumente der Verbraucherpolitik" an der FernUniversität Hagen.
Webseite: https://www.fernuni-hagen.de/polis/lg3/team/alexander.leipold.shtml.

Demografiegerechtes Verbraucherrecht?

Die Verbraucherstellung im Spiegel sozialer, wirtschaftlicher und technologischer Transformationsprozesse

Stefan Müller und Vanessa Kluge

DOI 10.15501/978-3-86336-920-0_4

Abstract

Während das Verbraucherprivatrecht an sich recht dicht reguliert ist, hat es demografische Entwicklungen und Kenngrößen bislang noch nicht gezielt aufgegriffen. Doch altersbedingte Einschränkungen oder Sprach- und Technikbarrieren können die praktische Wirksamkeit des Verbraucherrechts in „demografisch geprägten" Sachverhalten in Frage stellen. Der vorliegende Beitrag möchte den Stand des Verbraucherrechts daraufhin untersuchen, ob das Recht demografieblind ist oder ob Anknüpfungspunkte bestehen, welche die Aufnahme individueller Alters-, Migrations- und Kulturerfahrungen bei der Ausformung des Verbraucherrechts gestatten.

Dieser Beitrag erscheint unter der Creative-Commons-Lizenz: Namensnennung – Nicht-kommerziell – Keine Bearbeitung 3.0 Deutschland | CC BY-NC-ND 3.0 DE Kurzform | http://creativecommons.org/licenses/by-nc-nd/3.0/de/
Lizenztext| http://creativecommons.org/licenses/by-nc-nd/3.0/de/legalcode

1 Einleitung: Demografie und Recht

Obwohl der Topos von der demografischen Entwicklung in Deutschland und Europa in aller Munde ist, hat er im rechtlichen Zusammenhang bisher kaum eine Rolle gespielt, von einem Demografierecht als Rechtsgebiet kann daher – trotz der praktischen Bedeutung der Demografie – noch immer nicht die Rede sein.

Im Wort „Demografie" stecken die aus dem Altgriechischen stammenden Begriffe „démos" und „graphé", was so viel wie „Volk" „beschreiben" bedeutet. Moderner formuliert ist Demografie die „Bevölkerungswissenschaft": Wer macht die Bevölkerung aus und wie verändert sich die Bevölkerung in ihrem Zuschnitt? Der zentrale Akteur, der hinter der Bevölkerungswissenschaft steht, ist der „Staat" selbst, der in verschiedener Hinsicht Interesse an demografischen Erkenntnissen und Entwicklungen hat. Die Vorfrage für einen „regulatorischen Ansatz" von Demografie lautet deshalb: Darf – muss – soll der Staat die Bevölkerungsentwicklung steuern? Zur Annäherung an die Frage kann man sich Folgendes vor Augen halten:

Demografie gründet, erstens, auf Daten und Statistiken. Doch so nüchtern und objektiv die Begriffe Daten und Statistiken auch klingen mögen, dahinter stehen neben Zahlen auch Klassifikationen, mithin Einteilungen, die auf Vorwertungen gründen, die Zuschreibungen enthalten und mit In- und Exklusionsmechanismen einhergehen können. Der Blick auf demografische Entwicklungen ist, zweitens, notwendig zukunftsgerichtet, weshalb Prognosen und modellgestützte Vorausberechnungen vorläufig an die Stelle von gesicherten Erkenntnissen treten. Epistemologisch geht es um den Umgang mit „Noch-nicht-Wissen". Drittens stellt sich, indem der Staat Erkenntnisse über die Bevölkerung in politische Programme und Maßnahmen einbezieht, die Frage nach der Berechtigung und der inhaltlichen Ausgestaltung von Bevölkerungspolitik (diskurstheoretisch auch als „Biopolitik" bezeichnet). Staatstheoretisch lässt sich die Fokussierung der politischen Entscheider auf Bevölkerungswissenschaft leicht erklären, zählt doch das Staatsvolk – neben Staatsgebiet und Staatsgewalt – seit Langem zur sogenannten Jellinekschen Drei-Elemente-Theorie eines Staates nach den

Regeln der Staatslehre (Jellinek 1914, 394 ff.). Indem der Staat steuernd in die Bevölkerungsentwicklung eingreift, projiziert er zugleich. So mögen Wissenschaftler etwa Begründungen für die Bestimmung einer „optimalen Geburtenrate" finden, im politischen Kontext geht von solchen Ansätzen der „Verdatung" (also der Übersetzung gesellschaftlicher Prozesse in Zahlen) die Gefahr aus, dass die Freiheit des Individuums unter Verpflichtung auf das Kollektiv überspielt wird (Baer 2010, 185 f.): Bevölkerungspolitik darf somit nicht als reine Zahlenarithmetik verharmlost werden und sie muss sich der ihr innewohnenden Grundrechtsgefährdungen für den einzelnen Menschen bewusst sein.

In rechtssystematischer Hinsicht erstreckt sich das Referenzfeld „Demografie und Recht" auf eine Vielzahl etablierter Rechtsgebiete, darunter das Arbeitsrecht, das Sozialversicherungsrecht, das Familienrecht (insbesondere Betreuungsrecht), das Gesundheitsrecht, ferner auch das Planungs- und Baurecht sowie das Mietrecht. Daneben berührt es grundsätzliche Anliegen des Rechts wie die Ermöglichung und Absicherung selbstbestimmten menschlichen Handelns und die Verhinderung diskriminierenden Verhaltens durch den Staat oder durch andere Rechtsträger – beide Aspekte sind vor allem für das Privatrecht, dort in erster Linie für das Vertragsrecht bedeutsam.

Auch der Verbraucher ist Teil der Bevölkerung und damit Teil der demografischen Entwicklung. Ziel des Beitrags ist es, das geltende Verbraucherprivatrecht daraufhin zu untersuchen, ob es „demografieblind" ist beziehungsweise sein soll, oder ob es wissenschaftlich gesicherte Anhaltspunkte gibt, die dafür sprechen, individuelle Alters-, Migrations- und Kulturerfahrungen in die juristische Ausformung der Verbraucherstellung einfließen zu lassen. Nach einer kurzen Skizzierung der demografischen Entwicklung und des Verbraucherleitbildes (unter Kapitel 2), werden mögliche Anknüpfungspunkte der Regulierung demografischer Prozesse (unter Kapitel 3) behandelt. (Verbraucher-)Privatrechtliche Instrumente der Regulierung werden sodann unter Kapitel 4 betrachtet, wobei ein Schwerpunkt auf sogenannten Dauerschuldverhältnissen liegt. Die rechtliche Steuerung kulturell-sprachlicher sowie technologischer Herausforderungen für den Verbraucher wird unter Kapitel 5 behandelt, bevor der Beitrag (Kapitel 6) mit einem Fazit endet.

2 Entwicklungen zur Demografie und zum Verbraucherbild

2.1 Demografische Entwicklungen in Deutschland

Als Quintessenz zahlreicher statistischer Erhebungen und Projektionen, für die hier stellvertretend die Werte aus der 13. koordinierten Bevölkerungsvorausberechnung des Statistischen Bundesamtes von 2015 herangezogen werden, darf als gesichert gelten, dass sich die langfristige demografische Entwicklung in Deutschland in Anlehnung skizzenhaft anhand von vier Begriffen beschreiben lässt: „Methusalemisierung", Minuation, Migration und Mobilität.

Mit der in Anlehnung an Schirrmacher (2004) gewählten Wendung von der „Methusalemisierung" soll die Entwicklung der Altersstruktur der Bevölkerung mit einer Tendenz zur (Über-)Alterung ausgedrückt werden, die Aus- beziehungsweise Vorhersagen über den Zuschnitt der arbeitsfähigen Bevölkerung gestattet. Kenngröße ist hier der Altenquotient: Er beschreibt nach gängiger Definition das Verhältnis zwischen der Anzahl von Personen, die 65 Jahre und älter sind, zur als „arbeitsfähig" bezeichneten Bevölkerungsgruppe der 20- bis 64-Jährigen. Bereits für den Zeitraum von 1960 bis 2015 kann nahezu eine Verdoppelung dieses Quotienten festgestellt werden (Zunahme von 19 auf 35 Senioren auf 100 Mitglieder arbeitsfähige Bevölkerung), für 2040 wird eine Verdreifachung im Vergleich zum Wert aus 1960 (58 statt 19) prognostiziert. „Minuation" meint den an der Einwohnerzahl gemessenen Bevölkerungsschwund, der – im Verhältnis zu den Bevölkerungszahlen zu 2017 – je nach Modell nach 2025 oder erst nach 2040 einsetzen soll. Die Bevölkerungszahlen hängen neben den recht gut prognostizierbaren Sterberaten und den einigermaßen gut prognostizierbaren Geburtenraten vor allem von Wanderungssalden und damit von der (Außen-)Migration nach Deutschland ab. Migrationsentwicklungen sind indes das Ergebnis globaler Entwicklungen sowie politischer Steuerungsansätze und somit nur in beschränktem Maße der Vorhersage zugänglich. Daneben wird die demografische Entwicklung auch von Vorgängen der Binnenmigration innerhalb der Grenzen Deutschlands beherrscht werden, die ihrerseits Ausdruck persönlicher Mobilität sind. Mit Mobilität wird freilich weniger eine Kenngröße demografischer Entwicklung als eines ihrer erklärten politischen Ziele umschrieben: Ermöglichung von individueller Fortbewegung und Teilhabe an vernetzter Kommunikation unabhängig von fortgeschrittenem Lebensalter sowie sozialer und räumlicher Herkunft.

2.2 Die Idee des Verbrauchers

Ein einheitliches verbindliches Leitbild des Verbrauchers kann es bereits deswegen nicht geben, weil ein solcher Ansatz der Vielzahl und Differenziertheit verbraucherrelevanter Lebenssachverhalte ebenso wenig gerecht würde wie den unterschiedlichen Rollen, in denen der Verbraucher agiert. Im Wettbewerbs- und Werberecht nehmen Rechtsprechung und Gesetzgeber einen durchschnittlich informierten und verständigen Verbraucher unter Berücksichtigung der sozialen, kulturellen und sprachlichen Rahmenbedingungen zum Maßstab (vgl. dazu Erwägungsgrund 18 Satz 2 der Richtlinie 2005/29/EG über unlautere Geschäftspraktiken). Dieser normativ-juristische Maßstab soll dazu dienen, verbraucherrelevante Lebensvorgänge einer Beurteilung anhand des verbraucherrechtlichen Rahmens zugänglich zu machen. Mit einem starren Postulat des „mündigen" Verbrauchers wäre dabei freilich noch nicht viel gewonnen; und auch in der Rechtswissenschaft und Rechtssetzung hat sich der Ansatz durchgesetzt, wonach personen- und situationsbedingt weiter zu differenzieren ist (vgl. Klinck und Riesenhuber 2017, 6), so etwa Gruppen „besonders schutzwürdiger Verbraucher" (wie beispielsweise Kinder), die in Rechtstexten zum Verbraucherrecht näher adressiert werden. Solche Differenzierungen finden sich noch ausführlicher in anderen Wissenschaften wie den Wirtschaftswissenschaften, die ihrerseits von einer rigiden Fixierung am Homo oeconomicus Abschied genommen haben und stattdessen – je nach Konsum- und Lebensbereich – „verletzliche" (vulnerable), „vertrauende" (confident) und „verantwortungsvolle" (responsible) Verbrauchertypen voneinander abgrenzen (Oehler und Reisch 2016). Die Ausrichtung am jeweiligen Konsum- und Lebensbereich ermöglicht eine vielschichtige Betrachtung einzelner Verbrauchergruppen und ihrer Mitglieder, was die Einordnung des „demografischen" Verbrauchers erleichtert.

3 Demografische Ausgangsbefunde für die Regulierung im Privatrecht

In Ansehung des (Lebens-)Alters lassen sich zwar empirisch belegbare Anhaltspunkte für die Zunahme der Wahrscheinlichkeit von Alzheimer- und Demenzerkrankungen bei ansteigendem Lebensalter finden, allein daraus folgt jedoch noch keine hinreichende Legitimation, aus einem bestimmten Lebensalter in typisierter Weise generell auf eine besondere Schutzbedürftigkeit zu schließen. Daher können sich fixe Altersgrenzen, die als Differenzierungskriterien in rechtlichen Zusammenhängen herangezogen werden, als diskriminierendes staatliches Regulierungsverhalten entpuppen (vgl. beispielhaft für das Arbeitsrecht Preis 2013, 314 ff., sowie zum generellen Regulierungsproblem Wedemann 2014c, 671 ff.; demgegenüber erwägt Roth 2008, 468 ff. punktuelle Erhöhungen des Schutzniveaus zugunsten Hochbetagter, worunter er Menschen ab 75 Jahren versteht). Durch entsprechende Studien belegt sind jedoch beispielhaft Defizite bei der Erkennung und Interpretation menschlicher Gesichtsausdrücke bei Menschen vorangeschrittenen Alters hinsichtlich der Einschätzung der Vertrauenswürdigkeit des Gegenübers (Castle 2012, 20848 ff.), wodurch etwa selbstbestimmte Finanzierungsentscheidungen beeinträchtigt werden können. Erforderlich sind deshalb punktuelle Regulierungsansätze, die auf Grundlage belastbarer wissenschaftlicher Erkenntnisse altersbedingte physische und/oder kognitive Defizite in möglichst scharf konturierten Einzelsituationen adressieren und kompensieren.

Entwicklungen im Bereich der Migration haben den rechtlichen Rahmen bisher nicht beeinflusst, zumal sie sich auch nicht zielsicher in einzelnen rechtssatzförmigen Kriterien abbilden lassen. Ein Defizit in der Beherrschung der deutschen Sprache wird bei Migranten zwar häufig, jedoch nicht zwingend und vor allem nicht in einheitlicher Ausprägung vorliegen. Individuelle Migrationserfahrung führt auch nicht per se zu einem undifferenziert artikulierten „besonderen Schutzbedürfnis", da Defizite in bestimmten Kompetenzen (Landessprache) gegebenenfalls durch andere Kompetenzen (hohe Technikaffinität, Anderssprachigkeit) kompensiert werden können. Die Lebenssituation Geflüchteter prägen häufig vielmehr prekäre ökonomische Lebensverhältnisse und fehlende kulturelle Erfahrungen im Umgang mit der eigenen Verbraucherrolle, sodass etablierte juristische Verbraucherrechtsinstrumente gar nicht greifen, und stattdessen gleichsam im Vorfeld verortete Instrumente zur Schaffung eines Verbraucherbewusstseins, insbesondere durch Verbraucherbildung, zu entwickeln sind.

4 Die Instrumente des Verbraucherprivatrechts

4.1 Die wesentlichen Instrumente des Verbraucherprivatrechts

Verbraucherschutz durch Verbraucherprivatrecht operiert bekanntlich im Wesentlichen über punktuelle, durch europäisches Recht vorgegebene Regelungen, die bestimmte definierte Situationen des Vertragsrechts und des Wettbewerbsrechts erfassen, wie etwa Fernabsatzverträge im Sinne des § 312c BGB. Der Schutz erfolgt über einzelne Widerrufs- und Rückgaberechte des Verbrauchers aus Anlass des Vertragsschlusses einerseits (vgl. §§ 312g, 355 ff. BGB) sowie besondere vor- und nachvertragliche Informationspflichten des Unternehmers beziehungsweise Anbieters gegenüber dem Verbraucher andererseits (vgl. insbesondere §§ 312d, 312i, 312j und 477 BGB sowie im Einzelnen in Art. 242, 246 ff. EGBGB). Ferner wird im Wettbewerbsrecht in §§ 4 ff. UWG die Unzulässigkeit bestimmter aggressiver oder irreführender geschäftlicher Handlungen, insbesondere solcher gegenüber Verbrauchern, statuiert. Über das materielle Recht hinaus ist in den vergangenen Jahrzehnten die zivilprozessuale Durchsetzung von Verbraucherrechten per Gesetz verbessert worden, dies zum einen durch Erleichterungen beim Zugang zum Recht und zum anderen durch Ausbau der Möglichkeiten kollektiven Rechtsschutzes.

Das individuelle Lebensalter wird gesetzlich im – insoweit ebenfalls unionsrechtlich vorgeprägten – Gesetz gegen den unlauteren Wettbewerb (UWG) vereinzelt aufgegriffen, vor allem im Kontext der Regulierung unlauterer Handlungen in § 4a Absatz 2 Satz 2 UWG neben dem Merkmal der „körperlichen und geistigen Beeinträchtigung" als einem möglichen berücksichtigungsfähigen Umstand, welcher das Urteilsvermögen für die individuelle Entscheidungsfindung beeinträchtigen können soll. Aus dem Gesamtbild des Regulierungsansatzes lässt sich eine besondere Schutzwürdigkeit älterer Menschen entnehmen, doch in der juristischen Literatur wird der Ansatz zu Recht kritisch gewürdigt, da weder eine einheitliche Definition des Alters im Sinne eines „Seniorenalters" existiert noch verlässliche wissenschaftliche Erkenntnisse für generelle Defizite in hohem Alter vorliegen (Yankova und Hören 2011, 1238, zur Vorgängervorschrift des § 4 Nr. 2 UWG alter Fassung). Da im Einzelfall vorhandene altersbedingte Defizite rechtlich adäquat über das Merkmal der körperlichen und geistigen Beeinträchtigungen abgebildet werden können, kommt dem Merkmal „Alter" kein eigener, sinnvoll konturierter Anwendungsbereich zu. Der individuelle Migrationshintergrund hat hingegen bisher nicht anhand eigener begrifflicher Merkmale in die verbraucherprivatrechtliche Regulierung Eingang gefunden. Jedoch können gerade im UWG Wettbewerbsverletzungen gegenüber Menschen mit Migrationshintergrund durch eine den Besonderheiten des Einzelfalles Rechnung tragende Auslegung der etablierten Begriffe von der geschäftlichen Unerfahrenheit, der Leichtgläubigkeit oder (des Ausnutzens) einer Zwangslage in § 4a Absatz 2 Satz 2 UWG beurteilt werden.

4.2 Der Ausbau bekannter Verbraucherrechtsinstrumente

Bei den punktuell wirkenden Instrumenten zur Gewährleistung und Verbesserung individueller rechtsgeschäftlicher Entscheidungsqualität gerade von Verbrauchern wäre zunächst am Zuschnitt und Gehalt vertragswesentlicher Informationen anzusetzen. Bei alledem kann es nicht um die Pflicht zur Bereitstellung immer weiterer, sondern zur besseren Vermittlung der bereits geschuldeten Informationen gehen (Ossenbühl 2011, 1358, gezielt zu staatlichen Informationen), wobei vor allem die Herausbildung routinehafter, typisiert-standardisierter Anzeigeformate zu erwägen ist. Bisher nur in der juristischen Diskussion behandelt wird die Schaffung im Einzelfall begründeter Pflichten zur individuellen Assistenz des Verbrauchers oder zu Hinweisen an diesen, er möge vor Vertragsschluss eine Vertrauensperson heranziehen (vgl. dazu konkret Roth 2008, 477 ff. bezüglich Menschen über 75 beziehungsweise 85 Jahren Lebensalter sowie Wedemann 2014b, 3421 ff.). Zwingende gesetzliche Pflichten zur Einhaltung von Wartefristen zwischen Vertragsverhandlungen und Vertragsabschluss – auch als Cooling-off-Periode bezeichnet – existieren derzeit nur in einem Sonderfall von Immobiliengeschäften (vgl. § 17 Absatz 2a Nr. 2 des Beurkundungsgesetzes), doch könnte eine maßvolle Ausweitung einer solchen Pflicht auf andere informationsintensive Rechtsgeschäfte die Entscheidungsqualität nicht nur bei älteren, sondern bei verschiedenen Gruppen von Verbrauchern verbessern (Wedemann 2014b, 3422 f.). Bei möglichen künftigen Rechtsänderungen im Verbraucherprivatrecht hat der Gesetzgeber freilich zu beachten, dass im BGB bereits rechtliche Instrumente zur einzelfallabhängigen Überprüfung der Geltung einer rechtsgeschäftlichen Erklärung bestehen, die unabhängig von der Verbrauchersituation eingreifen. Dabei sind zunächst die Regelungen über die Geschäftsfähigkeit (§§ 104 ff.) und ferner die Vorschriften über sittenwidriges Verhalten im Privatrechtsverkehr (vgl. vor allem §§ 138 und 826) anzuführen. Doch auch im Familienrecht des BGB gibt es mit der Betreuung (§§ 1896 ff.) ein Rechtsinstitut, das die auf Krankheit oder Behinderung beruhende Unfähigkeit, eigene Angelegenheiten adäquat selbst zu besorgen, unabhängig vom Vorliegen von Geschäftsunfähigkeit (§ 104 BGB) adressiert. Mit diesen allgemeinen Regeln werden jedoch gewissermaßen nur Extremfälle der Unfähigkeit zur Vornahme qualitativ hochwertiger rechtsgeschäftlicher Entscheidungen angesprochen, sie betreffen daher nicht die Regulierung typischer Herausforderungen für Verbraucher wie etwa Unaufmerksamkeit bei der Verarbeitung von Informationen oder die unsorgfältige Vornahme vergleichender Bewertungen. Deshalb bleibt als Desiderat der Rechtswissenschaft die Aufbereitung und Konturierung derjenigen Fähigkeiten zur Selbstbestimmung, die eine rechtliche Relevanz aufweisen (vgl. dazu im Überblick Spickhoff 2008. 359 ff.).

4.3 Der Umgang mit Dauerschuldverhältnissen

Dauerschuldverhältnisse sind schuldrechtliche Verhältnisse, die nicht auf einmalige Abwicklung angelegt sind, sondern namentlich auf vertraglicher Grundlage regelmäßig wiederkehrend neue Rechte und Pflichten begründen (Münchener Kommentar/Gaier, BGB, 2016, § 314 Rn. 5). Aus Verbrauchersicht spielen die Wohnraummiete, das Individualarbeitsverhältnis und gegebenenfalls auch gesellschaftsrechtliche Beteiligungen eine elementare Rolle; daneben prägen Dauerschuldverhältnisse auch die zunehmend wichtiger werdende Versorgung mit Dienstleistungen zur eigenverantwortlichen Lebensführung wie Energiebezug, Mitgliedschaft in Sport- und Fitnessklubs, Pflegeverträge, ferner auch zahlreiche IT-Dienstleistungen. Solche Rechtsverhältnisse liegen derzeit noch nicht im Fokus des Verbraucherrechts, welches auch aufgrund seiner europarechtlichen Prägung noch immer – wie regelhaft beim Kauf – zu sehr über die Phase der Anbahnung und Begründung des auf einmaligen Leistungsaustausch angelegten vertraglichen Schuldverhältnisses definiert wird und Aspekte der Aufrechterhaltung von (Dauer-)Rechtsverhältnissen weitgehend ausblendet; ein Umdenken ist bei bestimmten IuK-Dienstleistungen immerhin ansatzweise erkennbar, wie die EU-Verordnung zur Gewährleistung der grenzüberschreitenden Portabilität von Online-Inhaltediensten im Binnenmarkt zeigt.[1] Unter demografischen Aspekten kann sich bei Dauerschuldverhältnissen die juristisch bislang kaum behandelte Frage stellen, ob und wie die Fortdauer individueller Teilhabe innerhalb auf Dauer angelegter Strukturen auch dann gewährleistet werden kann, wenn die Einsichts- und Urteilsfähigkeiten des Verbrauchers insbesondere wegen altersbedingter Beeinträchtigungen im Laufe der Zeit zusehends abnehmen.

Im Bereich des Wohnens haben sich in jüngster Zeit neue Formen des „Zusammenwohnens" herausgebildet, die – wie etwa Mehrgenerationenhäuser – auch von staatlicher Seite gefördert werden (vgl. dazu Bundesprogramm Mehrgenerationenhaus des Bundesministeriums für Familie, Senioren, Frauen und Jugend) und die dazu beitragen können, dass betagte Bewohner möglichst lange in ihrem gewohnten Lebensumfeld verbleiben können. Einen spezifischen zivilrechtlichen Verbraucherschutz hat der Gesetzgeber im Jahr 2009 im Wohn- und Betreuungsvertragsgesetz (WBVG) verabschiedet, durch welches eine Sondervertragsmaterie für den alten, pflege- und betreuungsbedürftigen, mithin besonders verletzlichen Verbraucher geschaffen wurde. Sie sieht ein einzigartiges Rechtsregime für den Abschluss, die Auflösung und die Gewährleistungsrechte des Wohn- und

---

1 Siehe Verordnung (EU) 2017/1128 des Europäischen Parlaments und des Rates vom 14.6.2017, ABl. L 168/1 ff. vom 30.6.2017.

Betreuungsvertrages vor (Tamm 2016, 370 ff.). Im Wohnraummietrecht (sowie im Wohnungseigentumsrecht) dürften in absehbarer Zeit gerichtliche Einschätzungen hinsichtlich vermieterseitiger Pflichten zur Umgestaltung von Wohnraum zur altersgerechten Nutzung sowie zu mieterseitigen Pflichten zur Duldung entsprechender Maßnahmen auch deshalb folgen, weil sich gesetzliche Änderungen zur Förderung der Barrierefreiheit und der Elektromobilität im WEG-Recht und im BGB bereits abzeichnen (vgl. dazu Först 2017, 302 ff.).

Das Arbeitsrecht kann momentan als eines der Referenzfelder zur juristischen Ausformung eines „Demografierechts" gelten, werden bei ihm doch zahlreiche unterschiedliche Entwicklungen sichtbar. Diese zielen zum einen darauf, dem Arbeitnehmer die Teilnahme am Erwerbsleben (durch Schaffung altersgerechter Arbeitsplätze beziehungsweise über die nunmehr in § 41 Satz 2 SGB VI ermöglichten flexiblen Renteneintrittsmodelle in der gesetzlichen Rentenversicherung) zu erhalten oder – wie im Fall maßgeschneiderter Schulungsangebote für Menschen mit Migrationshintergrund – erstmals zu ermöglichen. Zum anderen wird der Verbleib älterer Arbeitnehmer aus Gründen der demografischen Entwicklung zunehmend auch im Interesse des Arbeitgebers liegen, weshalb in der Personalwirtschaft Maßnahmen wie betriebliche Demografie-Analysen inzwischen integrale Bestandteile eines „retention managements" geworden sind (vgl. Preißing 2014). Im kollektiven Arbeitsrecht liegen bereits erste Tarifverträge vor, die Veränderungen in der Arbeitswelt gezielt erfassen und gestalten möchten, so etwa im Demografie-Tarifvertrag der chemischen Industrie, der u.a. eine individuelle lebensphasengerechte Gestaltung der Arbeitszeit ermöglichen soll (vgl. dazu Stiller 2017, 64 f.).

Die Aufnahme des Gesellschaftsrechts in eine Darstellung des Verbraucherrechts mag zunächst überraschen, jedoch können sich gesellschaftsrechtlich vermittelte Unternehmensbeteiligungen im Einzelfall etwa auch als Bestandteil individueller Alterssicherung darstellen. Hier kann es sich – wie gerade von Rechtspraktikern mitgeteilte Erfahrungen belegen – so verhalten, dass bei auf Jahrzehnte angelegten Gesellschaftsverhältnissen einzelne Gesellschafter wegen oftmals altersbedingten Verfalls körperlicher und/oder geistiger Kräfte den Herausforderungen der Mitwirkung an die gesellschaftsinterne Willensbildung nicht mehr gewachsen sind. Damit sind nicht nur

Gefährdungen für die persönliche Willensentschließungsfreiheit des betroffenen überforderten Gesellschafters angesprochen, vielmehr kann auch die wirtschaftliche Existenz einer unternehmenstragenden Gesellschaft bedroht sein, wenn eine Willensbildung im Verband aufgrund der physischen oder psychischen Konstitution eines Gesellschafters nicht mehr möglich ist oder dieser Gesellschafter durch eine „gesellschaftsfremde" Person – wie etwa einen Betreuer – vertreten werden muss. Hier stellt sich etwa die Reichweite gesellschaftsrechtlicher Treuepflichten in neuem, demografiesensiblem Licht (vgl. dazu Wedemann 2014b, 3419), ferner sollte im Interesse aller Beteiligten die Ausgestaltung der gesellschaftsinternen Willensbildung möglichst frühzeitig und vorausschauend vertraglich geregelt werden (Heckschen 2012, 10 ff. sowie Wedemann 2014c, 686 ff.).

Bei auf Dauer angelegten Dienstleistungsverträgen von Verbrauchern ist unter Demografie-Aspekten nicht zu befürchten, dass dem Verbraucher keine rechtlichen Instrumente zur Beendigung der Dauerschuldverhältnisse zur Verfügung stehen, sondern dass der Verbraucher altersbedingt oder gegebenenfalls aufgrund schwach ausgeprägter Sprachkompetenzen die ihm vertraglich eingeräumten Möglichkeiten nicht effektiv wahrnimmt. Hier ist etwa an auf längere Zeit nicht in Anspruch genommene laufende Dienstleistungsverträge zu denken, die lediglich deshalb noch fortbestehen, weil der Verbraucher sich an sie beziehungsweise an die Möglichkeit ihrer Beendigung aufgrund geistiger Beeinträchtigungen nicht länger erinnert oder dies nicht umsetzen kann. Inwieweit sich solche Situationen in der Praxis vermehrt stellen (werden), bleibt psychologischen und soziologischen Untersuchungen vorbehalten. Zumindest diskutabel erscheint als juristisches Instrument – gleichsam als Komplementärerscheinung zum bereits angesprochenen „cooling off" – die Einrichtung eines „warming up", bei dem der Verbraucher das Dienstleistungsverhältnis zu seiner rechtlichen Fortgeltung in regelmäßigen Abständen bewusst reaktivieren muss. Festzuhalten bleibt aus juristischer Perspektive jedenfalls, dass das Verbraucherprivatrecht recht umfassend die Entscheidungsfähigkeit des Verbrauchers zum Zeitpunkt der Vornahme des initialen Rechtsgeschäfts absichert, hingegen die Aufrechterhaltung der Entscheidungsfähigkeit des Verbrauchers zur autonomen Beurteilung des Fortbestands des Rechtsverhältnisses noch nicht näher untersucht wurde. Dies mag zugleich Programm für weitere neuro- und gesellschaftswissenschaftliche Forschung zu diesen Fragen sein.

5 Faktoren eines demografiesensiblen Verbraucherprivatrechts

5.1 Faktor Sprachkompetenzen

Mitgrationsbewegungen sind ein Treiber für sprachliche Diversität. Unter Integrationsgesichtspunkten lässt sich ein berechtigtes gesellschaftliches Anliegen daran ausmachen, dass Zuwanderer hinreichende Kenntnisse der Landessprache(n) erwerben. Zugleich bleibt als linguistischer Befund eine hohe Ausdifferenzierung und Fragmentierung „der" Landessprache, die als Hochsprache, generationsspezifische Umgangssprache, regionale Dialekte und beruflich und wissenschaftlich determinierte Fachsprachen (wie etwa der Rechtssprache) gelebt wird. Materiell-rechtliche Vorgaben über die Verwendung von Landessprachen bestehen kaum, im EU-geprägten Verbraucherrecht nur sektorspezifisch im Kontext von Finanzdienstleistungen (vgl. Art. 246b § 1 Abs. 1 Nr. 17 EGBGB). Die individuelle Fähigkeit zum Sprachverständnis wird rechtlich im Grunde nur nachgelagert adressiert über die Möglichkeit der Hinzuziehung von Dolmetschern im Gerichtsprozess gemäß § 185 des Gerichtsverfassungsgesetzes, um den Verfahrensgang in der Gerichtssprache Deutsch (vgl. § 184 Satz 1 dieses Gesetzes) zu ermöglichen. Damit wird die juristische Absicherung des Sprachverständnisses jedoch in die Ebene der Rechtsdurchsetzung verlagert, während die Phasen der Anbahnung und Begründung von Rechtsverhältnissen weitgehend außen vor bleibt, sieht man von wenigen allgemeinen Schutzansätzen wie der Sittenwidrigkeit von Rechtsgeschäften im BGB sowie im Wettbewerbsrecht gegenüber bestimmten aggressiven, auf Druck und Angst gründenden Geschäftspraktiken einmal ab. Verbraucherpolitik und Verbraucherrecht sollten künftig stärker Möglichkeiten erörtern und schaffen, um Sprachbarrieren (gerade bei Zuwanderern) durch den rechtlich-regulatorischen Rahmen zu überwinden und so einen *sprachlichen* Verbraucherschutz auszuformen (vgl. dazu die Ansätze des Vereins Deutscher Sprache 2017). Dazu gehört zum einen die kritische Reflexion über Inhalt, Darstellung und Formate von (Verbraucher-) Informationen, für die die Frage um die Mindestschriftgröße der Visualisierung nur einen zentralen Ansatzpunkt bildet, und die äußerstenfalls auch über gesetzliche Vorgaben durchgesetzt werden sollten; auch die bewusste optionale Öffnung der Rechtskultur für die englische Sprache auch in Verbraucherzusammenhängen sollte kein Tabu bleiben, wenn zugleich über die Verwendung des Englischen als Verfahrenssprache in wirtschaftsrechtlichen Auseinandersetzungen diskutiert wird (vgl. dazu Piekenbrock 2010). Noch dringlicher erscheint jedoch, zum anderen, die Stärkung des Zugangs zu Verbraucherwissen (Fridrich 2017, 121 ff.): Denn solange es an der erforderlichen Verbraucherbildung zur Bewusstwerdung der eigenen Verbraucherrolle fehlt, kommen Überlegungen zur Ausgestaltung eines Verbraucherleitbilds verfrüht. Erfreulicherweise haben sich in den letzten Monaten einige Initiativen herausgebildet, die gezielt die Verbraucherrolle von Flüchtlingen und Migranten stärken möchten.[2] In diesem Sinne bleibt eine evidenzbasierte Forschung über die Bedeutung von Sprachverständnis und Ausdrucksfähigkeit in der Verbrauchersituation wünschenswert. Die Rechtswissenschaft sollte im Hinblick auf die effektive Wirksamkeit von Recht zunehmend Rechtskulturen-Forschung betreiben, dies auch und gerade zu Fragen von In- und Exklusionsmechanismen durch Verbraucherrecht.

5.2 Faktor Technikkompetenzen

Die Bedeutung der Technik in der Durchsetzung des Verbraucherrechts ist äußerst facettenreich und sie wird noch zunehmen, wenn der mündige und informierte Verbraucher zum digitalen Verbraucher weiterentwickelt wird. Zunächst hängt die digitale Verbraucherstellung selbstverständlich vom Vorhandensein einer digitalen Infrastruktur ab, die in erster Linie in die Ebene der staatlichen Gewährleistungsverantwortung für IuK-Technologien und -Netzwerken weist. Die unter dem Terminus „Industrie 4.0" zusammengefassten Transformationsprozesse werden bislang zuvörderst in ihrer Tragweite für Rechtsbeziehungen zwischen unternehmerischen Akteuren diskutiert (dazu nunmehr umfassend Sassenberg und Faber 2017), doch auch der Verbraucher wird von den Entwicklungen unmittelbar betroffen. Dies zeigt sich etwa bei der zivilrechtlichen Verantwortung für Schäden, die den Verbrauchern aus

---

[2] Vgl. dazu stellvertretend für viele kommunale und regionale Akteure die ausdifferenzierten verbraucherpolitischen Informationen für Flüchtlinge des BMJV 2017.

autonomen Prozessen entstehen, welche auf einer fehlenden oder fehlerhaften Interpretation maschinengenerierter Daten beruhen. Für solche Schadensfälle wurde bisher noch kein erschöpfendes Haftungsmodell entwickelt, das gängige Produkthaftungsrecht dürfte insoweit zu kurz greifen, so etwa zur haftungsrechtlichen Verantwortung bei Weiterentwicklung des Produkts durch maschinelles Lernen (vgl. Wende 2017, 82). Nicht minder bedeutsam sind die Aufgaben, die dem Verbraucherrecht bei der Förderung eines verbrauchergerechten Technikverständnisses zukommen und die unmittelbar auf die Verbraucherrolle durchschlagen werden: In dem Maße wie der Verbraucher bei vielen Geschäftsmodellen nicht nur passiv rezipiert, sondern als „prosumer" aktiv an der Entwicklung von Produkten und Dienstleistungen mitgestaltet und mitgestalten soll, wird nicht nur der Zuschnitt der von ihm benötigten Informationen neu zu fassen sein, sondern es müssen auch neue Formen der Informationsvermittlung juristisch abgesichert werden. Viele solcher Geschäftsmodelle werden in umfassender Weise auf verbraucherbezogene Daten – häufig als Entgelt für ansonsten „kostenfreie" Nutzung von Diensten und Angeboten – Zugriff nehmen, so dass die Idee des Datenschutzes gezielt in Richtung einer Datenautonomie als einem Verbraucher(grund)-recht weiterzuentwickeln ist. Erste juristische Untersuchungen füllen diesen Ansatz konkreter aus, indem etwa im Kontext der Datenwirtschaft im Internet der Dinge ein Recht auf datenerhebungsfreie Produkte postuliert wird (so Becker 2017, 175 ff.). Schließlich müssen auch ethische und soziale Grenzen eines verbrauchergerechten Technikrechts ausgelotet werden, was in besonderem Maße für die Entwicklung und den Einsatz autonomer Technik gilt. Dies betrifft zum einen die Frage, bis zu welchem Grad die Entwicklung von Technikgeschehen vorab definiert wird – was in Gestalt der Programmierung von Algorithmen als Entscheidungsinstanz für das Verhalten autonom agierender Fahrzeuge durchaus schon bald praktische Realität werden kann (vgl. dazu Wolf und Eslami 2017, 335 ff.). Sie berührt jedoch zum anderen auch die Frage, in welchem Umfang und in welcher Ausprägung Unterstützung durch autonome Technik von einer Gesellschaft akzeptiert wird. Mit Blick auf den demografischen Experimentierraum Japan, dessen Bevölkerung in absehbarer Zeit noch stärker altern wird als hierzulande, stehen uns Diskurse bevor: Sollen in Deutschland ernsthaft Pflegeroboter in großem Maßstab „humanoides" Pflegepersonal entlasten oder ältere, vielleicht sogar hochbetagte, Arbeitnehmer wirklich dadurch für den Verbleib in der „workforce" gerüstet werden, indem sie – ausgestattet mit automatisierten Arbeitsanzügen, welche die abnehmende Muskelkraft kompensieren – Feldarbeit verrichten? Dies alles zeigt, dass Technikakzeptanz auf ethischen sowie kultur- und zeitabhängigen Anschauungen fußt und techniknahe Verbraucherregeln nicht nur den Gesetzgeber, sondern auch die Zivilgesellschaft berühren.

6 Fazit

Das geltende Verbraucherrecht ist nicht vollkommen demografieblind, sondern knüpft vereinzelt an Begriffen an, die für die demografische Entwicklung kennzeichnend sind. Eine umfassende Betrachtung eines demografienahen Verbraucherrechts steht allerdings noch aus. Für die rechtliche Regelung der zugehörigen Sachverhalte verbietet sich jedoch die generelle Annahme einer besonderen Schutzwürdigkeit von älteren Menschen oder solchen, die unlängst nach Deutschland zugewandert sind. Vielmehr gilt es, Situationen und Gefährdungslagen möglichst präzise zu identifizieren, um gegebenenfalls gezielt und diskriminierungsfrei regulatorisch nachsteuern zu können. Eine besondere Rolle kommt insoweit der Neuinterpretation der Instrumentarien der Verbraucherinformation und -bildung zu. Rechtlicher Verbraucherschutz sollte daher noch mehr als bisher als „Vorfeldschutz" konzipiert werden, der nicht erst am Abschluss eines bestimmten Vertrages festmacht: Das Leitbild vom informierten Verbraucher setzt eben zuallererst das Bewusstsein von der eigenen Verbraucherrolle voraus, die gerade im Hinblick auf ältere Menschen und Menschen mit Migrationshintergrund im Einzelfall anders oder neu entwickelt werden muss. Verbraucherpolitik und Verbraucherrecht sollten vorhandene besondere Bedürfnisse dieser Zielgruppen ermitteln und aufgreifen, um die „manageability" des Verbrauchers auch in Zukunft gewährleisten zu können. Um dies zu erreichen, sind multi- und interdisziplinäre Anstrengungen unabdingbar.

Literatur

Baer, Susanne. 2010. Juristische Biopolitik: Das Wissensproblem im Recht am Beispiel „des" demografischen Wandels. In: *Wie wirkt Recht? Ausgewählte Beiträge zum ersten gemeinsamen Kongress der deutschsprachigen Rechtssoziologie-Vereinigungen*, hg. von Michelle Cottier, Josef Estermann und Michael Wrase, 181–202. Recht und Gesellschaft – Law and Society 1. Baden-Baden: Nomos.

Becker, Maximilian. 2017. Ein Recht auf datenerhebungsfreie Produkte. *Juristenzeitung* 72, Nr. 4: 170–181.

BMJV (Bundesministerium der Justiz und für Verbraucherschutz). 2017. Verbraucherpolitische Informationen für Migranten. http://www.bmjv.de/DE/Themen/VerbraucherschutzMigranten/VerbraucherschutzMigranten_node.html (Zugriff: 6. Oktober 2017).

Bundesprogramm Mehrgenerationenhäuser. o. J. Mehrgenerationenhäuser. http://www.mehrgenerationenhaeuser.de (Zugriff: 6. Oktober 2017).

Castle, Elizabeth, Naomi I. Eisenberger, Teresa E. Seeman, Wesley G. Moons, Ian A. Boggero, Mark S. Grinblatt, und Shelley E. Taylora. 2012. Neural and behavioral bases of age differences in perception of trust. *Proceedings of the National Academy of Sciences* 109, Nr. 51: 20848–20852.

Först, Wiebke. 2017. Anspruch auf barrierefreien Umbau. *Zeitschrift für Wohnungseigentumsrecht* 18, Nr. 9: 302–304.

Fridrich, Christian. 2017. Verbraucherbildung im Rahmen einer umfassenden sozioökonomischen Bildung. In: *Abschied vom eindimensionalen Verbraucher*, hg. von Christian Fridrich, Renate Hübner, Karl Kollmann, Michael-Burkhard Piorkowsky, und Nina Tröger, 113-160. Kritische Verbraucherforschung. Wiesbaden: Springer.

Heckschen, Heribert. 2012. Demographie und Vertragsgestaltung. *Neue Zeitschrift für Gesellschaftsrecht* 15, Nr. 1: 10–17.

Jellinek, Georg. 1914. *Allgemeine Staatslehre*. 13. Auflage. Berlin: Häring.

Klinck, Fabian und Karl Riesenhuber. 2017. § 1 Einführung: Das Verbraucherleitbild – Interdisziplinäre und Europäische Perspektiven. In: *Verbraucherleitbilder*, hg. von Fabian Klinck und Karl Riesenhuber, 1-10. Schriftenreihe zum Europäischen und Internationalen Privat-, Bank- und Wirtschaftsrecht 51. München: de Gruyter.

Münchener Kommentar zum Bürgerlichen Gesetzbuch. 2016. 7. Auflage. München: C.H. Beck (zitiert: Münchener Kommentar/Bearbeiter, BGB).

Oehler, Andreas. 2017. Verbraucherinformation und Verbraucherbildung. In: *Verbraucherwissenschaften*, hg. von Peter Kenning, Andreas Oehler, Lucia A. Reisch, und Christian Grugel, 279-294. Wiesbaden: Springer.

Oehler, Andreas und Lucia A. Reisch. 2016. *Verbraucherleitbild: Differenzieren, nicht diskriminieren!* Sachverständigenrat für Verbraucherfragen. SVRV Working Paper Nr. 1. April. http://www.svr-verbraucherfragen.de/wp-content/uploads/SVRV_WP01_Verbraucherleitbild.pdf (Zugriff: 6. Oktober 2017).

Ossenbühl, Fritz. 2011. Verbraucherschutz durch Information. *Neue Zeitschrift für Verwaltungsrecht* 30, Nr. 22: 1357-1363.

Piekenbrock, Andreas. 2010. Englisch als Gerichtssprache in Deutschland? *Europäisches Wirtschafts- und Steuerrecht* 21, Nr. 5: 1.

Preis, Ulrich. 2013. Altersdiskriminierung im Arbeitsrecht. In: *Recht der Älteren*, hg. von Ulrich Becker und Markus Roth, 285-320. Berlin: de Gruyter.

Preißing, Dagmar, Hrsg. 2014. *Erfolgreiches Personalmanagement im demografischen Wandel.* 2. Auflage. München: de Gruyter.

Roth, Markus. 2008. Die Rechtsgeschäftslehre im demographischen Wandel. *Archiv für die civilistische Praxis* 208, Nr. 4: 451-489.

Sassenberg, Thomas und Tobias Faber, Hrsg. 2017. *Rechtshandbuch 4.0 und Internet of Things.* München: C.H. Beck und Vahlen.

Schirrmacher, Frank. 2004. *Das Methusalem-Komplott.* München: Blessing.

Spickhoff, Andreas. 2008. Autonomie und Heteronomie im Alter. *Archiv für die civilistische Praxis* 208, Nr. 4: 345-415.

Stiller, Klaus-Peter. 2017. Gestaltung der Arbeitswelt und Regelung der Arbeitsbeziehungen durch Tarifverträge. *Neue Zeitschrift für Arbeitsrecht/Beilage.* Nr. 2, 62–65.

Tamm, Marina. 2016. Das Wohn- und Betreuungsvertragsgesetz (WBVG): Zivilrechtlicher Verbraucherschutz für Heimbewohner. *Verbraucher und Recht* 31, Nr. 10: 370-381.

Verein Deutsche Sprache. 2017. Sprachlicher Verbraucherschutz. http://vds-ev.de/deutsch-in-verwaltung-und-wirtschaft/sprachlicher-verbraucherschutz/sprachlicher-verbraucherschutz/ (Zugriff: 6. Oktober 2017).

Wedemann, Frauke. 2014a. Schutz älterer Menschen bei Anlagegeschäften. *Zeitschrift für Bankrecht und Bankwirtschaft* 26, Nr. 1: 54-69.

—. 2014b. Ältere Menschen – eine besondere Herausforderung für Rechtsprechung, Gesetzgebung und Beratung. *Neue Juristische Wochenschrift* 67, Nr. 47: 3419–3424.

—. 2014c. Ältere Menschen im Zivilrecht. *Archiv für die civilistische Praxis* 214, Nr. 5: 664–694.

Wende, Susanne. 2017. Haftungsfragen bei vernetzten und autonomen Systemen. In: *Rechtshandbuch Industrie 4.0 und Internet of Things,* hg. von Thomas Sassenberg und Tobias Faber, 69-84. München: C.H. Beck und Vahlen.

Wolf, Christian und Nassim Eslami. 2017. Autonomes Fahren – autonome Rechtsprechung? In: *Autonomes Fahren,* hg. von Bernd H. Oppermann und Jutta Stender-Vorwachs, 335-344. München: C.H. Beck.

Yankova, Silviya und Henrike Hören. 2011. Besondere Schutzbedürftigkeit von Senioren nach dem UWG? *Wettbewerb in Recht und Praxis* 57, Nr. 10: 1236-1241.

Über die AutorInnen

Prof. Dr. Stefan Müller ist Professor für Wirtschaftsrecht, insbesondere Innovations- und Technologierecht an der Universität Paderborn. Webseite: https:// wiwi.uni-paderborn.de/dep6/wirtschaftsrecht-insbesondere-innovations- und-technologierecht-prof-dr-s-mueller/team/prof-dr-stefan-mueller/.

Dr. Vanessa Kluge ist wissenschaftliche Mitarbeiterin am Lehrstuhl Wirtschafts-, Unternehmens- & Technikrecht an der Technischen Universität Berlin.

Crowdfunding und mündige Verbraucher

Zur Unterscheidung der normativen, deskriptiven und explanativen Lesart des Informationsmodells

Patrick Linnebach

DOI 10.15501/978-3-86336-920-0_5

Abstract

Um die verhaltensökonomische Kritik am Leitbild des mündigen Verbrauchers und die Forderung evidenzbasierter Verbraucherpolitik besser nachvollziehen zu können, wird erstens zwischen der normativen und deskriptiven Lesart des Informationsmodells unterschieden. Zweitens wird gezeigt, dass der Nudging-Ansatz auf einer explanativen Lesart basiert, die im Vergleich zur deskriptiven Lesart andere Aspekte des Marktgeschehens fokussiert. Diese These wird drittens am Beispiel des Crowdfunding-Marktes expliziert.

Dieser Beitrag erscheint unter der Creative-Commons-Lizenz: Namensnennung – Weitergabe unter gleichen Bedingungen 3.0 Deutschland | CC BY-SA 3.0 DE Kurzform | http://creativecommons.org/licenses/by-sa/3.0/de/ Lizenztext | http://creativecommons.org/licenses/by-sa/3.0/de/legalcode

1 Digitalisierung als Herausforderung

Zwei miteinander verbundene Behauptungen, die an anderer Stelle womöglich selbst kontrovers zu diskutieren wären, markieren das Bezugsproblem des vorliegenden Beitrags: Dass sich nicht nur im Wandel des Verbraucherverhaltens hin zu vermeintlich neuen Formen wie Prosuming und kollaborativem Konsum (vgl. zum Beispiel Bala und Schuldzinski 2016), sondern beispielsweise auch in der – nunmehr bereits seit mehr als 20 Jahren anhaltenden – Rede vom „unmanageable consumer" (zuerst: Gabriel und Lang 1995) ein bisweilen fundamentaler sozialer Wandel im Verhältnis von Konsumtion und Produktion manifestiert. Und dass dieser Wandel, zweitens, maßgeblich (wenn auch selbstredend nicht ausschließlich) mit der Digitalisierung und Plattformisierung der Wirtschaft einhergeht (vgl. Kirchner und Beyer 2016), wie sie sich paradigmatisch in den beiden digitalen Bereichen der „Ökonomie des Teilens" (Sharing Economy) und der Schwarmfinanzierung (Crowdfunding) beobachten lässt.[1]

Angesichts dieses Wandels sieht sich die Verbraucherpolitik vor neue Herausforderungen gestellt; man konsultiere nur einmal die Veröffentlichungen, die der Sachverständigenrat für Verbraucherfragen (SVRV) – der Ende 2014 als wissenschaftliches Beratungsgremium für die Verbraucherpolitik vom Bundesministerium der Justiz und für Verbraucherschutz (BMJV) eingerichtet wurde – in jüngster Zeit vorgelegt hat und die sich allesamt mit Themen der „Digitalen Welt" (zum Beispiel „Digitale Souveränität", Crowdfunding und „Verbraucherrecht 2.0") befassen. In einem viel beachteten Artikel konstatieren die beiden US-Amerikaner Martin Kenney und John Zysman daher auch, dass die Art und Weise, wie dieser Wandel – sie sprechen von einer Transformation – begriffen wird, mit welchen Labels er versehen wird, verbraucher-

---

[1] Der Beitrag ist entstanden im Rahmen des vom Bundesministerium der Justiz und für Verbraucherschutz – unter dem Förderkennzeichen 28V11003 – geförderten Vorhabens „Bürgerbeteiligung in der Share Economy am Beispiel der Finanzmärkte" (FinShare). Dessen Zielsetzung ist es gewesen, die bereits umfangreiche verbraucherwissenschaftliche und -politische Auseinandersetzung mit der Sharing Economy um den Bereich des Crowdfunding zu ergänzen. Zu den Gemeinsamkeiten und Unterschieden dieser beiden Sozialbereiche vgl. auch Linnebach (2018).

politisch einen Unterschied macht, denn, so ihre Begründung, „the labels influence how we study, use, and regulate these digital platforms" (Kenney und Zysman 2016, 62).

Der Beitrag geht vor diesem Hintergrund davon aus, dass begriffliche Klarheit notwendige Bedingung dafür ist, den Herausforderungen, die mit der Digitalisierung und Plattformisierung im Allgemeinen und dem Phänomen der Schwarmfinanzierung im Besonderen einhergehen, politisch angemessen zu begegnen. Präziser noch, liegt ihm die These zugrunde, dass es nicht nur – im Sinne von Kenney und Zysman – in explizit theoretischer Hinsicht, etwa mit Blick auf die beiden zentralen Begriffe der Sharing Economy (vgl. zum Beispiel Frenken und Schor 2017) und der Online-Plattform (vgl. etwa Demary 2016), einen Unterschied macht, wie man diese konzeptualisiert; vielmehr wird am Beispiel des – sowohl für die Verbraucherwissenschaften als auch für die Verbraucherpolitik elementaren – Begriffs des „mündigen Verbrauchers" (vgl. nur Kenning und Wobker 2013; Strünck 2015) aufgezeigt, dass es auch in genuin methodologischer Hinsicht einen verbraucherpolitisch-regulatorischen Unterschied macht, wie man einen Begriff auffasst – ob man ihn, um genau zu sein, deskriptiv (beschreibend) oder explanativ (erklärend) interpretiert.

Die Argumentation gliedert sich wie folgt: Für eine adäquate Einordnung der mit der verhaltensökonomischen Kritik am Leitbild des mündigen Verbrauchers einhergehenden Diskussion zu evidenzbasierter Verbraucherpolitik ist zunächst zwischen der normativen und deskriptiven Lesart des Informationsmodells zu unterscheiden (Abschnitt 2). Im dritten Abschnitt wird gezeigt, dass der Regulierungsansatz des Nudging, genau besehen, nicht auf einer deskriptiven, sondern einer explanativen Lesart der für das Informationsmodell konstitutiven Annahme mündiger Verbraucher basiert. In der sozialwissenschaftlichen Analyse fokussiert diese im Gegensatz zu einer deskriptiven Lesart andere Aspekte des Marktgeschehens: Methodisch konsequent wird das Entscheidungsverhalten einer Marktseite, in der Regel der Verbraucherseite, zulasten der Struktur von Märkten bevorzugt. Diese These wird in Abschnitt 4 am Beispiel der Plattformökonomie mit besonderem Fokus auf das Phänomen der Schwarmfinanzierung in ersten Ansätzen expliziert. Der Beitrag schließt mit zwei verbraucherpolitischen und zwei verbraucherwissenschaftlichen Handlungsempfehlungen (Abschnitt 5).

2 Informationsmodell und mündige Verbraucher

Die zentrale These des Beitrags, dass begriffliche Klarheit Grundvoraussetzung einer evidenzbasierten Verbraucherpolitik ist, lässt sich auch anhand der Unterscheidung von normativen und deskriptiven Modellen reformulieren:

> „Steht bei den normativen Modellen die Frage im Vordergrund, wie Menschen sich – aus welchen normativen Gründen auch immer – verhalten sollen, geht es bei den deskriptiven Modellen hingegen darum, zu beschreiben, wie Menschen sich tatsächlich, das heißt in der Realität, verhalten." (Kenning und Wobker 2013, 284)

Da aber, wie die beiden Autoren weiter ausführen, „die deskriptiven Modelle oft die Basis für die Ableitung normativer Modelle darstellen" (Kenning und Wobker 2013, 284), ist es freilich geboten, ein hinreichendes Begriffsverständnis des jeweiligen deskriptiven Modells – im vorliegenden Fall: des Informationsmodells – zu entwickeln. Hinsichtlich der noch zu treffenden Unterscheidung zwischen einer deskriptiven und explanativen Lesart wird es sich in diesem Zusammenhang zunächst als sinnvoll erweisen, statt von deskriptiven die Rede von positiven Modellen zu bevorzugen.[2]

---

2 „Positiv" hier verstanden im Sinne eines Oberbegriffs für die Unterscheidung deskriptiv/explanativ. Einer der zentralen Referenzautoren für die Unterscheidung normativ/positiv ist John Neville Keynes mit seinem im Jahr 1890 erstmals veröffentlichten Werk „The scope and method of political economy". Auch Milton Friedman bezieht sich auf Keynes senior, wenn er zu Beginn seines berühmten (und kontrovers diskutierten) Aufsatzes „The methodology of positive economics" schreibt: „Confusion between positive and normative economics is to some extent inevitable. [...] Positive economics is in principle independent of any particular ethical position or normative judgments. [...] Normative economics and the art of economics, on the other hand, cannot be independent of positive economics. Any policy conclusion necessarily rests on a prediction about the consequences of doing one thing rather than another, a prediction that must be based – implicitly or explicitly – on positive economics." (Friedman 1953, 3 ff.) Aufschlussreich zu dieser Unterscheidung auch Heukelom (2014, 28-68).

2.1 Normatives Leitbild mündiger Verbraucher

Das in der deutschen und auch der EU-Verbraucherpolitik dominierende (normative) Informationsmodell – auch als „Informationsparadigma" bezeichnet (vgl. Oehler und Wendt 2016) –, das insbesondere vom US-amerikanischen Schutzmodell zu unterscheiden ist (vgl. zum Beispiel Nessel 2016, 90 f.), wird verbraucherwissenschaftlich regelmäßig in eins gesetzt mit dem Leitbild des mündigen Verbrauchers; beispielhaft heißt es in einem Beitrag von Christoph Strünck:

> „Eine Variante der Neoklassik – die Informationsökonomik – ist seit Jahrzehnten die inoffizielle Grundlage der deutschen Verbraucherpolitik und damit auch das Leitbild des ‚mündigen' oder ‚rationalen' Verbrauchers. An zentralen Institutionen wie der Stiftung Warentest lässt sich ablesen, dass Verbraucherpolitik hauptsächlich bedeutet, mehr, bessere und vor allem neutrale Informationen über Märkte und Produkte anzubieten. Außerdem sollen Standards sowie Ge- und Verbote vor problematischen Geschäftspraktiken und gefährlichen Produkten schützen. Aber der Kern ist das ‚Informationsmodell' des Verbraucherschutzes." (Strünck 2015, 21)

Der Hinweis auf die Stiftung Warentest – als „Inbegriff deutscher Verbraucherpolitik", wie Strünck (2017, 130) an anderer Stelle schreibt – ist insofern aufschlussreich, als das Leitbild des mündigen, rationalen Verbrauchers im Sinne einer politischen Zielsetzung interpretiert wird. Es gilt dann eben, „mehr, bessere und vor allem neutrale Informationen" anzubieten, damit rationalere Entscheidungen möglich werden.[3] Entsprechend liest man auch:

---

3 Eine Schwierigkeit in der (methodologischen) Auseinandersetzung mit der Figur des mündigen Verbrauchers ist sicherlich darin zu sehen, dass es keinen geteilten (theoretischen) Begriff von Mündigkeit beziehungsweise Rationalität zu geben scheint, dass, anders formuliert, überhaupt nicht klar ist, wann sich eine Entscheidung als rational und/oder mündig qualifizieren lässt. Strünck (2015, 21) rückt den mündigen Verbraucher in die Nähe des Homo oeconomicus und identifiziert ihn mit dem Theorem der Nutzenmaximierung. Dass dies nicht ohne Weiteres möglich und mindestens zwischen einem „hedonistischen" und „formalen" Nutzenbegriff zu unterscheiden ist, lässt sich nachlesen in Klonschinski und Wündisch (2016). Der Einfachheit halber werden Rationalität und Mündigkeit daher im Folgenden synonym verwendet und (wie in der modernen, formalen Nutzentheorie üblich) in eins gesetzt mit dem Kriterium der Konsistenz: Eine Entscheidung ist dann rational, wenn sie konsistent ist (siehe auch Abschnitt 3.1).

„Das Leitbild des ‚mündigen Verbrauchers' ist in erster Linie ein politisches Leitbild: Verbraucherinnen und Verbraucher sollen ‚mündig' entscheiden bzw. entscheiden können, was sie kaufen und was sie damit anstellen. In dieser Form ist das Leitbild anerkannt: Niemand spricht sich ernsthaft dagegen aus, dass mündige Entscheidungen möglich sein sollen." (Strünck 2015, 19)

Sobald man das Leitbild des mündigen Verbrauchers aber nicht mehr normativ, sondern positiv interpretiert, transformiert sich die erwähnte Anerkennung in eine Kritik des Leitbildes; ebenfalls in Strüncks Beitrag heißt es:

„[...] die Informationsökonomik geht von der Annahme aus, dass Verbraucherinnen und Verbraucher mündig sind. Allerdings herrschen in vielen Märkten Informationsasymmetrien zu ihren Ungunsten. Die Informationsökonomik unterstellt daher, dass es zu Marktversagen kommt, das korrigiert werden muss. Grundsätzlich jedoch verhalten sich die Verbraucherinnen und Verbraucher rational. Kein Wort verliert die Informationsökonomik über längst bekannte Verhaltensanomalien, Hilfskrücken, Selbsttäuschungen und Bequemlichkeiten, die keineswegs die Ausnahme, sondern eher die Regel menschlichen Verhaltens sind." (Strünck 2015, 22)

2.2 Deskriptives Modell der Informationsökonomik

Das, was bisher als die positive Lesart des Informationsmodells bezeichnet wurde, lässt sich, wie bereits erwähnt, noch einmal unterscheiden in eine deskriptive und eine explanative Lesart.[4] Um zu verdeutlichen, was es mit dieser Unterscheidung auf sich hat, lässt sich das vorstehende Zitat in zwei Teile unterteilen: Lässt man den letzten Satz fürs Erste einmal weg, geht die

---

4 In der wissenschaftstheoretischen Literatur wird die hier deskriptive Lesart neuerdings auch als „epistemologisch" und die hier explanative als „metaphysisch" bezeichnet. Metaphysisch heißt dann: „the model is an explanation or a partial explanation" (Rohwer und Rice 2016, 1128; Herv. i. O.), epistemologisch hingegen: „the model is an epistemological tool used by the modeler in a way that produces scientific understanding of a phenomenon that is important to discovery of an explanation" (Rohwer und Rice 2016, 1128). Angesichts der, wie gesehen, verbraucherwissenschaftlich bereits eingeführten Unterscheidung normativ/deskriptiv ist im Folgenden gleichwohl von der Unterscheidungstrias normativ/deskriptiv/explanativ die Rede (vgl. auch Linnebach 2016).

Informationsökonomik also von der Annahme mündiger Verbraucher aus, deren Verhalten aufgrund von auf vielen Märkten anzutreffender Informationsasymmetrien zu Marktversagen führt – jedenfalls dann, wenn es nicht korrigiert wird.

Was im Detail damit gemeint ist und inwiefern es sich dabei, in der hier präferierten Terminologie, um eine deskriptive im Unterschied zu einer explanativen Lesart des Informationsmodells handelt, lässt sich gut am klassischen Anwendungsbeispiel der Informationsökonomik studieren – an George Akerlofs (1970) Ausführungen zu Gebrauchtwagenmärkten: In Akerlofs theoretischem Modell eines Gebrauchtwagenmarktes gibt es genau zwei Sorten von Gebrauchtwagen: gute und schlechte. Und die Informationsasymmetrie zu „Ungunsten" der Verbraucher rührt daher, dass der Verkäufer über den Wagen etwas wissen könnte, was der Käufer zum Kaufzeitpunkt noch nicht weiß – dass es sich nämlich um keinen guten, sondern einen schlechten Gebrauchtwagen, um eine, wie es im Englischen heißt, „lemon" handelt.

Diese Qualitätsunsicherheit führt im Modell dazu, dass der Käufer – weil dem Modell die Annahme zugrunde liegt, dass er rational ist – das Risiko, vom Verkäufer getäuscht zu werden, bereits einpreist, was wiederum zur Folge hat, dass auf Anhieb eben nicht mit Sicherheit zu erkennende gute Gebrauchtwagen grundsätzlich nur unter dem Preis gehandelt werden, den sie tatsächlich noch wert sind. Sie werden im Modell zu vergleichbaren Preisen wie schlechte Wagen gehandelt, sodass die guten Gebrauchtwagen aus dem Markt verdrängt werden sollten – da man für sie schlichtweg nicht den Preis erzielen kann, den sie tatsächlich noch wert sind. Die Folge wäre dann das von Strünck erwähnte Marktversagen: „For it is quite possible to have the bad driving out the not-so-bad driving out the medium driving out the not-so-good driving out the good in such a sequence of events that no market exists at all." (Akerlof 1970, 490)

Soweit die Prognose des Modells: Das Modell beschreibt – daher auch die Rede von einer deskriptiven Lesart[5] –, wie es sich idealtypisch zutragen wür-

---

5 Stellvertretend für viele: „Models are by definition incomplete and idealized descriptions of the systems they describe." (Bokulich 2017, 104)

de, wenn man von der „unrealistischen Annahme"[6] ausgeht, dass Verbraucher in der beschriebenen Konstellation rational agierten (wobei wichtig ist, dass bereits „begrenzt rationale" Verbraucher sich hypothetisch anders verhalten, das Täuschungsrisiko zum Beispiel nicht einpreisen). Bekanntlich verhält es sich in der Realität aber nicht so, wie das Modell prognostiziert: Laut Akerlof kommt es nämlich genau deswegen nicht zu Marktversagen, da sich Mechanismen und Institutionen herausbilden, die alternativ zum Preis ebenfalls über die Qualität des Gebrauchtwagens informieren. Ein Händler, der einen guten Wagen im Sortiment hat, gewährt dem Käufer beispielsweise eine Garantieleistung für den Fall, dass sich der Wagen doch noch als Zitrone herausstellen sollte: „Numerous institutions arise to counteract the effects of quality uncertainty. One obvious institution is guarantees." (Akerlof 1970, 499)

2.3 Explanandum des Informationsmodells

Der methodische Vergleich von kontrafaktischer modelltheoretischer Prognose und empirischer Wirklichkeit gibt also Aufschluss darüber, warum es auf Gebrauchtwagenmärkten – trotz struktureller Qualitätsunsicherheit – nicht zu Marktversagen kommt, und der Vergleich gibt auch Hinweise darauf, dass es zumindest nicht nur mehr, bessere und neutrale Informationen sind, die Informationsasymmetrien reduzieren und Marktversagen abwenden, sondern eben auch Mechanismen wie Vertrauen (vgl. auch Berghoff 2004).[7] Dann ist aber auch die begriffliche Ineinssetzung von normativem Informationsmodell und Mündigkeit, wonach bessere Informationen zu ra-

---

6 Klassisch: „Truly important and significant hypotheses will be found to have ‚assumptions' that are widely inaccurate descriptive representations of reality, and, in general, the more significant the theory, the more unrealistic the assumptions (in this sense)." (Friedman 1953, 14) Grundlegend zur Methodologie unrealistischer Annahmen vgl. Suárez (2009).
7 Vgl. in diesem Zusammenhang auch: „Die meisten Verbraucher verhalten sich wie ‚vertrauende Verbraucher'. Sie wollen und können sich für eine Konsumentscheidung nicht zu viel Zeit nehmen. Auch eine verbesserte Verbraucherbildung und -information kann daher nur bedingt dafür sorgen, dass sich alle Verbraucher ausreichend informieren, Kompetenz aneignen und auch die nötige Zeit investieren." (Micklitz et al. 2010, 1 f.)

tionaleren Entscheidungen führen, nicht ganz triftig (was an anderer Stelle ausführlicher zu thematisieren wäre).

Das, was mit Hilfe von Akerlofs (deskriptivem) Informationsmodell – und der für das Modell konstitutiven Annahme rationaler Verbraucher – erklärt wird, ist also gerade nicht das Verhalten der Käufer; erklärt wird vielmehr das empirisch beobachtbare Funktionieren eines Marktes trotz Informationsasymmetrien, trotz Unsicherheit und Täuschungsrisiko – mithin die Struktur und die „soziale Ordnung von Märkten" (Beckert 2007). Die unrealistische Annahme mündiger Verbraucher ist hierzu lediglich ein Mittel, ein Instrument, und das ist auch der letztlich modelltheoretische Grund dafür, dass die Informationsökonomik – wie es in dem Satz in Strüncks (2015, 22) Beitrag heißt, den wir in heuristischer Absicht zwischenzeitlich weggelassen haben – im Gegensatz zur Verhaltensökonomik kein Wort „über längst bekannte Verhaltensanomalien, Hilfskrücken, Selbsttäuschungen und Bequemlichkeiten" verliert, die „eher die Regel" als die Ausnahme menschlichen Verhaltens sind.

3 Kritik der Verhaltensökonomik

Im Unterschied zur Informationsökonomik ist das verhaltensökonomische Verfahren der Evidenzerzeugung kein modelltheoretisches, sondern ein (überwiegend) empirisches. Die Verhaltensökonomik verwendet keine unrealistischen Annahmen, sie verwendet, mit anderen Worten, „Annahmen, die nicht a priori gesetzt werden […], sondern die mit Ergebnissen psychologischer – insbesondere experimenteller – Forschung empirisch begründet sind" (Weimann 2015, 243). Dabei macht es nur dann Sinn, von Verhaltensanomalien zu sprechen, wenn man davon ausgeht, dass das Verhalten der Verbraucher „normalerweise" rational und mündig ist (es sich jedenfalls nicht um eine unrealistische Annahme handelt) – und das davon abweichende Verhalten eben „anomal" ist: Anomalien, schreiben die beiden Psychologen Daniel Kahneman und Amos Tversky (1979, 277), „are normally corrected by the decision maker when he realizes that his preferences are inconsistent, intransitive, or inadmissible. In many situations, however, the decision maker does not have the opportunity to discover that his preferences could violate decision rules that he wishes to obey. In these circumstances the anomalies implied by prospect theory are expected to occur."

3.1 Explanative Lesart mündiger Verbraucher

Die Verhaltensökonomik und deren „theoretisches Fundament" (Reisch und Sunstein 2017, 347), die „Prospect Theory", lesen die für das Informationsmodell konstitutive Annahme rationaler Verbraucher nicht deskriptiv, sondern explanativ. Im bereits mehrfach zitierten Beitrag von Strünck (2015, 23) heißt es daher auch: „Der ‚mündige Verbraucher' taugt [...] kaum als Erklärungsmodell, weil er auf unrealistischen Annahmen aufbaut." Im Falle einer explanativen Lesart ist das Explanandum – das, was erklärt werden soll – kein wie auch immer geartetes soziales Marktgeschehen mit mindestens zwei, in der Regel ja mehr Akteuren, sondern das, was erklärt werden soll, ist das „Verhalten von Menschen auf Märkten unter Verwendung von Annahmen der psychologischen Forschung." (Reisch und Sunstein 2017, 347)

Die „Prospect Theory", ist mit anderen Worten, eine Entscheidungstheorie[8] – und da sie auch als theoretisches Fundament des Nudging-Ansatzes fungiert (Reisch und Sunstein 2017, 347), zeitigt eine explanative Lesart auch in regulatorischer Hinsicht Konsequenzen. Veranschaulichen lässt sich dies, indem man in einem Zwischenschritt zunächst eine der bekanntesten Verhaltensanomalien thematisiert: die sogenannte „Risikoaversion".[9] Gleichwohl gilt auch hier, dass sich risikoaversives Verhalten nur dann als anomal bezeichnen lässt, wenn geklärt ist, wovon es abweicht:

> „The definition of rationality has been much debated, but there is general agreement that rational choices should satisfy some elementary requirements of consistency and coherence." (Tversky und Kahneman 1981, 453)

---

8   Als Entscheidungstheorie ist die „Prospect Theory" insofern zu unterscheiden von der verhaltensökonomischen Spieltheorie (vgl. zum Beispiel Rabin 1993).
9   Für weitere Anomalien – häufig auch als „heuristics and biases" bezeichnet – wie etwa die mit der Risikoaversion zusammenhängende Verlustaversion vgl. auch Sunstein (2011, 1350 ff.).

Man hat es also genau dann mit einer Verhaltensanomalie zu tun, wenn das Verhalten nicht konsistent ist. Die üblicherweise zentrale Konsistenzbedingung ist das Kriterium der Transitivität: Dass dann, wenn A gegenüber B bevorzugt wird und B gegenüber C, auch A gegenüber C präferiert wird. Empirisch ist diese Bedingung regelmäßig widerlegt worden, wie beispielhaft das Laborexperiment zur Asiatischen Grippe („Asian Disease") zeigt (vgl. Tversky und Kahneman 1981, 453).

Wie in Laborexperimenten üblich, gibt es zwei Experimentalgruppen. Der ersten Gruppe wurde folgendes Szenario vorgelegt: Man bereite sich auf den Ausbruch einer Asiatischen Grippe mit voraussichtlich 600 Todesopfern vor, und die beiden zur Auswahl stehenden Programme zu ihrer Bekämpfung würden die folgenden Konsequenzen mit sich bringen: „If Program A is adopted, 200 people will be saved. If Program B is adopted, there is 1/3 probability that 600 people will be saved, and 2/3 probability that no people will be saved." (Tversky und Kahneman 1981, 453) 72 Prozent der Versuchspersonen wählen das „sichere" Programm A, 28 Prozent das „unsichere", risikoreiche (weil mit Wahrscheinlichkeiten versehene) Programm B. Der zweiten Versuchsgruppe wurde das Problem in leicht abgeänderter Wortwahl vorgelegt; hinsichtlich der beiden zur Auswahl stehenden Programme heißt es da: „If Program C is adopted, 400 people will die. If Program D is adopted, there is 1/3 probability that nobody will die, and 2/3 probability that 600 people will die." (Tversky und Kahneman 1981, 453) Auf den ersten Blick überraschend führt das dazu, dass sich das Entscheidungsverhalten umdreht: Nur noch 22 Prozent der Probanden wählen die sichere Variante, also Programm C, und 78 Prozent das im probabilistischen Sinne unsichere Programm D. Wie lässt sich diese Verhaltensanomalie erklären?

Die Standardantwort der Verhaltensökonomik lautet, dass die gewählte Entscheidung von der Darstellung – vom „Framing" – der Inhalte abhängt; konkret also davon, ob von den 600 Personen, die ohne eines der beiden Programme mit Sicherheit sterben würden, 200 Personen „gerettet" werden oder, was mathematisch ja das Gleiche ist, 400 „sterben" müssen. Ob man risikoaversiv entscheidet, sprich Programm A oder C wählt, bei denen das Ergebnis mit (100-prozentiger) Sicherheit feststeht, hängt somit wesentlich davon ab, ob der Inhalt positiv oder negativ gerahmt ist – ob von Retten oder Sterben die Rede ist.

3.2 Empirisch informiertes Nudging

Der von Richard Thaler und Cass Sunstein (2003) begründete „libertär paternalistische" Nudging-Ansatz basiert auf genau solchen Abweichungen von der Rationalitätsnorm wie der verhaltensökonomisch-psychologischen Erkenntnis, dass Entscheidungen immer auch vom Framing der Inhalte abhängen – Sunstein (2011) spricht daher auch von einer „empirisch informierten Regulierung": Wird die für das Informationsmodell konstitutive Annahme mündiger Verbraucher explanativ interpretiert, wird also – theoretisch – davon ausgegangen, dass Verbraucher sich tatsächlich rational (im Sinne von konsistent) verhalten, und lässt sich – empirisch – aber beobachten, dass das Verhalten der Verbraucher regelmäßig eben nicht rational (eher begrenzt rational, mitunter irrational oder auch arational) ist, ist es natürlich absolut schlüssig, sofern man dem politisch-normativen Leitbild des mündigen Verbrauchers zustimmt, Verbraucher in Richtung Rationalität zu „nudgen".[10]

Nudge	Beschreibung
Vereinfachung	Komplexität kann Verwirrung schaffen, Kosten erhöhen und dadurch die Teilnahme an Programmen verhindern. Programme sollten einfach und intuitiv verständlich sein.
	z.B. Vereinfachung von Antragsmodi für Stipendienprogramme; vereinfachte Ernährungsinformation
Offenlegung von Informationen	Besonders effektiv für interessierte Konsumenten, um sachkundige Entscheidungen zu fördern. Bedingung dafür sind jedoch verständliche und leicht zugängliche Informationen.
	z.B. Offenlegung der Kosten pro Einheit der Nutzung (etwa Drucker, Waschmaschinen, Autofahrten)
Warnhinweise	Aufmerksamkeit ist begrenzt. Grafische Elemente und das Verändern von Größe und Farbe können Aufmerksamkeit erregen und erhöhen.
	z.B. Grafische Warnhinweise auf Zigarettenpackungen; auffallende Labels

Tabelle 1: Drei wichtige Nudges (Reisch und Sunstein 2017, 354 f.).

---

10 Joachim Weimann (2015, 232; Anm. 3) bestimmt einen Nudge als den „Versuch, eine Verhaltensänderung durch leichtes Anschubsen zu erreichen, ohne bestimmte Verhaltensweisen bindend vorzuschreiben. Ein Beispiel dafür ist in der Kantine das Platzieren gesunder Speisen auf Augenhöhe. Damit wird erreicht, dass die Kantinenbesucher häufiger zu diesen Speisen greifen als sonst."

In der Literatur werden vor diesem Hintergrund zehn Nudges unterschieden (vgl. Sunstein 2014, 585 ff.; auch Reisch und Sunstein 2017, 354 f.). Drei dieser zehn Nudges sind in Tabelle 1 wiedergegeben, da sie auch im Kontext dessen von Relevanz sind, woran sich die eingangs erwähnte Herausforderung verbraucherpolitischer Steuerung – im Zuge von Digitalisierung und Plattformisierung – gut veranschaulichen lässt: am Fall der Regulierung des deutschen Crowdfunding-Marktes durch das Kleinanlegerschutzgesetz.[11]

4 Crowdfunding und Kleinanlegerschutzgesetz

In Kraft getreten ist das Kleinanlegerschutzgesetz im Juli 2015, und in einem Ende Mai 2016 veröffentlichten Gutachten, das im Rahmen des SVRV vorgelegt wurde, liest man dazu:

> „Der Crowdfunding-Markt wurde zuletzt durch das Kleinanlegerschutzgesetz reguliert [...]. Bereits bei der Behandlung des zugehörigen Gesetzentwurfs im Bundesrat und insbesondere im Bundestag waren die neuen Regelungen zur Schwarmfinanzierung deutlich umstritten, weniger aufgrund der grundsätzlich begrüßenswerten Regulierung an sich [...], sondern aufgrund der getroffenen Ausnahmeregelungen." (Oehler 2016, 2)

Die zentrale Ausnahmeregelung ist der mit dem Kleinanlegerschutzgesetz ins Vermögensanlagegesetz (VermAnlG) eingeführte § 2a, der sogenannte

---

[11] In der Regel werden vier Formen des Crowdfunding unterschieden: klassisches (im Englischen: reward-based) und spendenbasiertes (donation-based) Crowdfunding einerseits und die beiden investmentbasierten Formen des Crowdlending und Crowdinvesting andererseits. Das Kleinanlegerschutzgesetz reguliert naheliegenderweise nur die beiden investmentbasierten Formen. Für einen ersten Überblick zum Phänomen der Schwarmfinanzierung vgl. die Website https://www.crowdfunding.de, vertiefend dann zum Beispiel Belleflamme et al. (2015).

Befreiungstatbestand („Befreiungen für Schwarmfinanzierungen"). Dieser besagt, grob gesprochen (für eine detaillierte Betrachtung vgl. von Ammon 2017), dass Schwarmfinanzierungen genau dann von der Prospektpflicht befreit sind, wenn es sich bei den Vermögensanlagen entweder um „partiarische Darlehen" (§ 1 Abs. 3 Nr. 3 VermAnlG), „Nachrangdarlehen" (§ 1 Abs. 3 Nr. 4 VermAnlG) oder „sonstige Anlagen, die eine Verzinsung und Rückzahlung oder einen vermögenswerten Barausgleich im Austausch für die zeitweise Überlassung von Geld gewähren oder in Aussicht stellen" (§ 1 Abs. 3 Nr. 7 VermAnlG), handelt; wenn zweitens „der Verkaufspreis sämtlicher angebotener Vermögensanlagen desselben Emittenten 2,5 Millionen Euro nicht übersteigt" (§ 2a Abs. 1 VermAnlG); und wenn drittens die Vermittlung zwischen Angebot und Nachfrage, zwischen Kapitalnehmer und Kapitalgeber über eine Onlineplattform erfolgt, die darauf zu achten hat, dass der maximale Anlagebetrag pro Kleinanleger 1.000 Euro – beziehungsweise unter gewissen Bedingungen bis zu 10.000 Euro – nicht übersteigt (§ 2a Abs. 3 VermAnlG). Ist eines dieser drei Kriterien nicht erfüllt, unterliegt das – öffentliche – Angebot einer Schwarmfinanzierung der Prospektpflicht.

In dem zitierten SVRV-Gutachten wird dafür plädiert, den Befreiungstatbestand aufzuheben – und Andreas Oehler (2016, 5 f.) begründet seine Position mit den Worten: „Klare, einfache und verständliche Regulierung [...] ist der beste Anleger- und Verbraucherschutz, Ausnahmen und zersplitterte Regelungen sind kontraproduktiv!" Vor dem Hintergrund einer empirisch fundierten Verbraucherpolitik, die stark verhaltensökonomisch geprägt und am Nudging-Ansatz orientiert ist, lässt sich die geforderte Aufhebung des Befreiungstatbestandes gut nachvollziehen – man vergleiche die Begründung nur einmal mit den beiden ersten in Tabelle 1 aufgeführten Nudges: erstens Regeln etc. möglichst zu vereinfachen; zweitens Informationen offenzulegen und dafür Sorge zu tragen, dass sie verständlich und leicht zugänglich sind.

Anders verhält es sich jedoch, wenn man das Phänomen der Schwarmfinanzierung nicht verhaltensökonomisch, sondern genuin soziologisch betrachtet – da diese Sichtweise zusätzlich in den Blick geraten lässt, dass zu einer Finanztransaktion ja mindestens zwei Parteien, Anbieter und Nachfrager, gehören und im Falle von Crowdfunding mit der zwischengeschalteten Onlineplattform ja sogar mindestens drei. Eine Soziologie der Schwarmfinanzierung beschäftigt sich, mit anderen Worten, nicht nur mit der Marktseite der Kleinanleger, sondern auch mit der Marktseite der Emittenten, also den in der Regel kleinen und mittleren Unternehmen auf der Suche nach Fremdkapital, und auch mit den – zwischen die beiden Marktseiten geschalteten – Intermediären.

Auch wenn sich das hier aus Platzgründen nicht weitergehend vertiefen lässt, besteht vor dem Hintergrund der vorstehenden Ausführungen Grund zu der Vermutung, dass eine Verbraucherpolitik, die sich (im Sinne eines dezidiert deskriptiven Informationsmodells) mit der Frage befasst, welche Faktoren das Funktionieren eines Crowdfunding-Marktes beeinflussen, dazu tendieren würde, weniger Verbraucherschutzpolitik als „wirkungsorientierte" Verbraucherpolitik zu sein – und daher auch dazu tendieren würde, den Befreiungstatbestand zumindest vorerst nicht aufzuheben. Schließlich wird sich eine „evidenzbasierte Verbraucherpolitik" (Hagen et al. 2013) ja nicht darin erschöpfen können, bereits vorliegende Erkenntnisse zu „heuristics and biases" stets aufs Neue (hier: Crowdfunding) anzuwenden, sondern – in dem Wissen um diese (vgl. neuerdings zum Beispiel auch Artinger et al. 2017) – sich systematisch mit der Frage zu befassen haben, zu welchen Reaktionen politische Maßnahmen (hier: die Befreiung von der Prospektpflicht) auf beiden Marktseiten (hier: Kapitalnehmer und -geber) jeweils führen.

5 Handlungsempfehlungen

Angesichts der Herausforderungen, die mit der Digitalisierung der Wirtschaft einhergehen, lassen sich – ausgehend von der dem Beitrag zugrunde liegenden These, dass adäquate verbraucherpolitische Entscheidungen notwendigerweise begriffliche Klarheit erfordern – zusammenfassend vier zentrale Handlungsempfehlungen bestimmen: zwei verbraucherpolitische und zwei verbraucherwissenschaftliche.

Erstens: Eine versuchsweise als „wirkungsorientiert" bezeichnete Verbraucherpolitik orientiert sich an der Formulierung von Christian Grugel (2017, 60), wonach eine gute (im Sinne von evidenzbasierte) Verbraucherpolitik „immer auch die gesamtwirtschaftliche Lage und die Struktur der Märkte verstehen [muss]." Und sie bleibt dabei selbstverständlich dem verbraucherpolitischen Primärziel verpflichtet, „die Informationsasymmetrien zwischen Anbietern und Verbrauchern zu verringern" (Grugel 2017, 61) – gleichwohl in dem modelltheoretisch wie empirisch fundierten Wissen darüber, dass dies nicht nur in Form des Bereitstellens von mehr, besseren und neutralen Informationen erfolgen kann.

Zweitens: Auch wenn die methodisch anspruchsvolle Frage, wie sich die Wirkung politischer Maßnahmen empirisch bestimmen lassen könnte, im vorliegenden Rahmen noch nicht einmal ansatzweise beantwortet werden kann (vgl. grundlegend Watts 2014), ist dennoch der Hinweis angebracht, dass im kürzlich veröffentlichten „Weißbuch Digitale Plattformen" des Bundesministeriums für Wirtschaft und Energie (BMWi) – wenngleich nicht mit Blick auf den Bereich der Finanz-, sondern der Gesundheitswirtschaft – explizit von „regulatorischen Experimentierräumen" die Rede ist: Diese, heißt es da, „ermöglichen die Erprobung von Innovationen im Zusammenspiel mit regulatorischen Instrumenten und unter realen Marktbedingungen in einem befristet und möglicherweise örtlich begrenzten veränderten rechtlichen Rahmen (,Experimentierklauseln')." (BMWi 2017, 79) Zu überlegen wäre, ob nicht auch der digitale Bereich der Schwarmfinanzierung im Sinne eines regulatorischen Experimentierraums aufgefasst werden sollte. Voraussetzung wäre allerdings die empirisch fundierte (das heißt verhaltensökonomisch und soziologisch informierte) Erforschung der im regulatorischen Experimentierraum erprobten Finanzmarktinnovation.

Drittens: Die vorstehenden Überlegungen sind entsprechend von der interdisziplinären Überzeugung getragen, dass nur eine verhaltensökonomisch und soziologisch informierte und nur eine, was nicht dasselbe ist, (modell-)theoretisch und empirisch fundierte Verbraucherpolitik in der Lage ist, die Vor- und Nachteile einzelner verbraucherpolitischer Instrumente evidenzbasiert zu beurteilen.

Viertens: Folgt man der Maxime, dass verbraucherpolitische Maßnahmen interdisziplinär – genau genommen sogar transdisziplinär – zu fundieren sind, ist notwendige (wenn auch keine hinreichende) Bedingung einer guten, evidenzbasierten Verbraucherpolitik, die methodischen und theoretischen Positionen der Verbraucherwissenschaften auch wissenschaftstheoretisch zu reflektieren. Wenn, wie Lucia Reisch und Andreas Oehler (2009, 41) es einmal formuliert haben, die Ergebnisse der Verhaltensökonomik nahelegen, dass nicht nur Anbieter und Konsumenten, sondern auch politische Akteure nicht immer rational handeln, dann ist deren Forderung, auch den „heuristics and biases" politischer Akteure Rechnung zu tragen, gewiss auch auf die Gruppe der wissenschaftlichen Akteure zu übertragen.

Literatur

Akerlof, George A. 1970. The market for „lemons": Quality uncertainty and the market mechanism. *Quarterly Journal of Economics* 84: 488-500.
Artinger, Sabrina, Susanne Baltes, Christian Jarchow, Malte Petersen und Andrea M. Schneider. 2017. Warnhinweis zum Kleinanlegerschutzgesetz. Untersuchung zur Wirkung des Warnhinweises bei Vermögensanlagen im Grauen Kapitalmarkt. Projektgruppe *wirksam regieren* im Bundeskanzleramt im Auftrag des Bundesministeriums der Finanzen. Berlin.
Bala, Christian und Wolfgang Schuldzinski, Hrsg. 2016. *Prosuming und Sharing – neuer sozialer Konsum. Aspekte kollaborativer Formen von Konsumtion und Produktion.* Beiträge zur Verbraucherforschung 4. Düsseldorf: Verbraucherzentrale NRW.
Beckert, Jens. 2007. Die soziale Ordnung von Märkten. In: *Märkte als soziale Strukturen,* hg. von Jens Beckert, Rainer Diaz-Bone und Heiner Ganßmann, 43-62. Frankfurt am Main: Campus.
Belleflamme, Paul, Nessrine Omrani und Martin Peitz. 2015. The economics of crowdfunding platforms. *Information Economics and Policy* 33: 11-28.
Berghoff, Hartmut. 2004. Die Zähmung des entfesselten Prometheus? Die Generierung von Vertrauenskapital und die Konstruktion des Marktes im Industrialisierungs- und Globalisierungsprozess. In: *Wirtschaftsgeschichte als Kulturgeschichte: Dimensionen eines Perspektivenwechsels,* hg. von Hartmut Berghoff und Jakob Vogel, 143-168. Frankfurt am Main: Campus.
BMWi (Bundesministerium für Wirtschaft und Energie). 2017. *Weißbuch Digitale Plattformen. Digitale Ordnungspolitik für Wachstum, Innovation, Wettbewerb und Teilhabe.* Berlin.

Bokulich, Alisa. 2017. Models and explanation. In: *Springer handbook of model-based science,* hg. von Lorenzo Magnani und Tommaso Bertolotti, 103-118. Dordrecht: Springer.

Demary, Vera. 2016. *Der Aufstieg der Onlineplattformen. Was nun zu tun ist.* IW-Report 32/2016. Köln: Institut der deutschen Wirtschaft.

Frenken, Koen und Juliet Schor. 2017. Putting the sharing economy into perspective. *Environmental Innovation and Societal Transitions* 23: 3-10.

Friedman, Milton. 1953. *Essays in positive economics.* Chicago: University of Chicago Press.

Gabriel, Yiannis und Tim Lang. 1995. *The unmanageable consumer: Contemporary consumption and its fragmentation.* London: SAGE.

Grugel, Christian. 2017. Verbraucherpolitik statt Verbraucherschutz. In: *Verbraucherwissenschaften: Rahmenbedingungen, Forschungsfelder und Institutionen,* hg. von Peter Kenning, Andreas Oehler, Lucia A. Reisch und Christian Grugel, 51-66. Wiesbaden: Springer.

Hagen, Kornelia, Hans-W. Micklitz, Andreas Oehler, Lucia A. Reisch und Christoph Strünck. 2013. „Check Verbraucherpolitik und Verbraucherbeteiligung" – Empfehlungen für eine evidenzbasierte Verbraucherpolitik. *Journal für Verbraucherschutz und Lebensmittelsicherheit* 8: 61-66.

Heukelom, Floris. 2014. Behavioral economics: *A history.* New York: Cambridge University Press.

Kahneman, Daniel und Amos Tversky. 1979. Prospect theory: An analysis of decision under risk. *Econometrica* 47: 263-291.

Kenney, Martin und John Zysman. 2016. The rise of the platform economy. *Issues in Science and Technology* 32: 61-69.

Kenning, Peter und Inga Wobker. 2013. Ist der „mündige Verbraucher" eine Fiktion? Ein kritischer Beitrag zum aktuellen Stand der Diskussion um das Verbraucherleitbild in den Wirtschaftswissenschaften und der Wirtschaftspolitik. *Zeitschrift für Wirtschafts- und Unternehmensethik* 14: 282-300.

Kirchner, Stefan und Jürgen Beyer. 2016. Die Plattformlogik als digitale Marktordnung: Wie die Digitalisierung Kopplungen von Unternehmen löst und Märkte transformiert. *Zeitschrift für Soziologie* 45: 324-339.

Klonschinski, Andrea und Joachim Wündisch. 2016. Präferenzen, Wohlergehen und Rationalität – Zu den begrifflichen Grundlagen des libertären Paternalismus und ihren Konsequenzen für seine Legitimierbarkeit. *Zeitschrift für Praktische Philosophie* 3: 599-632.

Linnebach, Patrick. 2016. Erneut, warum eigentlich nicht? Replik zum Vorschlag, das Modell der Frame-Selektion zu axiomatisieren. *Zeitschrift für Soziologie* 45: 122-135.
—. 2018. Hybride Plattformen und intermediäre Vermittler: Eine vergleichende Betrachtung von Sharing Economy und Crowdfunding. (Unveröffentlichtes) Arbeitspapier. Essen.
Micklitz, Hans-W., Andreas Oehler, Michael-B. Piorkowsky, Lucia A. Reisch und Christoph Strünck. 2010. Der vertrauende, der verletzliche oder der verantwortungsvolle Verbraucher? Plädoyer für eine differenzierte Strategie in der Verbraucherpolitik. Stellungnahme des Wissenschaftlichen Beirats Verbraucher- und Ernährungspolitik beim BMELV. Berlin.
Nessel, Sebastian. 2016. *Verbraucherorganisationen und Märkte: Eine wirtschaftssoziologische Untersuchung.* Wiesbaden: VS.
Oehler, Andreas. 2016. Digitale Welt und Finanzen. Formen des Crowdfunding: Handlungsbedarf für die Verbraucherpolitik? Gutachten des Sachverständigenrats für Verbraucherfragen. Berlin.
Oehler, Andreas und Stefan Wendt. 2016. Good consumer information: The information paradigm at its (dead) end? *Journal of Consumer Policy* 40: 179-191.
Rabin, Matthew. 1993. Incorporating fairness into game theory and economics. *American Economic Review* 83: 1281-1302.
Reisch, Lucia A. und Andreas Oehler. 2009. Behavioral Economics: Eine neue Grundlage für die Verbraucherpolitik? *Vierteljahreshefte zur Wirtschaftsforschung* 78: 30-43.
Reisch, Lucia A. und Cass R. Sunstein. 2017. Verhaltensbasierte Regulierung (Nudging). In: *Verbraucherwissenschaften: Rahmenbedingungen, Forschungsfelder und Institutionen,* hg. von Peter Kenning, Andreas Oehler, Lucia A. Reisch und Christian Grugel, 341-365. Wiesbaden: Springer.
Rohwer, Yasha und Collin Rice. 2016. How are models and explanations related? *Erkenntnis* 81: 1127-1148.
Strünck, Christoph. 2015. Der mündige Verbraucher: Ein populäres Leitbild auf dem Prüfstand. In: *Abschied vom Otto Normalverbraucher: Moderne Verbraucherforschung: Leitbilder, Information, Demokratie,* hg. von Christian Bala und Klaus Müller, 19-28. Essen: Klartext.
—. 2017. Politikwissenschaftliche Perspektive. In: *Verbraucherwissenschaften: Rahmenbedingungen, Forschungsfelder und Institutionen,* hg. von

Peter Kenning, Andreas Oehler, Lucia A. Reisch und Christian Grugel, 123-140. Wiesbaden: Springer.

Suárez, Mauricio. 2009. Fictions in scientific practice. In: *Fictions in science: Philosophical essays on modeling and idealization*, hg. von Mauricio Suárez, 3-15. New York: Routledge.

Sunstein, Cass R. 2011. Empirically informed regulation. *The University of Chicago Law Review* 78: 1349-1429.

— 2014. Nudging: A very short guide. *Journal of Consumer Policy* 37: 583-588.

Thaler, Richard H. und Cass R. Sunstein. 2003. Libertarian paternalism. *American Economic Review* 93: 175-179.

Tversky, Amos und Daniel Kahneman. 1981. The framing of decisions and the psychology of choice. *Science* 211: 453-458.

von Ammon, Marc. 2017. § 2a Befreiungen für Schwarmfinanzierungen. In: VermAnlG. *Vermögensanlagengesetz mit Vermögensanlagen-Verkaufsprospektverordnung.* Kommentar, hg. von Lea Maria Siering und Anna Lucia Izzo-Wagner, 114-139. Berlin: Erich Schmidt.

Watts, Duncan J. 2014. Common sense and sociological explanations. *American Journal of Sociology* 120: 313-352.

Weimann, Joachim. 2015. Die Rolle von Verhaltensökonomik und experimenteller Forschung in Wirtschaftswissenschaft und Politikberatung. *Perspektiven der Wirtschaftspolitik* 16: 231-252.

Über den Autor

Dipl.-Soz. Patrick Linnebach ist Fellow am Kulturwissenschaftlichen Institut Essen (KWI) und hat dort das aus Mitteln des Bundesministeriums der Justiz und für Verbraucherschutz geförderte Projekt „Bürgerbeteiligung in der Share Economy am Beispiel der Finanzmärkte" (FinShare) koordiniert. Webseite: http://www.kwi-nrw.de/home/profil-plinnebach.html.

Geflüchtete als Verbraucher

Herausforderungen und Chancen für Verbraucherforschung, Verbraucherschutz und Verbraucherpolitik

Katharina Witterhold

DOI 10.15501/978-3-86336-920-0_6

Abstract

In diesem Beitrag wird der Frage nachgegangen, welchen Unterstützungsbedarf Geflüchtete aufweisen, um in ihrer Rolle als Verbraucher auf dem deutschen Markt handlungsfähig zu werden. Während Studien zum Beratungsbedarf von Migranten generell auf Defizite hinsichtlich derer Konsumkompetenz wie der interkulturellen Kompetenz auf Beraterseite hinweisen, stellt sich angesichts der spezifischen rechtlichen, psychischen und ökonomischen Situation von Geflüchteten die Frage, ob sich daraus auch besondere Bedürfnisse und Bedarfe ableiten lassen. Verbraucherforschung an der Schnittstelle von Konsum und Flucht hat nicht nur die Situation im Aufnahmeland zu berücksichtigen, sondern muss sich auch, wie in Anlehnung an das Verbraucherakkulturationsmodell gezeigt wird, mit dem Einfluss von Faktoren auf das Konsumverhalten befassen, die der Flucht vorausgehen oder erst in ihrem Zusammenhang auftreten.

Dieser Beitrag erscheint unter der Creative-Commons-Lizenz:
Namensnennung 3.0 Deutschland | CC BY 3.0 DE
Kurzform | http://creativecommons.org/licenses/by/3.0/de/
Lizenztext| http://creativecommons.org/licenses/by/3.0/de/legalcode

1 Einleitung: Die neuen Verbraucher[1]

Anlässlich der zahlreichen Probleme, mit denen sich Geflüchtete[2] im Handlungsfeld Konsum konfrontiert sehen, wurde 2016 vom Bundesminister für Verbraucherschutz eine Neuorientierung der Verbraucherpolitik gefordert.[3] Diese Neuorientierung solle darauf abzielen, Verbraucherinformation und -beratung zu individualisieren, um auf die Bedürfnisse der jeweiligen Zielgruppe eingehen zu können. Bereits zu Beginn der 1980er wurde die Notwendigkeit des Aufbaus eines umfassenden, professionellen Flüchtlingsassistenzsystems betont (vgl. Stein 1981, 321) und empfohlen, dies entsprechend der zu erwartenden „neuen" Flüchtlinge auszubauen (vgl. Stein 1981, 330).

> „The key differences between the traditional and ›new‹ refugees are that the new refugees are culturally and ethnically different from their hosts; they come from less-developed countries, at a different stage of development from that of the host, and they are likely to lack kin and potential support groups in their country of resettlement." (Stein 1981, 330)

Während also einerseits das Anliegen einer individualisierten Verbraucheradressierung eine differenzierende Betrachtung der Einbettung konsumptiver Praktiken in Körpern, Situationen, Milieus, Lebenslagen und Diskursen unter Berücksichtigung der jeweils zur Verfügung stehenden Ressourcen erfordert, basiert die Forderung eines Flüchtlingsassistenzsystems auf der Annahme kollektiver Merkmale, die für diese Gruppe eine besondere Unterstützungsleistung begründen. Insofern stellt sich für Verbraucherforschung an der Schnittstelle von Konsum und Flucht die Herausforderung, einerseits die ethnisch-kulturell mitbedingte Konsumpraxis immer auch vor dem Hintergrund individueller Lebenslagen zu reflektieren, dabei jedoch

---

1 Falls ein bestimmtes Geschlecht adressiert werden soll, wird darauf explizit hingewiesen.
2 Der Begriff der Geflüchteten wird verwendet, um Engführungen zu vermeiden, die sich durch den Bezug auf den rechtlichen Terminus des Flüchtlings ergeben würden.
3 http://www.bmjv.de/SharedDocs/Artikel/DE/2016/05102016_MUV.html (Zugriff: 3. Mai 2017).

andererseits auch die politischen, rechtlichen und kulturellen Rahmenbedingungen im Aufnahmeland zu berücksichtigen. Im Hinblick auf Konsum wurde die Notwendigkeit besonderer Unterstützungsleistungen vor allem auch von den Verbraucherzentralen betont.[4] Diese Einschätzung wird u. a. von den Ergebnissen eines Projekts zum besonderen Beratungsbedarf und zu den Informationsdefiziten von Geflüchteten (Borde und Kim 2016) bestätigt. Um den Schwierigkeiten der neuen Verbraucher zu begegnen, wird primär eine Anpassung und Ausweitung bestehender Informations- und Bildungsmaßnahmen ins Auge gefasst, zum Beispiel durch die Übersetzung bereits vorhandener Informationsbroschüren in arabische Sprache. Richtet man jedoch den Blick auf die konkreten Probleme, denen sich Geflüchtete gerade innerhalb der ersten Monate nach ihrer Ankunft in Deutschland gegenübersehen, so stellen diese keineswegs untypische Formen „fehlgeleiteten" Verbraucherhandelns dar: etwa die Aufnahme von Krediten mit überdurchschnittlich hohen Zinsen, Abschluss unnötiger Versicherungen und Verträge, Abonnementfallen bei Fitnessstudios, Haustürgeschäften oder bei Partnervermittlungsagenturen (ausführlich hierzu Beseiso-Kamel und Schilf 2016). Wie auch im Gespräch mit Experten der Verbraucherberatung deutlich wurde: „Abgezockt werden sie alle gleich." Unter dieser Prämisse könnten die Probleme von Geflüchteten auf dem Verbrauchermarkt als Hinweise auf grundsätzlichen verbraucherpolitischen Handlungsbedarf verstanden werden.

Wie unter anderem Arbeiten zum politischen Konsum gezeigt haben, spielt neben der ökonomischen und der sozialen Dimension die kulturelle eine besondere Rolle in der Strukturierung von Konsumpraktiken und der Herausbildung spezifischer Konsumstile (Witterhold 2017). Was jedoch die Auseinandersetzung mit kulturellen Dispositionen wie Geschlecht (Witterhold 2015), insbesondere jedoch auch dem Einfluss von Ethnie angeht (Jamal et al. 2015), steht diese sowohl in der Verbraucherforschung wie der Verbraucherpolitik noch weitestgehend aus. Arbeiten zum Einfluss von (Flucht-)Migration auf Konsum (Askegaard, Arnould und Kjeldgaard 2005;

---

4 http://www.vzhh.de/vzhh/408281/fluechtlinge-brauchen-verbraucherschutz.aspx (Zugriff: 21. März 2016).
http://www.verbraucherzentrale-berlin.de/migranten-und-verbraucherschutz (Zugriff: 31. März 2016).

Berry 1992; Oswald 1999; Penaloza 1989) sind in der deutschen Verbraucherforschung bislang kaum rezipiert (siehe dazu auch Möhring 2011). Studien zur Akzeptanz von Verbraucherberatungsangeboten (Curvello 2007; Jarre und Tünte 2009) verweisen aber darauf, dass Verbraucher mit Migrationshintergrund trotz teils erheblichen Bedarfs nur selten und dann oft „zu spät" ihren Weg in die Beratungsstellen der Verbraucherzentralen finden (Curvello 2007, 32). Als Gründe hierfür werden sprachliche Barrieren, aber auch grundlegende Schwierigkeiten hinsichtlich der Akzeptanz des Beratungssettings genannt. Der höhere Beratungsbedarf wird vor allem mit dem Verweis auf die fehlende oder defizitäre Konsumsozialisation in der Bundesrepublik erklärt. Demgegenüber deuten die Ergebnisse der einzigen, im deutschsprachigen Raum durchgeführten Studie zum Konsum von Geflüchteten in Österreich eher darauf hin, dass weniger fehlende Konsumkompetenz als vielmehr die prekäre Lage als maßgeblich den Konsum bedingender Faktor ins Auge zu fassen wäre (vgl. Kriechbaum-Vitellozzi und Kreuzbauer 2006, 442).

Diesen drei Aspekten, der Struktur und Reichweite von Unterstützungsangeboten für und der Konsumsozialisation von Geflüchteten sowie deren Handlungsfähigkeit als Verbraucher, wird in einem auf drei Jahre angelegten Forschungsprojekt der Universität Siegen (gefördert im Rahmen der Förderlinie Flucht und Integration des Ministeriums für Kultur und Wissenschaft des Landes Nordrhein-Westfalen) Rechnung getragen. In vergleichender Perspektive wird die Organisation des Konsumalltags in den Herkunftsländern, während der Flucht und nach der Ankunft in Deutschland erfasst. Parallel dazu werden die Unterstützungsangebote von Organisationen der Flüchtlingshilfe sowie des Verbraucherschutzes erhoben und bewertet. Theoretisch lässt sich dieser Zugang in der Verbraucherakkulturationsforschung verorten. Dieser, vor allem in der kanadischen und US-amerikanischen Verbraucherforschung verbreitete Ansatz, wurde bislang kaum auf den Bereich der Fluchtforschung übertragen (für den Zugang von Geflüchteten zu gesundheitlicher Beratung siehe Kennedy und Murphy-Lawless 2003 sowie Phillimore 2011). Dies gilt insbesondere für den deutschsprachigen Raum, wo eine Verknüpfung von Verbraucher- und Migrationsforschung noch ein Desiderat darstellt. Demgegenüber wird im hier verfolgten Forschungsansatz das integrative Potenzial von Verbraucherakkulturation betont und seine Reichweite kritisch reflektiert.

2 Theoretischer Zugang: Akkulturation von Verbrauchern

2.1 Akkulturation

Die psychologische Forschung hat sich schon relativ früh mit der Untersuchung des Akkulturationsprozesses beschäftigt (Berry 1980; Berry et al. 1987). In vergleichenden Studien wurde gezeigt, dass die kulturellen Anpassungsprozesse bei Migranten (u. a. Geflüchteten und Arbeitsmigranten) unterschiedlich und in Abhängigkeit sowohl von Gruppen wie Individualmerkmalen verlaufen (vgl. Berry 1992, 70). Dabei wird in der Akkulturationsforschung die Ebene individueller Adaptions- und Bewältigungsstrategien von Personen, die in einem anderen kulturellen Kontext leben müssen als dem, in welchem sie sozialisiert sind, mit der institutionellen Ebene der Bereitstellung von Hilfs- und Beratungsangeboten verknüpft (vgl. Berry 1997, 6). Neben dieser für das hiesige Forschungsprojekt fruchtbaren Verknüpfung beinhaltet der Akkulturationsansatz noch einen weiteren Vorteil: Er ist nicht per se auf ein Paradigma wie Integration oder Assimilation festgelegt, sondern ermöglicht durch seine prinzipielle Offenheit sowohl die Untersuchung des Akkulturationsprozesses aus Sicht von Migranten wie auch die Berücksichtigung gesellschaftlicher Infrastrukturen, die diesen Prozess maßgeblich (mit-)strukturieren. Grundsätzlich ist zu beachten, dass sich sowohl die Freiwilligkeit der Immigration wie auch die Aufenthaltsperspektive maßgeblich auf den Akkulturationsprozess auswirken (vgl. Berry 1997, 8). Diese Beobachtung ist für den deutschen Akkulturationskontext von besonderer Bedeutung, da sich die Zeitspanne bis zur (Nicht-)Anerkennung als Flüchtling nicht nur über einige Monate hinziehen kann, sondern zwischen Anerkennung und Nicht-Anerkennung auch noch verschiedene Abstufungen existieren, die sich sowohl auf die Aufenthaltsperspektive wie den Zugang zu Ressourcen auswirken.

Während alle Migranten einen Akkulturationsprozess durchlaufen, wirken sich diese Rahmenbedingungen auf die Schwierigkeit und letzten Endes auf die Entwicklungstendenz des Akkulturationsprozesses aus. Integration finde statt, wenn es gelinge, Anteile der eigenen Kultur beizubehalten und gleichzeitig Beziehungen zu Mitgliedern der Aufnahmegesellschaft zu knüpfen. Wo die Beibehaltung der eigenen Kultur nicht möglich sei – aufgrund gesellschaftlicher Restriktionen oder aber auch aufgrund fehlender Kenntnisse –, jedoch eine starke Orientierung auf die neue Kultur, verbunden mit dem Aufbau von Kontakten/ Beziehungen, vorhanden sei, spricht Berry von Assimilation. Als Separation werden die Beibehaltung der eigenen kulturellen Identität und die Vermeidung von Kontakten mit der neuen Kultur bezeichnet. Besteht jedoch eine negative Haltung gegenüber der eigenen Kultur oder kann diese aus anderen Gründen nicht gepflegt werden, während parallel dazu keine Kontaktmöglichkeiten zur Aufnahmegesellschaft (mit Berry: dominante Kultur) existieren, ist von Marginalisierung zu sprechen (vgl. Berry 1997, 10).

Integration basiert demnach auf der freien Wahl des jeweiligen Akteurs und kann nur dann stattfinden, „when the dominant society is open and inclusive in its orientation towards cultural diversity." (Berry 1997, 10). Dazu gehöre die Adaption der grundlegenden Werte der aufnehmenden Gesellschaft, während diese im Gegenzug bereit sein müsse, ihre nationalen Institutionen (etwa Bildung und Gesundheit) so anzupassen, dass die Bedürfnisse aller berücksichtigt werden (vgl. Berry 1997, 11). Neben der allgemeinen Wertschätzung einer kulturell diversen Gesellschaft und einem damit verbundenen Zugehörigkeitsgefühl aller Gruppen zur größeren Gesellschaft, wirkten sich eine proaktive Antidiskriminierungs-Policy sowie Bildungsprogramme zur Reduktion von Vorurteilen als wichtige Bestandteile einer gelingenden Integrationspolitik aus. Entsprechend ließen sich diese vier Akkulturationsstrategien auch für die Analyse nationaler Migrationsprogamme verwenden. Diese seien beispielsweise assimilationistisch ausgerichtet, wenn an bereits vorhandenen Rollenbildern und -erwartungen angesetzt und diese lediglich auf die neue Gruppe übertragen würden, ohne einen Raum für Aushandlung und wechselseitige Lernprozesse zu öffnen. Da in einem solchen Fall das Ziel der Akkulturation bereits einseitig gesetzt ist, kann von Integration nicht die Rede sein.

Der Vorteil, den der Bezug auf das Akkulturationsmodell bietet, liegt – neben der Offenheit des Ansatzes – darin, dass auch eine Differenzierung zwischen unterschiedlichen Migrantengruppen ermöglicht wird. Zudem liefern vergleichende Studien, wie die von Berry, empirische Anhaltspunkte, was die Identifikation der besonderen Problembereiche angeht, denen sich Geflüchtete gegenübersehen (Dauer des Aufenthalts, Bleibeperspektive, Migrationsursachen). Die Berücksichtigung der Sozialisation im Herkunftsland und der „cultural distance" stellt zudem ein analytisches Konzept zur Verfügung, mit dem sich die spezifischen Heraus- und Anforderungen an Geflüchtete aus unterschiedlichen Herkunftsländern herausarbeiten lassen.

2.2 Verbraucherakkulturation

Der Akkulturationsansatz ist in der Vergangenheit bereits auf das Handlungsfeld des Konsums übertragen worden (Askegaard, Arnould und Kjeldgaard 2005; Oswald 1999; Penaloza 1994) und sukzessive weiterentwickelt worden. Einen herausragenden Stellenwert nimmt dabei die ethnographische Studie von Penaloza ein, die den Akkulturationsprozess mexikanischer Einwanderer in den Vereinigten Staaten untersucht und in Anlehnung an die o. g. Arbeiten von Berry ein „Consumer Acculturation Model" entwickelt hat. Ihrer Ansicht nach beeinflusst die kulturelle Herkunft den Akkulturationsprozess weitaus weniger als individuelle Merkmale wie Alter, Bildung und sprachliches Ausdrucksvermögen.

Die Abbildung 1 (siehe Seite 124) gibt einen Überblick über Penalozas Verbraucherakkulturationsmodell. Drei Variablensets sind zu unterscheiden: Die vorhergehenden oder prä-akkulturativen Variablen betreffen neben den herkunftslandspezifischen Merkmalen auch die Aufenthaltsdauer und das Stadt-Land-Gefälle. Das zweite Set bilden die „Consumer Acculturation Agents", die Kultur repräsentieren und vermitteln (vgl. Penaloza 1994, 49). Entsprechend werden diese nach Herkunfts- und Einwanderungsland differenziert. Dazu zählen neben Familie und Freunden auch die Medien, was eine entscheidende Weiterentwicklung des ursprünglichen Ansatzes darstellt. Das dritte Variablenset schließlich adressiert die prozessuale Dimension des Akkulturationsprozesses, in dem die zu leistenden Übergangs-, Vermittlungs- und Aneignungspraktiken in den Mittelpunkt gerückt werden. Der Auseinandersetzung mit den Spezifika von Verbraucherakkulturation für Immigranten komme eine hohe Relevanz zu, denn diese seien nicht einfach eine „subkulturelle" Gruppe, da so ihre Erfahrungen als „Border Consumer" nicht ausreichend berücksichtigt würden. Konsum stelle ein Wesentliches, wenn nicht das wichtigste Handlungsfeld dar, mittels dessen

Beziehung und Identität zu Herkunftskultur und neuer Kultur aufgebaut, beibehalten und verhandelt werden (vgl. Penaloza 1994, 34). Diese Überlegung ist von Askegaard et al. (2005) aufgegriffen und näher untersucht worden. In einer Studie zu dem Akkulturationsprozess grönländischer Inuit im urbanen Dänemark konnten sie feststellen, dass „[...] in the migrant's unsettling world, consumers use products and consumption practices to negotiate differences between cultures while extracting contingent identities derived from the differences" (Askegaard et al. 2005, 162). Außerdem fügten sie dem Modell ein zentrales Element hinzu: die globale Konsumkultur, die mittels transnational operierender Unternehmen (zum Beispiel McDonalds, Disney, Starbucks), den dazugehörigen Produkten und den sie kommunizierenden Medien erzeugt und verbreitet wird (vgl. Askegaard et al. 2005, 162). So ist für Migranten die Identifikation dessen, was eigentlich originäre Kultur des Gast- oder Aufnahmelandes ist, keine einfache Aufgabe. Askegaard et al. nennen als Beispiel die Antworten grönländischer Immigranten auf die Frage, was für sie typisch dänisches Essen sei: T-Bone-Steaks, Pizza und Spaghetti Bolognese gehörten zu den häufigsten.

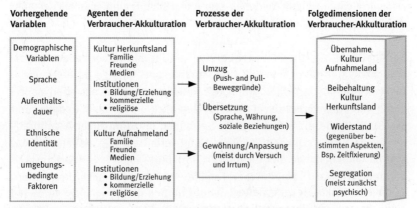

Abbildung 1: Verbraucherakkulturationsmodell mit drei Variablensets (Penaloza 1994, 98).

Antworten (vgl. Askegaard et al. 2005, 166). Obwohl, wie von den Autoren dargelegt, diese dritte akkulturative Komponente in Konkurrenz zu originärer und etablierter Kultur tritt, kann in der zunehmenden Globalisierung auch eine Vermittlungsinstanz gesehen werden, da sie einen kollektiven Bezugsrahmen darstellt. Während die Forscher die Strategien des Verbraucherakkulturationsprozesses parallel zu den bislang bekannten Modellen beschreiben, betonen sie, dass es sich dabei jeweils nur um Momentaufnahmen und Zwischenergebnisse handelt. So könnten bspw. Veränderungen der Lebenssituation auch zu einem Wechsel der Akkulturationsstrategie führen (vgl. Askegaard et al. 2005, 168).

3 Verbraucherakkulturation von Geflüchteten

Angelehnt an das oben skizzierte Modell der Verbraucherakkulturation wurde das Untersuchungsdesign des an der Universität Siegen durchgeführten Projekts „Verbraucherschutz und Konsumsozialisation von Geflüchteten" entwickelt. Angelegt als fokussierte Ethnographie sollen sukzessive alle am Prozess der Verbraucherakkulturation beteiligten Akteure identifiziert und befragt werden. Dies umfasst neben Geflüchteten aus unterschiedlichen Herkunftsländern[5], Vertreter von Hilfs- und Integrationsorganisationen, Experten des Verbraucherschutzes, ehrenamtliche Integrationshelfer, Migrantenselbstorganisationen auch Vertreter der Anbieterseite wie Verkäufer, Finanzdienstleister und Internetcafébetreiber. Der Feldzugang wurde zunächst über die Flüchtlingshilfeorganisationen hergestellt, um einen ersten Überblick über die Situation vor Ort, vorhandene Ressourcen und weitere Akteure zu erhalten. Darauf folgten die ersten Interviews mit Geflüchteten und Ehrenamtlichen sowie Betreibern von Internetcafés und Einkaufsmärkten, die in Interviews als häufige Aufenthaltsorte von Geflüchteten genannt wurden. Die folgenden Überlegungen basieren auf Feldprotokollen, Gesprächsnotizen und Interviewtranskripten. Zu berücksichtigen ist, dass es sich hierbei um erste Eindrücke handelt und die systematische

---

5 Der Fokus liegt auf Untersuchungsteilnehmern aus Afghanistan, Eritrea, Somalia und Syrien.

Auswertung des empirischen Datenmaterials noch aussteht. Um die Ausführungen übersichtlicher zu gestalten, werden sie auf das Verbraucherakkulturationsmodell bezogen. Ziel ist es, dieses im Hinblick auf die spezifischen Erfahrungen und Rahmenbedingungen, die mit Flucht und Asyl verbunden sind, weiterzuentwickeln.

3.1 Vorhergehende Variable I: Konsumsozialisation im Herkunftsland

Bezüglich der Konsumsozialisation im Herkunftsland lässt sich vorläufig feststellen, dass der Stellenwert, den Geflüchtete Konsum allgemein beimessen, im Besonderen jedoch angesichts der wahrgenommenen Bedrohung, die der Flucht vorausging, eher gering einschätzen. Wenn von einem Konsumalltag überhaupt die Rede sein kann, ist dieser Alltag in informelle Netzwerke und in die erweiterte Familie eingebettet. Vergleichbar mit der Studie von Penaloza berichten Geflüchtete aus Syrien und Afghanistan, dass frisch und täglich eingekauft wird, meist in kleinen Läden um die Ecke, wo man sich kennt. Auch sei es üblich, in mehr oder weniger regelmäßigen Abständen dort einen festen Betrag für den Nahrungsmitteleinkauf zu zahlen, was eine größere Flexibilität ermögliche, die auf dem deutschen Marktplatz vermisst wird. Demgegenüber sei der Bezug von Elektrizität im Vergleich zu Deutschland nicht nur extrem günstig, sondern werde zudem monatlich, entsprechend des tatsächlichen Verbrauchs abgerechnet und bar bezahlt. Da informelle Zahlungssysteme bevorzugt werden, überrascht es nicht, dass Untersuchungsteilnehmer aus Syrien, dem Irak und Afghanistan übereinstimmend berichten, Finanzdienstleistungen, wenn überhaupt, dann nur pro forma in Anspruch zu nehmen. Denn es sei ungewiss, wie lange und ob der Zugriff auf ein Bankkonto möglich sei.

Bargeldlose Bezahlsysteme sind nicht verbreitet und Reklamationen erfolgen nicht auf der Basis von rechtlichen Vorschriften, sondern sind eine Frage von Kulanz und Reklamationsfähigkeit.

> „So it's more of an informal way of guaranty while you don't get like if you are especially in clothes, like the sellers would know that yeah this one came to me and

bought this, this guy bought this from me, I have to keep my reputation maybe or my name in the, in the market, so yes it happens." (Interview Kamal: Z 80)

Die Informationssuche bei Neuerwerbungen erfolgt ebenfalls im Rahmen des jeweiligen sozialen Beziehungsnetzwerks. Auch den Verkäufern vor Ort wird ein großer Stellenwert als Lieferant verlässlicher Informationen eingeräumt. Demgegenüber spielen Medien eine untergeordnete Rolle, da sie als wenig vertrauenswürdig eingeschätzt werden. Ein Untersuchungsteilnehmer aus Afghanistan berichtet, dass seine Familie durchaus stapelweise Zeitungen kaufte: Sie seien ausgezeichnet zum Reinigen von Fensterscheiben geeignet. Das grundlegende Misstrauen gegenüber Informationen, die nicht von Bekannten oder Familienmitgliedern stammen, gilt entsprechend auch für Onlineangebote. Insofern ist das Internet zwar als Kommunikationsmedium verbreitet, spielt jedoch aufgrund des eingeschränkten Zugangs zu unabhängiger Information bei Konsumentscheidungen keinerlei Rolle.

Neben der Familie haben religiöse Vorschriften und Verbote einen enormen Einfluss auf Konsum. Dies betrifft nicht nur den Bereich von Lebensmitteln, sondern beispielsweise auch moralische Richtlinien von Finanzgeschäften.

I: „Every month yeah every month to pay it as a rate but yeah it's more of a risky thing because the price would almost double and not a lot of people do it because a lot of religious ideas that it's against eh it's against Islam it's haram." (Interview Kamal: Z 109)

Diese Beobachtung ist konsistent mit den Ergebnissen der Studie von Khenfer und Roux (2012) zum Einfluss von Religion auf den Konsum von Muslimen in Frankreich. Sie zeigt, wie kulturelle Identität durch den Konsum bestimmter Objekte (mit-)hergestellt wird. Für Minderheiten, so die These der Autorin und des Autors, werden religiöse Vorschriften bedeutungsvoller. Der Marktplatz kann in diesem Zusammenhang als eine „Palette von Ressourcen" verstanden werden, der die Objekte/Services anbietet, die es ethnisch/religiösen Minderheiten ermöglicht, ihre individuelle und kollektive Identität aufrechtzuerhalten. Die Konfrontation mit Widersprüchen und Gegensätzen trügen zur Formierung einer hybriden Identität bei. Allerdings sei auch die Konstellation der jeweiligen Situation (öffentlichprivat, Anwesenheit/Abwesenheit Anders-/Gleichgläubiger) zu berücksichtigen (vgl. Khenfer und Roux 2012, 3).

3.2 Vorhergehende Variable II: Flucht

Eine notwendige Modifikation des Verbraucherakkulturationsmodells ergibt sich durch die Flucht selbst, durch die eine konsumrelevante Variable hinzukommt. So ist zu beachten, dass mit der Flucht zunächst einmal der weitgehende Verlust des sozialen Netzwerks, aber auch des materiellen Besitzes einhergeht. Hinzu kommen nicht selten traumatische Erfahrungen vor und während der Flucht, die sich teils erheblich auf die psychische Gesundheit und die Fähigkeit zur Anpassung im Aufnahmeland auswirken können. Andererseits werden Bewältigungsstrategien entwickelt, um mit den Herausforderungen während der Flucht umzugehen, die sich später auch im Aufnahmeland als hilfreich erweisen können. Nicht zuletzt aber ist der Transit über mehrere Länder mit je unterschiedlicher Aufenthaltsdauer auch als Bestandteil der Verbraucherakkulturation zu interpretieren. Ein Untersuchungsteilnehmer betont, dass er ohne seine Erfahrungen in der Türkei und im Libanon vollkommen unvorbereitet auf das deutsche Kreditzahlungssystem gewesen wäre:

> „So this is the payment method, but it's always cash. So I've never seen a credit card or anything and. But the... maybe I understood the... the credit card system or the debit system, because I lived in Lebanon and I lived in Turkey, and in Iraq I don't know, I didn't see in Iraq. But I was in the desert in Iraq so maybe in Bagdad there was some kind of other things. That's why I understood it in Germany. But if I was not like on this trip before coming to Germany I would suffer just like anyone else. I would say I'm not understanding this." (Interview Kamal, Z 121)

3.2.1 Prozessebene

Hinzu kommt, dass sich die Situation nach der Flucht sehr deutlich von der anderer Migranten unterscheidet. Dies betrifft den gesamten Komplex der Bürokratie des Ankommens, der den Alltag der Geflüchteten maßgeblich bestimmt: Unterbringung in Erstaufnahmeeinrichtungen und Gemeinschaftsunterkünften (Verlust der Privatsphäre), das Asylverfahren und Aufenthaltsgestattung (Unsicherheit über Bleibeperspektive), Abhängigkeit von Leistungen, die sich nach dem AsylbLG[6] richten und entsprechend auch in Sachleistungen und Gutscheinen bestehen (Verlust der Verbraucherautonomie), möglicherweise Gewährung einer Aufenthaltserlaubnis, die aber mit einer Wohnsitzauflage verbunden ist (was wiederum eine Einschränkung der Wahlfreiheit auf dem Wohnungsmarkt nach sich zieht). Gleichzeitig haben die Geflüchteten mit dem auch nach außen sichtbaren Verlust von Status zu kämpfen, wenn sie plötzlich zu Empfängern von sozialen Leistungen, gebrauchter Kleidung und Möbeln sowie ausrangierter Lebensmittel werden. Die Befürchtung, im Aufnahmeland auf unabsehbare Zeit zu den Statusschwächsten zu gehören, geht einher mit einer Bilanzierung der durch die Flucht bedingten Verluste und Entbehrungen. In einer solchen Phase, gekennzeichnet durch Unsicherheit, Verlust, sozialer Scham und eingeschränkter räumlicher Mobilität, stellt der Konsum von nach außen sichtbaren Statusobjekten wie Smartphones oder Schuhen häufig eine der wenigen verfügbaren Kompensations- und Bewältigungsstrategien dar. Insbesondere Smartphones kommt eine dreifache Funktion zu: Sie sind nicht nur Statusobjekt, sondern häufig die einzige Möglichkeit der Aufrechterhaltung von Beziehung mit der Familie im Herkunftsland. Und Smartphones dienen bereits während der Flucht der Information und Orientierung. Dabei steht jedoch weniger der Abruf von Dritten gesicherter Daten im Vordergrund, sondern der Zugriff auf soziale Netzwerke. Abbildung 2 (siehe Seite 130) stellt einen ersten Entwurf dar, wie das Verbraucherakkulturationsmodell im Hinblick auf Geflüchtete angepasst werden kann. Dabei wurde auch der Vorschlag von Askegaard et al. (2005) bezüglich einer globalen Konsumkultur als transnationalem Bezugs- und Wertesystem aufgegriffen. Empirisch bleibt jeweils zu prüfen, ob und in welchem Umfang Zugang dazu – beispielsweise über das Kino oder die Verfügbarkeit von Markenwaren – im Herkunftsland bestand, aber auch, wie die Verbreitung globaler Marken von den Untersuchungsteilnehmern bewertet wurde.

---

6 Das Asylbewerberleistungsgesetz greift bis zum Abschluss des Asylverfahrens, jedoch längstens für 15 Monate. Die Höhe der Leistungen, die sich aus dem notwendigen und dem persönlichen Bedarf zusammensetzen, richtet sich nach der Art der Unterbringung. In Aufnahmeeinrichtungen soll notwendiger und persönlicher Bedarf primär durch Sachleistungen gedeckt werden. Wenn dies nicht möglich ist, können Leistungen in Höhe von max. 135 Euro bar ausgezahlt werden (vgl. AsylbLG §3 (1)). Außerhalb der Aufnahmeeinrichtung sollen vorrangig Geldleistungen erfolgen, die max. Höhe beträgt hier 216 Euro (AsylbLG § (2)).

Consumer Acculturation Agents

Was die „Consumer Acculturation Agents" betrifft, können Geflüchtete nur bedingt auf ein soziales Netzwerk von Familie und Freunden zurückgreifen. Entsprechend gewinnen drei Akteursgruppen an Bedeutung: Die Migrantenselbstorganisationen (MSO), religiöse Gemeinschaften sowie die ehrenamtlichen Integrationshelfer.

MSO

Der Akkulturationsprozess wurde bisher überwiegend aus Perspektive einer neuen ethnisch-kulturellen Gruppe und der Aufnahmegesellschaft untersucht. Demgegenüber stellt die derzeitige Situation in Deutschland insofern eine Besonderheit dar, als es bei der ethnisch-kulturellen Diversität der Geflüchteten zunächst einmal fraglich erscheint, welches gemeinsame Interesse eine Gruppendynamik motivieren könnte. Interviews mit Geflüchteten deuten darauf hin, dass diese den Status der Geflüchteten als Stigma erleben. Was die kulturell-ethnische Herkunft angeht, scheint diese eher als (positiver) gemeinsamer Bezugspunkt vorstellbar, allerdings waren die Aussagen in den Interviews hinsichtlich einer (perspektivischen) Beteiligung in einer entsprechenden Organisation eher zurückhaltend. Als Gründe werden die Angst vor anderen Geflüchteten aus demselben Herkunftsland genannt, da diese möglicherweise oppositionellen Gruppen angehörig gewesen sein könnten. Andere wiederum betonen, dass für sie Kontakte zu Deutschen Priorität hätten.

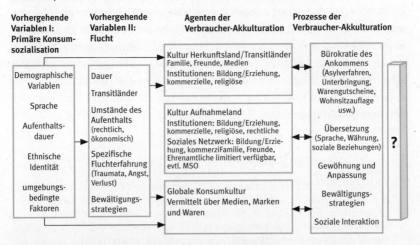

Abbildung 2: Modell Verbraucherakkulturation Geflüchteter.

Aus den Interviews mit Geflüchteten ergibt sich also bislang ein eher heterogenes Bild im Hinblick auf ihre Fähigkeit zur Vernetzung und Selbsthilfe untereinander, was auch der Perspektive der Integrationsagenturen entspricht:

> I: „Wie sieht das denn ganz konkret aus bei den- bei diesen äh stärksten Flüchtlingsgruppen [...] Gibt es- sind da schon Verbände oder Vereine vorhanden, die Ansprechpartner wären?"
>
> R3: „Wüsste ich nicht, also ich weiß es nicht. Ist mir nicht bekannt. Ich weiß nur aus dem Ehrenamt selbst, also ich komm aber aus Region A, dass es da intern solche Vernetzungen schon gibt, die zum Beispiel jetzt ne WhatsApp-Gruppe haben, wo man tausende miteinander vernetzt irgendwo. Das hab ich jetzt gehört. Und äh ich hab von einem Jugendlichen aus B-Stadt auch gehört, da wurde mal sein Vater gesucht in Syrien, und er ist dann in diese WhatsApp-Gruppe gekommen und dann wurde über hunderte von anderen Leuten, bis die den dann gefunden haben, also es gibt so so interne Vernetzungen, aber ne äußere Struktur wüsste ich jetzt nicht." (Interview Integrationsagentur C, Z 147-148)

Insgesamt scheinen sich Strukturen der Selbstorganisation eher assoziativ zu entwickeln, häufig auf Basis digitaler Mediennutzung. Ein Beispiel für ein prominentes Tool, welches muslimische Geflüchtete oder Migranten zur Selbsthilfe befähigt, stellt die „Halal Map"[7] dar. Diese ermöglicht es per Online-Suchfunktion und zugehöriger Landkarte herauszufinden, wo Halal-Produkte gekauft werden können. Kartiersysteme scheinen sich als praktisches Hilfsmittel für Neuankommende zu erweisen. Auch Geflüchtete in Siegen haben eine Karte erstellt, in der sie – auf Deutsch, Englisch und Arabisch – Orte markiert haben, die nach der Ankunft eine erste Orientierung bieten können.[8]

Was bestehende Migrantenorganisationen angeht, dienen diese aufgrund ihrer ethnisch-kulturellen Orientierung nur bedingt als Anlaufstellen für Geflüchtete. Allerdings stellt es sich aus Forschungsperspektive als schwierig dar, überhaupt alle vorhandenen Gruppen zu identifizieren. Wie in Interviews mit Vertretern von Migrantenorganisationen im Integrationsrat deutlich wur-

---

7   http://halalmaps.com/ (Zugriff: 10. Juli 2017).
8   https://umap.openstreetmap.fr/en/map/refugee-interaction-map_99171#15/50.8742/8.0292 (Zugriff: 10. Juli 2017).

de, sind die Organisationsstrukturen häufig informell, ohne dass von außen ersichtlich sei, ob, wann und wo Treffen stattfinden würden oder wer Ansprechpartner für etwaige, gemeinsame Unternehmungen sei.

3.2.2 Religiöse Gemeinschaften

Wie bereits angedeutet, wirkt sich die religiöse Orientierung vergleichsweise stark auf die Konsumpraxis der Geflüchteten aus, wobei zu berücksichtigen ist, dass bislang ausschließlich muslimische Geflüchtete befragt wurden. Die ersten Interviews fanden zur Zeit des Ramadan statt, der für die Untersuchungsteilnehmer unabhängig von Bildungsgrad und Aufenthaltsstatus eine enorme Bedeutung hatte. Gerade während der Feiertage des Islam sind die Moscheen ein wichtiger Treffpunkt. Dies gilt insbesondere für diejenigen, die von ihrer Familie getrennt sind, da die Erfahrung von Gemeinschaft ein zentraler Aspekt des Fastens, vor allem aber des Fastenbrechens ist. Im Interview mit einer muslimischen Gemeinde zeigt sich, dass die Moschee auch sonst für die Geflüchteten ein wichtiger Ansprechpartner für alltägliche Probleme ist. Unterstützung und Hilfe werde jedoch eher ad hoc organisiert, als dass sich feste Strukturen herausbildeten. Zu Fragen des alltäglichen Konsums würden sich die Geflüchteten im Allgemeinen viel untereinander austauschen, jedenfalls werde die muslimische Gemeinde hierzu kaum angesprochen (vgl. Witterhold und Ullrich 2017, 14). Eine Herausforderung der engen Vernetzung der Geflüchteten sei allerdings, dass immer wieder Falschinformationen kursierten. Gerade was das Abschließen von Verträgen betrifft, würden sie häufig auch erst dann den Verein um Hilfe bitten, wenn sich Probleme bereits entwickelt haben, anstatt vorab Rat zu suchen.

3.2.3 Ehrenamtliche Integrationshelferinnen

Die ehrenamtlichen Integrationshelferinnen spielen bei der Verbraucherakkulturation von Geflüchteten eine zentrale Rolle. Da sie Geflüchtete in ihrem Alltag begleiten, sind sie die wichtigsten Ansprechpartner für sämtliche Fragen der Alltagsorganisation. Und weil sie „ihre" Geflüchteten über einen längeren Zeitraum begleiten, entwickeln sie häufig eine vertrauensvolle Beziehung zueinander, die die Artikulation auch schambehafteter Fragen ermöglicht. Probleme im Konsumalltag, insbesondere was den Abschluss von Verträgen angeht, aber auch den vorausschauenden Umgang mit Geld, sind laut der befragten Ehrenamtlichen unter den Geflüchteten weit verbreitet. Die Anfälligkeit der Geflüchteten für Verbraucherfallen wird durch das Zusammenkommen mehrerer Faktoren erklärt: Erstens verfügten Geflüchteten aufgrund ihrer Unerfahrenheit auf dem deutschen Verbrauchermarkt über kein Warnsystem für unseriöse Angebote. Bei bestimmten Situationen – jemand versucht, etwas an der Haustür zu verkaufen – wüssten Verbraucher normalerweise, das Vorsicht geboten sei (Gesprächsprotokoll Ingeborg und Dayyan). Die Fähigkeit, Verkaufssituationen richtig einzuschätzen, fehle den Geflüchteten jedoch. Zusätzlich fehlten ausreichende Kenntnisse der deutschen Sprache, um Angebote zumindest nach inhaltlichen Gesichtspunkten bewerten zu können. Als ein dritter Faktor wird das Bedürfnis der Geflüchteten, sich den westlichen Konsumstandards anzupassen, genannt:

> I: „Jaa, die... die sind ja auch in nem ganz anderen Stadium. Die müssen sich erstmal orientieren im Land und in der Stadt und äh vielleicht auch irgendwann mal Arbeit finden. Äh da hat das [Verbraucherbildung, Anm. K.W.] ja überhaupt keine Priorität. Jap. So also (lacht) ich denk mal ähm wir ham, wir sind mit einem Afghanen befreundet, der ist also von diesem Konsumrausch komplett befallen. Weil, ja er sieht das ja. Er sieht ja. Er ist mit vielen Deutschen befreundet. Er hat sich halt integriert, würd ich mal sagen. Sprachlich fällt ihm das schwer, aber so persönlich. Er, er schaut in die verschiedenen Familien und WGs und er... also es sind Studenten, Familien, es ist alles gemischt... Für ihn ist das schwierig, dass er sich das ja eigentlich von seinem bisschen Unterstützung, die er vom Staat bekommen, ja gar nicht leisten kann."
> (Interview Rosemarie, Z: 40)

Am Ende des Zitats wird auf den geringen finanziellen Spielraum als weiteren Faktor verwiesen. Bei einem monatlichen Satz von maximal 135 Euro wird der Abschluss von Verträgen (Telekommunikation, Fitnessstudio) und beispielsweise die Verwendung einer Kreditkarte schnell problematisch. Es überrascht deshalb nicht, dass ehrenamtliche Integrationshelferinnen vielfach davon berichten können, wie sie Geflüchteten dabei geholfen haben, Verträge zu kündigen, Widerrufe zu formulieren, eine Wohnung zu finden und einzurichten oder einen günstigen Stromanbieter auszuwählen. Dabei sind den Geflüchteten nicht nur die Ortskenntnisse ihrer Integrationshelferinnen von Vorteil, vielmehr führt laut Ehrenamtlichen schon allein ihre Anwesenheit (in Geschäften, Banken, Behörden) dazu, dass den Anliegen der Geflüchteten aufmerksamer und aufrichtiger begegnet würde. Ehrenamtliche berichten davon, dass Geflüchtete eher einen Mietvertrag erhalten, wenn sie zur Wohnungsbesichtigung einen deutschen Integrationshelfer mitbringen. Auch die Anwesenheit einer Deutschen bei der Eröffnung eines Girokontos sei hilfreich, da so vermieden würde, dass den Geflüchteten beispielsweise auch noch ein zusätzlicher Riester-Vertrag untergeschoben werde. Besonders betroffen sind die Ehrenamtlichen aber davon, dass sie diese Erfahrung auch als Kunden der öffentlichen Verwaltung machen. So müsste ein Geflüchteter ohne Unterstützung für das gleiche Anliegen mehrfache Fahrten zu Ausländerbehörde oder Agentur für Arbeit einplanen als ein Geflüchteter, der von seiner Integrationshelferin begleitet würde. In diesem Zusammenhang berichten die ehrenamtlichen Helferinnen von einer permanenten Überforderung, moralischen Dilemmata und fehlenden Assistenzsystemen. Statt ihre Zeit so einzusetzen, wie sie das ursprünglich angedacht hatten – als Unterstützung, um sich im Alltag zurechtzufinden – seien sie fast ausschließlich damit beschäftigt, die unzähligen Briefe der unterschiedlichen Behörden zu beantworten, Hilfe beim Ausfüllen der Formulare zu leisten und immer wieder auf Widerstände und bürokratische Hürden zu stoßen, die dann wiederum Beratungstermine bei Flüchtlingsorganisationen oder Anwälten notwendig machten. Moralische Dilemmata entstehen, weil die ehrenamtlichen Helferinnen an die Grenzen ihrer Leistungsfähigkeit stoßen. Während einerseits immer mehr Menschen Hilfe benötigen, würde auf der anderen Seite die Zahl der Ehrenamtlichen, die zu einem Engagement unter diesen Bedingungen bereit wären, kontinuierlich sinken. Man müsse also eine Auswahl treffen, wie man sich selbst als Ressource einsetze.

4 Diskussion

Was den Verbraucher in der Konsumgesellschaft auszeichnet, ist die Kommerzialisierung nahezu aller Aspekte seines Lebens. Ermöglicht wird dieser in Europa, Kanada, den Vereinigten Staaten und Japan verbreitete Lebensstil historisch durch die Entwicklung verschiedener Systeme wie der industriellen

Produktion, der funktionalen Differenzierung, des Geldes und vor allem bargeldloser Transaktionssysteme sowie der Werbeindustrie (vgl. auch Sassatelli 2007, 2–4). Was nun die Herkunftsländer der „neuen Geflüchteten" (Stein 1981, 330) angeht, sind deren Gesellschaften in weiten Teilen durch die Abwesenheit dieser Systeme gekennzeichnet. Selbst in den Ländern, in denen sich eine Hinwendung zu westlichen Produktions- und Konsumverhältnissen andeutete wie beispielsweise Syrien, spielt der Verbraucher als Akteur keine Rolle.

In Deutschland gestalten sich Marktbeziehungen aus Sicht der Geflüchteten ungewohnt unpersönlich, was gerade dann zu Frustrationen führt, wenn Marktbeziehungen die einzige Option darstellen, Kontakt zu anderen herzustellen. Auch die Art und Weise wie man ein Verkaufsgespräch führt, bringt die Geflüchteten unter Druck. Gerade weil es sich um eine alltägliche, und deshalb als selbstverständlich und einfach wahrgenommene Handlungsweise handelt, bestehe hier ein hohes Risiko sich zu blamieren. „To be wrong risked personal embarrassment." (Penaloza 1994, 42) Die Angst vor Beschämung könnte entsprechend einer der Gründe dafür sein, warum Geflüchtete in Deutschland eher dem Rat gleichsprachiger Verkäufer folgen und warum sie es in Verkaufsgesprächen mit deutschsprachigen Verkäufern vermeiden, Nachfragen zu stellen. Zudem könnten Geflüchtete, die eine nachteilige Konsumentscheidung getroffen haben, dies als Beleg ihres Kompetenzdefizits deuten. Dessen Folgen (und Kosten) wollen sie lieber ertragen, statt zu riskieren, gegenüber Vertretern der etablierten Kultur in den einfachsten Alltagsgeschäften als unfähig zu erscheinen. Andererseits wird damit die bereits von Penaloza angemahnte Notwendigkeit der Berücksichtigung der Rolle professioneller Marktakteure deutlich (vgl. Penaloza 1994, 50). Professionelle Marktakteure haben einen entscheidenden und bislang unterschätzten Einfluss auf die Verbraucherakkulturation von Geflüchteten.

Im Gegensatz zu anderen Migranten ist die Situation von Geflüchteten in mehrfacher Hinsicht von Verlust und Unsicherheit geprägt. Die Ungewissheit über den Verlauf des Asylverfahrens, die Sorge um Familienangehörige, die zurückgelassen werden mussten und die Erfahrung von Statusinkonsistenzen prägen die erste Zeit des Aufenthalts. Entsprechend ist davon auszugehen, dass Bildungsmaßnahmen, die über den Erwerb basaler Sprachkompetenzen hinaus reichen, nur in geringem Ausmaß dazu beitragen können, Geflüchtete nachhaltig auf ihre Rolle als Verbraucher vorzubereiten. Vielmehr scheint es notwendig, ihre Kompetenzen zunächst im Hinblick auf die von Oehler so genannte „Meta-Bildung" weiterzuentwickeln. Meta-Bildung als Fähigkeit, die Richtigkeit beziehungsweise Vertrauenswürdigkeit von Informationen einschätzen zu können sowie entscheiden zu können, welche Informationen für die eigene Problemlösung überhaupt relevant sind (vgl. Oehler 2017, 289), könnte zudem dazu beitragen, die Abhängigkeit der Geflüchteten von Hilfsorganisationen zu reduzieren. Inwieweit die Orientierungskurse hierzu einen Beitrag leisten, muss angesichts der derzeitigen Konzeption[9] eher skeptisch eingeschätzt werden. Abgesehen davon, dass die Kurse sich laut Ehrenamtlichen je nach Anbieter recht stark voneinander unterschieden, ergibt sich beispielsweise für Geduldete die Schwierigkeit, dass sie für die Teilnahme an einem Kurs selbst zahlen müssen. Die eigentliche Problematik für die Geflüchteten liegt jedoch darin, dass für die Einschätzung der Relevanz von Informationen zunächst eine Analyse der eigenen Bedarfssituation vorzunehmen ist. Und diese lässt sich im Handlungsfeld Konsum nur bedingt im Rahmen von Unterrichtsveranstaltungen durchführen.

Ehrenamtlichen Integrationshelferinnen kommt große Bedeutung als Consumer Acculturation Agents zu. Sie leisten Übersetzungsarbeit, was sowohl Fragen der Angemessenheit und der Routinen als auch die Performanz der Verbraucher- beziehungsweise Kundenrolle selbst betrifft. Aber die Leistungsfähigkeit und -bereitschaft ehrenamtlicher Integrationshelferinnen ist begrenzt. Sowohl zusätzliche Angebote wie beispielsweise eine Ausweitung des Beratungsangebots der Verbraucherzentralen wie auch eine Reduktion der Verwaltungsarbeit, die Ehrenamtliche „nebenbei" erledigen, wären zu erwägen.

Während einige der Probleme, denen sich Geflüchteten gegenübersehen, aus ihrer spezifischen Situation als Geflüchtete und der teilweise großen kulturellen Distanz zwischen Herkunftsland und der BRD resultieren, sind andere vor dem Hintergrund fehlender ökonomischer Ressourcen zu reflektieren. Die Berücksichtigung dieser Perspektive ist insofern von Bedeutung, da auf diese Weise auch andere, als besonders verletzlich einzustufende Verbrauchergruppen in den Blick geraten. Anfragen bei den Tafeln im Kreis Siegen-Wittgenstein

---

9 https://www.bamf.de/SharedDocs/Anlagen/DE/Downloads/Infothek/Integrationskurse/Kurstraeger/KonzepteLeitfaeden/rahmencurriculum-integrationskurs.pdf?__blob=publicationFile (Zugriff: 31.Oktober 2017).

haben ergeben, dass der Anteil Geflüchteter bei den Kunden der Tafeln bis zu zwei Dritteln ausmacht. Während Lebensmittel grundsätzlich in ausreichender Menge zur Verteilung zur Verfügung stehen, ergeben sich jedoch aufgrund der spezifischen Bedürfnisse der Geflüchteten (Weißbrot, Bevorzugung bestimmter Gemüsesorten sowie religiöse Speisevorschriften) Anpassungsschwierigkeiten in den Verteilsystemen. Zudem komme es zu Verteilungskonflikten, wenn die unterschiedlichen Kundengruppen aufeinandertreffen. Und in ähnlicher Weise erleben Helferinnen in Verteilstellen von gebrauchter Kleidung die Ausgabe als Konkurrenzsituation. Insofern scheint es notwendig auch sozialpolitische Überlegungen miteinzubeziehen, wenn es um die Definition dessen geht, was einen Verbraucher in Deutschland ausmacht und an welche Bedingungen (soziale, kulturelle, ökonomische) Selbstbestimmung als Verbraucher faktisch geknüpft ist.

Literatur

Askegaard, Søren, Eric J. Arnould und Dannie Kjeldgaard. 2005. Postassimilationist Ethnic Consumer Research: Qualifications and Extensions. *Journal of Consumer Research* 32, Nr. 1: 160–170.
Berry, John W. 1980. Acculturation as a variation of adaptation. In: *Acculturation: Theory, models and some new findings*, hg. von Amado M. Padilla, 9-26. Washington, DC: American Association for the Advancement of Science.
—. 1992. Acculturation and adaptation in a new society. *International Migration* 30: 69-85.
—. 1997. Immigration, acculturation, and adaptation. *Applied Psychology* 46, Nr. 1: 5-34.
Berry, John W., Uichol Kim, Thomas Minde und Doris Mok. 1987. Comparative Studies of Acculturative Stress. *International Migration Review* 21, Nr. 3: 491-511.
Beseiso-Kamel, Dima und Vera Schilf. 2016. Geflüchtete als Verbraucherinnen und Verbraucher Berlin: Studie des MANARAH-Projekts im Auftrag der Senatsverwaltung für Justiz und Verbraucherschutz. http://digital.zlb.de/viewer/content?action=application&sourcepath=16085888/verbraucherlotsebericht.pdf&format=pdf (Abruf: 29. September 2017).

Borde, Theda und Min-Sung Kim. 2016. Geflüchtete stärken. *alice - Hochschulmagazin der Alice Salomon Hoschule Berlin* 16, Nr. 32: 77.
Curvello, Tatiana Lima. 2007. Verbraucherschutz in der Einwanderungsgesellschaft: Studie im Auftrag des Verbraucherzentrale Bundesverbandes e.V. (vzbv).
Jamal, Ahmad, Lisa N. Penaloza und Michel Laroche. 2015. Introduction to ethnic marketing. In: *The Routledge companion to ethnic marketing,* hg. v. Ahmad Jamal, 3-14. Routledge Companions in Business, Management and Accounting. New York: Routledge.
Jarre, Jan und Anja Tünte. 2009. Verbraucherberatung für Migrantinnen und Migranten, exemplarisch dargestellt am Beispiel der Stadt Münster: Studie im Auftrag des Verbraucherzentrale Bundesverbandes e.V., der Verbraucherzentrale NRW e.V. und der Stadt Münster.
Kennedy, Patricia und Jo Murphy-Lawless. 2003. The maternity care needs of refugee and asylum seeking women in Ireland. *Feminist Review* 24, Nr. 73: 39-53.
Kriechbaum-Vitellozzi, Elisabeth und Robert Kreuzbauer. 2006. Poverty consumption: Consumer behaviour of refugees in industrialized countries. *Advances in Consumer Research* 33: 435-444.
Möhring, Maren. 2011. Neue Bücher für den Einkaufszettel: Die Nationalisierung und Ethnisierung des Konsums. *Neue Politische Literatur* 56, Nr. 1: 5-35.
Oehler, Andreas. 2017. Verbraucherinformation und Verbraucherbildung. In: *Verbraucherwissenschaften: Rahmenbedingungen, Forschungsfelder und Institutionen,* hg. von Peter Kenning, Andreas Oehler, Lucia A. Reisch und Christian Grugel, 279-293. Wiesbaden: Springer Gabler.
Oswald, Laura R. 1999. Culture swapping: Consumption and the ethnogenesis of middle-class Haitian immigrants. *Journal of Consumer Research* 25, Nr. 4: 303-318. doi:10.1086/209541.
Phillimore, Jenny. 2011. Refugees, acculturation strategies, stress and integration. *Journal of Social Policy* 40, Nr. 03: 575–593.
Penaloza, Lisa N. 1989. Immigrant consumer acculturation. *Advances in Consumer Research* 16: 110–18.
—. 1994. Atravesando fronteras/border crossings: A critical ethnographic study of the consumer acculturation of Mexican immigrants. *Journal of Consumer Research* 21, Nr. 1: 32-53.

Sassatelli, Roberta. 2007. *Consumer culture: History, theory and politics.* London: SAGE.

Stein, Barry N. 1981. The refugee experience: Defining the parameters of a field of study. *International Migration Review* 15, Nr. 1/2: 320-330.

Witterhold, Katharina. 2017. *Politische Konsumentinnen im Social Web: Praktiken der Vermittlung zwischen Bürger- und Verbraucheridentität.* Kulturen der Gesellschaft 25. Bielefeld: Transcript Verlag.

—. 2015. Politik des Lebensstils als eher weiblicher Partizipationsstil? Beteiligungspraktiken politischer Konsumentinnen und Konsumenten on/offline. *Forschungsjournal Soziale Bewegungen: Analysen zu Demokratie und Zivilgesellschaft* 28, Nr. 2: 46-56.

Witterhold, Katharina und Ullrich, Maria. 2017. Verbraucherschutz und Konsumsozialisation von Geflüchteten. Working Paper 1. Online verfügbar unter http://connectnrw.de/media/content/VUKS_WorkingPaper_092017.pdf, (Abruf: 12. Februar 2018).

Über die Autorin

Dr. Katharina Witterhold ist wissenschaftliche Mitarbeiterin am Lehrstuhl für Politische Systeme und Vergleichende Politikwissenschaft der Universität Siegen und leitet das Forschungsprojekt „Verbraucherschutz und Konsumsozialisation von Geflüchteten".
Webseite: http://blogs.uni-siegen.de/marketintegration/.

Vom Prosumenten zum Conpreneur

Unternehmerisches Handeln von Konsumenten im Haushaltskontext

Michael-Burkhard Piorkowsky

DOI 10.15501/978-3-86336-920-0_7

Abstract

Kommerzielle Aktivitäten von Konsumenten, wie der Verkauf ausgesonderter Haushaltsgüter, zählen herkömmlich nicht zur Verbraucherrolle. Bisher werden die so handelnden Personen als Prosumenten eingeordnet. Kürzlich ist die Bezeichnung Interimsunternehmer vorgeschlagen worden. Hier wird eine differenzierte Analyse vorgenommen und bei ausgeprägter unternehmerischer Orientierung vom Verbraucher-Unternehmer oder Conpreneur gesprochen. Betrachtet werden Verkäufe von Sachen und Strom sowie Vermietungen.

Dieser Beitrag erscheint unter der Creative-Commons-Lizenz:
Namensnennung 3.0 Deutschland | CC BY 3.0 DE
Kurzform | http://creativecommons.org/licenses/by/3.0/de/
Lizenztext| http://creativecommons.org/licenses/by/3.0/de/legalcode

1 Entgrenzung der Verbraucherrolle?

Zunehmend interessieren sich Verbraucherforscher und -politiker für Aktivitäten von Konsumenten, die herkömmlich nicht zur Verbraucherrolle zählen. Im Fokus der Forschung sind unter anderem die Verkäufe von ausgesonderten Haushaltsgütern „von privat an privat" bei Internetauktionen (Blättel-Mink 2010) und die entgeltliche Lieferung von Dachanlagen-Solarstrom an regionale Energieversorger (Sonnberger 2015). Auf der Jahreskonferenz des Netzwerks Verbraucherforschung am 27. Oktober 2016 wurde über „Entgrenzungen des Konsums! – Fokussierung der Verbraucherforschung?" diskutiert; und am 21. März 2017 wurden vom Bundesministerium der Justiz und für Verbraucherschutz (BMJV) Vorhaben zur verbraucherbezogenen Forschung über den „Wandel der Verbraucherrollen – Prosuming, kollaborativer Konsum, Ko-Produktion etc." ausgeschrieben.

Der Sachverständigenrat für Verbraucherfragen (SVRV 2016, 3) beim BMJV wertet insbesondere kommerzielle Aktivitäten als Entgrenzung der Verbraucherrolle und leitet sein Gutachten zum „Verbraucherrecht 2.0" mit der Feststellung ein:

> „Im Zuge der Digitalisierung einer fortwährend steigenden Anzahl an Gütern und Dienstleistungen sind Verbraucherinnen und Verbraucher mit einer nie dagewesenen Umwälzung ihrer Lebens- und Konsumgewohnheiten konfrontiert: Die Grenzen zwischen Anbietern und Nachfragern verschwimmen – immer öfter finden sich Verbraucherinnern und Verbraucher selbst in der Rolle der Anbieter von Gütern oder Dienstleistungen wieder."

Der SVRV plädiert für ein Update des Verbraucherrechts und schlägt unter anderem vor (SVRV 2016, 4):

> „In der Sharing Economy sollte nach dem Vorbild Dänemarks eine Regel eingeführt werden, nach der jeder, der kostenpflichtige Leistungen über eine Plattform anbietet, bis zum Beweis des Gegenteils als Unternehmer im Sinne von § 14 BGB zu behandeln ist."

Tatsächlich ist die Anreicherung der herkömmlich eng gedeuteten Verbraucherrolle – als Käufer und Endverbraucher – bei einer zunehmenden Zahl von Konsumenten durch Angebote von Waren und Diensten in unterschiedlichen Geschäftsfeldern kaum noch zu übersehen. Sie verkaufen nicht nur im Internet Waren „von privat an privat", sondern liefern gegen Entgelt überschüssigen Solarstrom von der Dachanlage an institutionelle Energieversorger, vermieten langfristig ihre nicht selbst genutzte Wohnimmobilie und kurzzeitig einen Schlafplatz an ständig wechselnde Gäste sowie das eigene Kraftfahrzeug an Gelegenheitsfahrer. Insgesamt sind – grob geschätzt – mindestens ein Viertel der Privathaushalte in Deutschland regelmäßig oder gelegentlich Anbieter in diesen Geschäftsfeldern. Solche Aktivitäten werden neuerdings als Prosuming eingeordnet (zum Beispiel Blättel-Mink et al. 2011; Denegri-Knott und Zwick 2012; Bundesministerium für Wirtschaft und Energie 2016).

Die Nutzung spezialisierter Portale im Internet spielt hierbei eine wichtige Rolle. Aber es gibt auch andere Faktoren, die unternehmerisches Handeln im Haushaltskontext fördern; und fraglich ist, ob alle angesprochenen Marktangebote als unternehmerisch motiviert zu werten sind. Um mehr Klarheit zu gewinnen, werden ausgewählte Gruppen von Aktivitäten in Kapitel 2 auf der Basis empirischer Analysen näher betrachtet, in Kapitel 3 begrifflich sowie theoretisch eingeordnet und in Kapitel 4 praktisch-politisch bewertet.

2 Verbraucher als Anbieter von Waren und Dienstleistungen

Für die empirische Betrachtung werden beispielhaft und ohne Anspruch auf Vollständigkeit vier Fallgruppen herangezogen:

1. Verkäufe von Waren „von privat an privat", insbesondere bei Auktionen im Internet,
2. Lieferung von Haushalts-Solarstrom an institutionelle Energieversorger,

3. nicht institutionelle private Vermietung von Immobilien sowie
4. von Wohnraum beziehungsweise Schlafplätzen.

2.1 Verkäufe im Internet „von privat an privat"

In Deutschland haben fast 20 Millionen private Internetnutzer im ersten Quartal 2015 Waren und Dienstleistungen im Internet verkauft, das waren 33 Prozent der knapp 60 Millionen privaten Internetnutzer im Alter ab zehn Jahren (Statistisches Bundesamt 2016, 21).

Empirische Studien zeigen, dass sich vier Verkäufertypen nach der vorherrschenden Motivation unterscheiden lassen: Erwerbsorientierte, Entsorgungsorientierte, Spannungs- und Spaßorientierte sowie stark Motivgemischte[1]. Eine schwache Mischung von Motiven dürfte überwiegend vorliegen, aber häufig genannt wird die Möglichkeit, durch den Verkauf Geld zu verdienen, oft gefolgt von sozial- und umweltorientierten Entsorgungsmotiven. Nach den Ergebnissen der insgesamt wenigen verfügbaren Studien, die hier hauptsächlich herangezogen werden konnten, spielt das Erwerbsmotiv eine maßgebliche Rolle für rund 20 Prozent (Dennig 2005, 34) beziehungsweise 44 Prozent (Blättel-Mink et al. 2011, 80) und 77 Prozent (Paypal Deutschland GmbH 2006, 50). Es zeigt sich allerdings auch hier, dass solche Ergebnisse vom Untersuchungsdesign, also vor allem von der Stichprobengewinnung, Fragenformulierung und Datenanalyse, abhängen.

Als ein Ergebnis der Erhebung der Arbeitsgruppe an der Universität Frankfurt am Main unter der Leitung von Blättel-Mink 2008 bei über 2.500 Ebay-Nutzern wird die faktoren- und clusteranalytisch gebildete Gruppe der besonders aktiven Käufer *und* Verkäufer als größte Gruppe im Sample ermittelt (23 Prozent). Die Akteure in dieser Gruppe gelten als stark ökonomisch motiviert, und werden als „Prosumenten" bezeichnet (Blättel-Mink 2010, 125; Blättel-Mink et al. 2011, 69 f.). Die Befragten haben u. a. angegeben, „[...] sich bereits vor dem Kauf eines Neuproduktes Gedanken über den späteren Weiterverkauf zu machen" (Blättel-Mink 2010, 127). In ihrer Soziodemographie sind sie – so die

---

1 Siehe Dennig 2005; Paypal Deutschland GmbH 2006; Professur für Haushalts- und Konsumökonomik, Universität Bonn 2006; Blättel-Mink 2010.

Analyse – den anderen Nutzertypen ähnlich: 47 Prozent sind Frauen, 59 Prozent sind zwischen 30 und 49 Jahre alt, 51 Prozent sind verheiratet, vier Prozent haben Kinder im Haushalt, 46 Prozent haben Abitur, 24 Prozent haben ein Studium absolviert (Blättel-Mink et al. 2011, 102).

Die weiteren in der Analyse gebildeten Nutzertypen mit geringerer Verkaufsaktivität und Gruppengröße als die „Prosumers" (23 Prozent), werden als „umweltorientierte Gebrauchtwarenkäufer" (22 Prozent), „preisorientierte Gebrauchtwarenkäufer" (20 Prozent), „Gebrauchtkauf-Skeptiker" (20 Prozent) und „Online-Käufer" (15 Prozent) charakterisiert (Blättel-Mink 2010, 126 f.; Blättel-Mink et al. 2011, 99).

Typischerweise sind die hier betrachteten Privatverkäufer im Internet zunächst einmal Käufer von gebrauchten Gütern. Weiterverkauft wird alles, was eine Nachfrage findet und sich problemlos versenden oder abholen lässt. Überwiegend handelt es sich um mehr oder weniger gebrauchte Waren, seltener auch um Dienste beziehungsweise Möglichkeiten, wie Theaterkarten, manchmal um Fehlkäufe und nicht gewünschte Geschenke, und nicht selten auch um gezielt für den Wiederverkauf beschaffte Waren. Hohe Kauf- und Verkaufsaktivität sind positiv korreliert (Paypal Deutschland GmbH 2006, 46).

Zu den ökonomischen Wirkungen stellen Blättel-Mink et al. (2011, 102) fest, dass die befragten „Prosumer" nach eigenen Angaben Produkte pfleglich behandeln, um sie später weiterverkaufen zu können. Als eine generelle Tendenz im Spektrum der Akteure und Aktivitäten wird erkannt, dass oft eine Entwicklung bei einzelnen Nutzern von zunächst nur stöbernden Interessenten über gezielt suchende Käufer hin zu professionalisierten Verkäufern stattfindet (Blattel-Mink et al. 2011, 126). Es erscheint plausibel, dass insbesondere durch die Orientierung an Weiterverkauf ein ökonomisch bewusster Umgang mit den Gütern und kalkulatorisches Denken gefördert werden, soweit es nicht schon vorhanden war (vgl. dazu Denegri-Knott und Zwick 2012, 447, 450).

Auch die Ergebnisse der Bonner Befragung von 172 Privatverkäufern 2005 lassen vermuten, dass fließende Übergänge von gelegentlichem Verkauf in regelmäßige kommerzielle Aktivität normal sind und Übergänge in formale erwerbswirtschaftliche Selbstständigkeit vorkommen. Dies ist auch angesichts der Informations- und Trainingsangebote für werdende „Power-Seller" und entsprechende Berichte in Medien nicht überraschend. Die in der Analyse als „Erwerbsorientierte" abgegrenzten Befragten haben die höchsten Einkommen aus ihren Verkäufen angegeben (Professur für Haushalts- und Konsumökonomik, Universität Bonn 2006).

2.2 Privatverkauf von Haushalts-Solarstrom

Rund eine Million Privathaushalte in Deutschland waren zwischen 2011 und 2013 mit einer Photovoltaik-Anlage ausgestattet (vgl. Bardt und Niehues 2013, 217; Andor, Frondel und Sendler 2015, 5). Die Arbeitsgruppe um Frondel im Rheinisch-Westfälischen Institut für Wirtschaftsforschung (RWI) hat 1,2 Millionen „Solarhaushalte" 2013 ermittelt (persönliche Mitteilung von Stephan Sommer, RWI, am 26.6.2016). In der Einkommens- und Verbrauchsstichprobe 2013 werden – erstmals gesondert – 0,9 Millionen Haushalte mit Einnahmen aus dem Verkauf von Solarstrom nachgewiesen (persönliche Mitteilung von Herbert Bolz, Statistisches Bundesamt, am 27. Mai 2016).

Zur Erklärung der Anschaffung einer Photovoltaik-Anlage für die private Nutzung werden in der Literatur hauptsächlich zwei Motivgruppen nachgewiesen: ökonomisch orientierte Motive, insbesondere längerfristige Einkommenserzielung beziehungsweise Ausgabenverringerung, sowie ökologisch orientierte Motive, insbesondere Schutz der natürlichen Umwelt. Auf der Grundlage einer qualitativen Studie, basierend auf 24 problemzentrierten Interviews mit Käufern und Nicht-Käufern von Photovoltaik-Anlagen, hat Sonnberger (2015, 222-242) festgestellt, dass beide Motivgruppen wohl in reiner Form vorkommen. Aber zum einen werden ganz überwiegend Motivmischungen für den Kauf angegeben und zum anderen häufig unterschiedliche (Sub-)Motive innerhalb einer Motivgruppe genannt. Motivmischungen erklärt Sonnberger (Sonnberger 2015, 222 f.) als Ergebnis eines Entscheidungsprozesses, dem ein „hybrides mentales Modell" (Sonnberger 2015, 112 f.) als Alltagstheorie zugrunde liegt. Es ist zu vermuten, so Sonnberger, dass die hohen Anschaffungskosten und die mehrjährige Amortisationszeit einer Photovoltaik-Anlage fast immer – auch bei Umweltorientierung – ökonomische Überlegungen anregen und durchgehend „mitlaufen" lassen (vgl. dazu auch Balcombe, Rigby und Azapagic 2014, 412).

Nennungen der Interviewpartner zu sozial und ökologisch orientierten Motiven für den Erwerb einer Photovoltaik-Anlage ordnet Sonnberger (2015, 224 und 227 ff.) insbesondere den Bereichen Umweltschutz, Generationengerechtigkeit und Vermeidung des Klimawandels zu. Genannt wurden auch damit verbundene Motive, wie Übernahme von Verantwortung, Ausübung einer Vorbildrolle und Wahrnehmung von Selbstwirksamkeit, die ihrerseits eng mit kommunikativen Funktionen des Konsums verbunden sind. Allerdings scheint demonstrativer Konsum im engeren Sinne kaum eine Rolle zu spielen (Sonnberger 2015, 234 f.), wohl auch deshalb, weil die soziale Bewertung von Photovoltaik-Dachanlagen nicht uneingeschränkt positiv ausfällt.

Die Gewinnung, Nutzung und Netzeinspeisung von Solarstrom wird auch in Deutschland durch finanzielle Anreize gefördert, um eine Energiewende und die nationalen Ziele zur CO_2-Reduktion zu erreichen. Aus technischen und wirtschaftlichen Gründen sind Selbstversorgung (oft Eigenverbrauch genannt) und Netzeinspeisung im Haushaltssektor gekoppelt. Andernfalls müsste überschüssiger Strom, der aus Kapazitätsgründen nicht selbst genutzt wird, gespeichert oder über Widerstände als Wärme an die Umwelt abgegeben werden.

Die Einspeisung in ein öffentliches Netz ist für den abgebenden Haushalt wegen der bei Vertragsabschluss für 20 Jahre garantierten Einspeisungsvergütung finanziell interessant. Grundlage in Deutschland ist dafür nach dem Gesetz für den Ausbau erneuerbarer Energien (EEG) ein Vertrag mit einem regionalen Netzbetreiber. In der Verbraucher- und Wirtschaftsforschung werden solche Privathaushalte auch als „Prosumenten" beziehungsweise „Strom-Prosumenten" bezeichnet (zum Beispiel Blättel-Mink 2015; May und Neuhoff 2016), und in der Wirtschafts- und Energiepolitik werden sie sogar als kleine Unternehmen angesprochen: „Der Haushalt wird damit [Netzeinspeisung, Anmerkung des Autors] zum Stromerzeuger, wie ein kleines Energieversorgungsunternehmen." (Bundesministerium für Wirtschaft und Energie 2016)

Grundsätzlich können Photovoltaik-Anlagen Erträge durch Einspeisung von Strom in das öffentliche Netz und durch Eigenverbrauch des Stroms bringen. Modellrechnungen zeigen, dass die erzielbaren Renditen für die zurückliegenden Jahre weit über dem Marktzins liegen und die Finanzierung mit günstigem Fremdkapital besonders lukrativ war (Andor, Frondel und Sendler 2015). Bardt und Niehues (2013, 217) haben einen Jahresgewinn pro Solarhaushalt

2011 von 1.000 Euro ermittelt. Eine Analyse aus dem Fraunhofer-Institut für Solare Energiesysteme (Wirth 2012, 16 f.) ergab Folgendes:

„Beim aktuellen Stand von Anlagenkosten und Einspeisevergütung sind gute Renditen in ganz Deutschland möglich. Die Rendite ist in sonnenreichen Regionen etwas höher als in Gegenden mit geringerer Einstrahlung. Standortabhängig sind beispielsweise Renditen zwischen 4,5 – 8,7 % zu erwarten [...]."

Viele Solarstromanlagen, die in den vergangenen Jahren installiert worden sind, lassen sich aufgrund der zunehmend reduzierten Vergütung für die Einspeisung nur wirtschaftlich betreiben, wenn ein Teil des selbst produzierten Stroms im Haushalt genutzt und damit vergleichsweise teurer Strom substituiert wird (vgl. dazu Bardt et al. 2014, 87; Weniger, Tjaden und Quaschning 2014; Sonnberger 2015, 12). In einer neueren Musterrechnung für einen Vierpersonenhaushalt in Deutschland wird ein finanzieller Vorteil von etwa 680 Euro jährlich errechnet, der sich aus einem Mix von Selbstversorgung und daraus resultierenden Einsparungen beim Zukauf von Strom sowie dem Verkauf von selbst gewonnenem Strom ergibt (Europäische Kommission 2015, 4). Auch die Verbraucherzentrale Nordrhein-Westfalen (2016) rät: „Mit der Energie der Sonne ins Geschäft kommen", und gibt Hinweise, wie Privathaushalte angesichts fallender Einspeiseentgelte und steigender Strompreise einen größtmöglichen monetären Vorteil erzielen können.

2.3 Private Langzeitvermietungen von Wohnimmobilien

Rund sieben Millionen Personen beziehungsweise Privathaushalte in Deutschland hatten 2011/2012 vermietetes Immobilienvermögen, das zeigen Analysen des Deutschen Instituts für Wirtschaftsforschung Berlin (DIW) und der Deutschen Bundesbank (Bach, Popien und Thiemann 2014, 8-11, 18). Das Statistische Bundesamt (2015, 10) weist für 2011 lediglich gut fünf Millionen Steuerpflichtige nach, 3,3 Millionen mit positiven Einkünften und 1,9 Millionen mit negativen Einkünften aus Vermietung und Verpachtung.

In einer umfangreichen Zielgruppenanalyse des Bundesinstituts für Bau-, Stadt- und Raumforschung (BBSR 2015) wurden Privatvermieter („Nicht institutionelle Vermieter") von Wohnungen ausschließlich in Mehrfamilienhäusern, das heißt solche mit drei und mehr Wohnungen, untersucht und knapp über 4,9 Millionen als Eigentümer von vermieteten Wohnungen ermittelt (BBSR 2015, 15). Demnach vermieten rund zwei Millionen Eigentümer Wohnungen in Ein- und Zweifamilienhäusern, über die hier keine Erkenntnisse berücksichtigt werden konnten. Von den gut 4,9 Millionen Eigentümern haben 3,6 Millionen Personen ausschließlich vermietetes Wohnungseigentum, davon 57 Prozent Eigentum nur an einer Mietwohnung, und 1,3 Millionen haben Gebäudeeigentum. Alleineigentümer sind 60 Prozent; Erbengemeinschaften und BGB-Gesellschaften spielen nur bei ungeteiltem Eigentum eine größere Rolle (19 Prozent; BBSR 2015, 15 f.).

Befragt wurden knapp 3.000 Privateigentümer solcher Mietwohnungen in Mehrfamilienhäusern in knapp 200 Kommunen, überwiegend im ersten Halbjahr 2011 (BBSR 2015, 14). Die in die Erhebung einbezogenen Eigentümer sind durch folgende soziodemografische Merkmale gekennzeichnet: Das Durchschnittsalter beträgt knapp 60 Jahre, über 40 Prozent sind Ruheständler, insgesamt sind überproportional viele der Befragten Selbstständige oder Beamte, verheiratet, seltener kinderlos, und sie haben höhere Nettoeinkommen als der Rest der Bevölkerung (BBSR 2015, 15). Als Motive für die Investition in Immobilienvermögen werden von den Befragten hauptsächlich Erwerbs- und Sicherheitsaspekte genannt, konkret: Vermietungsabsicht, Sicherheit der Vermögensanlage, Alterssicherung, Wertsteigerungserwartung (BBSR 2015, 16 f.).

In den Jahren 2010 bis 2012 lagen die Nettorenditen für vermietete Immobilien bei durchschnittlich 2 bis 4 Prozent, wie die Analysen von Bach, Popien und Thiemann (2014, 24) auf der Grundlage von Daten des Sozio-oekonomischen Panels und der Bundesbank zeigen. Die Autoren weisen aber auf erhebliche Streuungen der Renditen nach Anlageobjekten und auf die Unsicherheiten der Erhebungsergebnisse hin, insbesondere hinsichtlich der Stichproben und der Auskünfte über Brutto- und Nettoerlöse.

Nach Ergebnissen der repräsentativen TNS Infratest Blickpunktstudie „Private Altersvorsorge 2016", bei der knapp 1.400 Deutsche im Alter von 18 bis 65 Jahren im Zeitraum von Ende April bis Ende Mai 2016 befragt wurden, ist vor allem die Sicherheit der Anlage wichtig. Immobilien spielen dabei eine zunehmende Rolle und verzeichnen sogar höhere Zuwachsraten als die nach wie vor zahlenmäßig überwiegenden privaten Lebens- und Rentenversicherungen. Das gilt insbesondere auch für Immobilien, die nicht selbst genutzt werden, sondern vermietet sind oder vermietet werden (persönliche Mitteilung des Leiters der Studie Manfred Kreileder am 9. August 2016).

Insgesamt deuten die Ergebnisse der hier herangezogenen Erhebungen darauf hin, dass in vielen Fällen die zugrunde liegende Investitionsstrategie nicht Einkommensmaximierung, sondern Wohlstandsmaximierung sein dürfte, also eine Mischung aus Vermögens- und Einkommensmaximierung (vgl. dazu Schneider 1970, 18 f., 146-149). Die Anschaffung einer Immobilie ist aber nicht immer durch ökonomische Motive, sondern gelegentlich durch Verantwortung für andere begründet, etwa um Eltern oder Kinder mit unkündbarem und kostengünstigem Wohnraum zu versorgen. Mit Blick auf die bereits erwähnten Erbengemeinschaften kann auch in Einzelfällen eine mehr oder weniger erzwungene Verwertung gegeben sein, zum Beispiel wenn die Erben die Immobilie nicht verkaufen wollen oder können und sie deshalb vermieten.

2.4 Private Kurzzeitvermietungen von Wohn- und Schlafraum

Eine einigermaßen vollständige Übersicht über die Zahl der Anbieter und der Angebote von privater Kurzzeitvermietung von Wohn- und Schlafraum in Deutschland zu erlangen, erscheint – auch angesichts einer zu vermutenden Dunkelziffer von nicht gemeldeten Vermietungen – nahezu unmöglich. Entsprechende amtliche Erhebungen gibt es nicht. Über die Analyse einzelner Vermittlungsplattformen ist die Zahl der Angebote leichter zu ermitteln als die Zahl der Anbieter, von denen einige mehrere Objekte im Markt haben. Klar ist, dass die Zahl der Angebote von Kurzzeitmietungen von Wohnraum und Schlafplätzen, insbesondere in Großstädten, über Internetplattformen, wie Airbnb, Wimdu und 9flats, seit Jahren zunimmt. Marktführer in Deutschland ist Airbnb, und Berlin ist die Hochburg der Kurzzeitvermietung. In Berlin werden mehr Wohnungen und Zimmer über diese Plattform vermietet als in Hamburg, München, Köln und Frankfurt am Main zusammen, wie Skowronnek, Vogel und Parnow (2015) ermittelt haben.

In Berlin wurden Ende 2014 – nach Ergebnissen einer Untersuchung des Instituts für Stadt-, Regional- und Wohnforschung GmbH (GEWOS 2014) im Auftrag von Airbnb – rund 13.800 Wohneinheiten über diese Plattform zum

Kurzzeitwohnen privat angeboten. Davon waren über 65 Prozent komplette Wohnungen, über 30 Prozent gesonderte Zimmer und etwa ein Prozent Schlafstellen, also ein Bett oder eine Couch. Von den Anbietern hatten 90 Prozent nur eine Wohneinheit inseriert, sechs Prozent zwei Wohneinheiten und vier Prozent drei und mehr Wohneinheiten.

Auch die auf Berlin bezogene Analyse von Skowronnek, Vogel und Parnow (2015) kommt auf der Grundlage von Airbnb-Daten, auf die Anfang 2015 zugegriffen wurde, zu ähnlichen Ergebnissen. Ermittelt wurden rund 10.530 Vermieter, die rund 11.700 Wohneinheiten mit rund 34.420 Schlafplätzen bei Airbnb inseriert hatten. Rund 90 Prozent der Anbieter hatten folglich nur ein Objekt auf der Plattform eingestellt und rund 10 Prozent mehrere Wohneinheiten inseriert. Bei den Top-10-Anbietern – auch „Power-User" genannt – waren es zwischen 20 und 44 Wohneinheiten. Von den Top 100 Airbnb-Anbietern waren 30 weiblich und 56 männlich. Drei Anbieterangaben enthielten sowohl männliche als auch weibliche Namen, und elf waren kommerzielle Anbieter. Die für die Analyse verwendeten Daten wurden über die API von Airbnb am 11. Januar 2015 beziehungsweise am 25. Februar 2015 abgefragt (Skowronnek, Vogel und Parnow 2015, siehe dazu http://insideairbnb.com/berlin/).

Hinsichtlich der Motive für die Kurzzeitvermietung kommen hauptsächlich zwei Grundformen und eine Mischform von Vermietertypen in Betracht:

- einkommensorientierte,
- geselligkeitsorientierte und
- motiv-gemischt orientierte Vermieter.

Die Ergebnisse der hier herangezogenen Studien legen die Vermutung nahe, dass die reinen Formen nicht überwiegen. Häufig wird es eine Mischung der Grundmotive sein, wobei eine Verschiebung in Richtung Einkommensorientierung plausibel erscheint. Skowronnek, Vogel und Parnow (2015) stellen dazu fest:

> „Wohnungen bei Airbnb werden immer häufiger – und oft nicht ganz legal – gewerblich vermietet, da Vermieter durch Kurzzeitvermietung oft mehr Geld verdienen als bei einer regulären Vermietung. Mit dem ursprünglichen Gedanken der Plattform, nämlich dem ‚Teilen' von nicht genutztem Wohnraum an Besucher, mit denen man

womöglich noch ein vorübergehendes persönliches Verhältnis aufbaut (Stichwort: ‚Bed and Breakfast') hat das dann oft nicht mehr viel zu tun."

In der Analyse von GEWOS (2014), die sich auch auf Befragungen von Anbietern stützt, wird dazu ausgeführt:

„The analysis of Airbnb's data proves that professional landlords do not account for the vast majority of hosts, but rather private individuals who temporarily rent their apartment or room to paying guests. This also becomes apparent from the average annual income of € 2,520 that a typical host earns. Against the background of increasing rental prices, occasional renting provides many households with the opportunity to make extra income and stay in their apartment. This was also shown in an Airbnb host survey in Berlin. 41 % of the respondents stated that they needed their additional income earned through Airbnb to earn their living."

3 Prosumers und Co...

Für die theoretische Einordnung der betrachteten vier Fallgruppen wird nun geprüft, ob die Akteure in ausgewählte Schablonen des verbraucherwissenschaftlichen Begriffsapparats passen. Bezug genommen wird vorrangig auf Prosumers und Consumer Producers sowie Consumer Citizens. In die Analyse einbezogen werden auch konzeptionelle Darlegungen über „hybride Konsumenten", „mitarbeitende Kunden" und „Interimsunternehmer". Im Ergebnis wird der Conpreneur-Begriff für bestimmte Fälle beziehungsweise Fallgruppen vorgeschlagen.

3.1 Prosumers und Consumer Producers

Den Begriff des Prosumenten hat Toffler (1980) in die Diskussion gebracht. Er versteht Konsum als Aktivität, die praktisch nur durch Haushalts- oder Eigenarbeit vorbereitet und vollzogen werden kann. Die Lieferbereiche der geldvermittelten Vorleistungen von Unternehmen und Staat bezeichnet Toffler als Sektor B und sichtbare Ökonomie, weil deren Produktion in der Volkswirtschaftlichen Gesamtrechnung nachgewiesen wird. Die Privathaushalte und Nonprofit-Organisationen bezeichnet er als Sektor A und unsichtbare Ökonomie. In der Agrargesellschaft – so Toffler – dominiert der Sektor A, in der Industriegesellschaft der Sektor B, und in der Dienstleistungsgesellschaft gewinnt der Sektor A wieder zunehmend an Bedeutung. Diesen erneuten Bedeutungszuwachs beschreibt Toffler (1980, 282-305) als „The Rise oft the Prosumer".

Zur modernen Prosumenten-Ökonomie gehört für Toffler nicht nur die unbezahlte Haushaltsarbeit, sondern auch die privat organisierte Selbsthilfe in speziellen Gruppen, zum Beispiel für Übergewichtige und Einsame, die Do-it-yourself-Bewegung und die Koproduktion bei industriellen Prozessen, beispielsweise die Bestellung eines Maßanzugs, für den die persönlichen Maße in die Apparatur des Herstellers per Homecomputer und Telekommunikation eingegeben werden. Toffler (1980, 292) stellt dazu fest: „In such a world, conventional distinctions between producer and consumer vanish."

Mit Blick auf die Zukunft beschreibt Toffler (Toffler 1980, 292-305) Lebensstilmuster, die auf einer bewusst gewählten ausgewogenen Kombination von Erwerbsarbeit und Prosumtion mit hoher Technikausstattung beruhen und insbesondere Arbeit und Freizeit sowie individuelle Selbstversorgung und kollektive Selbsthilfe zunehmend miteinander verschmelzen lassen. Erwerbstätigkeit wird nur nebenbei und wie selbstverständlich als abhängige Beschäftigung angesprochen; und dass Prosumenten quasi-unternehmerisch Konsumgüter am Markt anbieten könnten, wird nicht einmal angedeutet.

Für die oben dargestellten Fälle beziehungsweise Akteure mit unternehmerischer Motivation für ihre Marktangebote kann also nicht vom Prosumenten im ursprünglichen Sinn – und schon gar nicht vom Konsumenten – gesprochen werden (vgl. dazu zum Beispiel Hansen 1993, 4463; Gabriel und Lang 2006; Hellmann 2010, 39). Und auch eine sozial beziehungsweise ökologisch orientierte einseitige Güterübertragung ist in der ursprünglichen Vorstellung vom modernen Prosumenten nicht angelegt.

Das gilt auch für Erweiterungen und Variationen des Prosumenten-Begriffs im Sinn von „Consumer Producers", etwa für den im Gesundheitswesen mitwirkenden „Doctient" (Volkmann 2010, 208), für den nutzend in Gemeinschaften produzierenden „Produtzer" (Bruns 2010, 199), für den konsumierend sich selbst produzierenden „Conducer" (Ritzer 2010, 62-77) – und es gilt insbesondere für „Co-Worker", die als Konsumenten zu unbezahlten (!) Mitarbeitern werden (Gabriel und Lang 2015, 212; Voß und Rieder 2015, 85-117). In keinem Fall geht es um Erwerbstätigkeit oder um sozial motivierte individuelle Dienstleistungen.

3.2 Consumer Citizens und Conpreneure

Konsumenten, die sich an der Bereitstellung kollektiver beziehungsweise öffentlicher Güter beteiligen, beispielsweise durch sozial und/oder ökologisch verantwortlichen Konsum einschließlich Teilen oder durch Protest und Kaufboykott, werden als „Consumer Citizens" bezeichnet (zum Beispiel Reisch 2005). Diese Wortschöpfung kann, anders als die des Prosumers, als politische Anreicherung der Konsumentenrolle verstanden werden, denn die allermeisten Konsumenten sind faktisch Prosumenten. Damit verbundene Interessen-, Rationalitäts- und Rollenkonflikte zwischen individuellem Nutzenstreben und Verfolgung allgemeiner Anliegen werden in der Literatur gelegentlich als „hybrides Verhalten" eingeordnet, und auch Gabriel und Lang (2015, 200 f.) sprechen vom „Consumer-Citizen-Hybrid". Sind Verbraucher als Verkäufer in einem vergleichbaren Sinn als hybride Konsumenten zu verstehen?

Sonnberger (2015, 222 f.) erklärt die Mischung von ökonomischer und ökologischer Motivation zum Kauf einer Photovoltaik-Anlage als Ergebnis eines „hybriden mentalen Modells" der Alltagswelt (Sonnberger 2015, 112 f.). Hier könnte also auch vom „Consumer-Entrepreneur-Hybrid" gesprochen werden, bei dem ökologische und ökonomische Motive konkurrieren und irgendwie ausgeglichen werden müssen. Folgerichtig wäre bei rein ökologischer Orientierung vom Consumer Citizen zu sprechen, weil mit der Solaranlage ein Beitrag zur Produktion des öffentlichen Gutes „Luftverbesserung" geleistet wird. Und bei rein unternehmerischer Orientierung wäre vom Entrepreneur zu sprechen, weil einzig ein erwerbswirtschaftlicher Erfolg angestrebt wird. Wenn aber situative Vielfalt, Motivmischungen, mehrdimensionale personale Zielsysteme und Rollenkonflikte als alltags- und lebensökonomische Normalität betrachtet werden, kann es nicht überraschen, dass Kompromisslösungen die Regel und strikte konstante monothematische Zielorientierung die Ausnahme sind. „Hybride Konsumenten" erscheinen aus dieser Sicht eher als Ergebnis einer zu engen Definition des Konsumentenbegriffs (vgl. dazu Piorkowsky 2000).

Da aber nicht alle Konsumenten Waren oder Dienstleistungen am Markt anbieten, ist es wissenschaftstheoretisch geboten, für „Verbraucher als Verkäufer" einen eigenen Begriff und Terminus zu nutzen, wie dies auch für „Verbraucher als Bürger" der Fall ist. Purnhagen und Wahlen (2016) haben für die von ihnen betrachteten Fallgruppen – Verkäufe von Waren und Vermietungen von Wohnraum und Schlafplätzen sowie Personenkraftwagen über Internetportale – vorgeschlagen, die anbietenden Konsumenten als „Interimsunternehmer" zu bezeichnen, weil diese jeweils nur sehr kurzzeitig unternehmerisch aktiv seien (Purnhagen und Wahlen 2016, 49-50). Für gelegentliche Verkäufe und Vermietungen mag das zutreffend sein (vgl. dazu Piorkowsky 2016, 59-62). Aber in den hier betrachteten Fällen von häufigen Verkäufen und langfristigen Stromlieferungen und Vermietungen spielen unternehmerische Überlegungen nicht nur kurzzeitig eine Rolle, sondern wirken zeitlich bereits vor der Beschaffung und dem Absatz, zum Beispiel wenn sich die Akteure „[...] bereits vor dem Kauf eines Neuproduktes Gedanken über den späteren Weiterverkauf [...] machen" (Blättel-Mink 2010, 127).

Für Konsumenten, die dauerhaft, regelmäßig beziehungsweise häufig Waren und/oder Dienstleistungen auf spezialisierten Märkten anbieten, wird deshalb hier die Bezeichnung Verbraucher-Unternehmer oder Conpreneur vorgeschlagen – analog zu den Bezeichnungen Verbraucher-Produzent oder Prosument und Verbraucher-Bürger oder Consumer Citizen. Damit kann das Aktivitätsspektrum von Konsumenten begrifflich präziser differenziert und in das Wirtschaftsgeschehen eingeordnet werden. Dies bietet auch die Möglichkeit, manche Übergänge in selbstständige unternehmerische Tätigkeit im Haushaltskontext besser zu verstehen. Nicht selten entwickeln sich Conpreneure auch de jure zu Unternehmern, wie das Beispiel der sich professionalisierenden Power Seller zeigt. Immerhin schimmert bei Gabriel und Lang (2015, 222) in einem einzigen Satz das durch, was in einer möglichen vierten Auflage ihres Buches als ein weiteres, bisher vernachlässigtes zwölftes „Gesicht des Konsumenten" beschrieben werden könnte: The Consumer as Entrepreneur.

4 Politische Konsequenzen?

Es konnte gezeigt werden, dass in etlichen Privathaushalten Güter erworben werden, die den Charakter von Investitionen haben und früher oder später mit oder ohne vorherige Nutzung verkauft oder vermietet werden, also nicht nur der eigenen unmittelbaren Bedarfsdeckung und Bedürfnisbefriedigung dienen. Die Akteure werden insbesondere im Fall von Warenverkäufen und Stromlieferungen in der Verbraucherforschung und -politik als Prosumenten beziehungsweise Strom-Prosumenten bezeichnet. Aber – um den berühmten ersten Satz von John F. Kennedy in seiner „Special Message to the Congress on Protecting the Consumer Interest" am 15. März 1962 realitätsgerecht abzuwandeln – prosumers, by practice, include us all. Jedoch nicht alle Prosumenten bieten Güter am Markt an; und nicht alle, die dies tun, sind erwerbswirtschaftlich motiviert. Empirisch zeigt sich häufig eine ausgeprägte Mischung von Motiven, und nicht selten überwiegen wohl auch spielerische, soziale oder ökologische Motive bei Amateurverkäufern und -vermietern sowie bei Lieferanten von Haushalts-Solarstrom in das öffentliche Netz. Immerhin: Einige Prosumenten entwickeln sich zu Conpreneuren.

Der eingangs zitierte Vorschlag des SVRV (2014, 4), jeden „[...] der kostenpflichtige Leistungen über eine Plattform anbietet, bis zum Beweis des Gegenteils als Unternehmer im Sinne von § 14 BGB zu behandeln [...]", ist schon deshalb problematisch, weil damit alle hier betrachteten Akteure unter „Generalverdacht" gestellt werden. Dem steht aktuell der § 13 BGB entgegen:

> „Verbraucher ist jede natürliche Person, die ein Rechtsgeschäft zu Zwecken abschließt, die überwiegend weder ihrer gewerblichen noch ihrer selbständigen beruflichen Tätigkeit zugerechnet werden können."

Außerdem würden Nutzer und Nicht-Nutzer von Internetplattformen unterschiedlich behandelt. Rechtlich sind die hier betrachteten mehr oder weniger unternehmerischen Aktivitäten zwar nicht vollkommen klar geregelt (vgl. dazu Purnhagen 2015). Aber in den genannten Geschäftsfeldern kann das faktisch unternehmerische Handeln – auch ungewollt – in de jure Unternehmertätigkeit münden. Hier sind die Finanz- und Ordnungsämter aktiv, um den Unternehmerstatus zu klären und Missbrauch, beispielsweise Zweckentfremdung von Wohnraum, einzudämmen (vgl. dazu Piorkowsky 2016, 61 f.).

Schließlich ist zu befürchten, dass mit einem generellen Vorbehalt auch bürokratische und mentale Hürden aufgebaut werden, die ökologisch und sozial wünschbare beziehungsweise erwünschte Handlungen und Wirkungen zwar nicht ersticken, doch zumindest abbremsen (vgl. dazu zum Beispiel Behrend und Henseling 2001; Loske 2016). Alternativ wäre – auch mit Blick auf den Wandel der Erwerbswelt – eine differenzierte Betrachtung und generelle Förderung entsprechender Aktivitäten im Sinn von Prosumer-Empowerment wünschenswert.

Literatur

Andor, Mark A., Manuel Frondel und Sophie Sendler. 2015. *Photovoltaik-Anlagen in Deutschland – Ausgestattet mit der Lizenz zum Gelddrucken?* RWI Materialien, Heft 94, hg. von Rheinisch-Westfälisches Institut für Wirtschaftsforschung, Essen: RWI. http://www.rwi-essen.de/media/content/pages/publikationen/rwi-materialien/rwi-materialien_94.pdf (Zugriff: 25. Mai 2016).

Bach, Stefan, Philip Popien und Andreas Thiemann. 2014. *Renditen von Immobilien-Investitionen privater Anleger: Wertgrundstudie des DIW Berlin.* Politikberatung kompakt, Nr. 89. DIW Berlin, September. http://www.diw.de/documents/publikationen/73/diw_01.c.488172.de/diwkompakt_2014-089.pdf (Zugriff: 1. Juli 2016).

Balcombe, Paul, Dan Rigby und Adisa Azapagic. 2014. Investigating the importance of motivations and barriers related to microgeneration uptake in the UK. *Applied Energy* 130: 403–418.

Bardt, Hubertus und Judith Niehues. 2013. Verteilungswirkungen des EEG. *Zeitschrift für Energiewirtschaft* 37: 211-218.

Bardt, Hubertus, Esther Chrischilles, Christian Growitsch, Simone Hagspiel und Lisa Schaupp. 2014. Eigenerzeugung und Selbstverbrauch von Strom: Stand, Potentiale, Trends. *Zeitschrift für Energiewirtschaft* 38: 83-99.

BBSR (Bundesinstitut für Bau-, Stadt- und Raumforschung) im Bundesamt für Bauwesen und Raumordnung (BBR). 2015. *Privateigentümer von Miet-*

wohnungen in Mehrfamilienhäusern. BBSR-Online-Publikation 02/2015, Bonn, April. http://www.bbsr.bund.de/BBSR/DE/Veroeffentlichungen/BBSROnline/2015/DL_ONo22015.pdf?__blob=publicationFile&v=5 (Zugriff: 1. Juli 2016).

Behrendt, Siegfried und Christine Henseling. 2011. Wiederverkaufskultur im Internet: Chancen für nachhaltigen Konsum. *Ökologisches Wirtschaften* 4: 47-50.

Blättel-Mink, Birgit. 2010. Prosuming im online-gestützten Gebrauchtwarenhandel und Nachhaltigkeit: Das Beispiel eBay. In: *Prosumer Revisited: Zur Aktualität einer Debatte,* hg. von Birgit Blättel-Mink und Kai-Uwe Hellmann, 117-130. Wiesbaden: VS Verlag für Sozialwissenschaften.

—. 2015. Prosuming als Motor von Innovationen im Feld der Nachhaltigkeit. Theoretische Konzepte und empirische Befunde. Vortragsfolien, Loccum, 3.Juni. http://docplayer.org/16285319-Prosuming-als-motor-von-innovationen-im-feld-der-nachhaltigkeit-theoretische-konzepte-und-empirische-befunde.html (Zugriff: 28. Dezember 2016).

Blättel-Mink, Birgit, Saskia-Fee Bender, Dirk Dalichau und Merle Hattenhauer. 2011. Nachhaltigkeit im online gestützten Gebrauchtwarenhandel: empirische Befunde auf subjektiver Ebene. In: *Wiederverkaufskultur im Internet: Chancen für nachhaltigen Konsum am Beispiel eBay,* hg. von Siegfried Behrendt, Birgit Blättel-Mink und Jens Clausen, 69-126. Berlin: Springer.

Bruns, Axel. 2010. Vom Prosumenten zum Produtzer. In: *Prosumer Revisited: Zur Aktualität einer Debatte,* hg. von Birgit Blättel-Mink und Kai-Uwe Hellmann, 191-205. Wiesbaden: VS Verlag für Sozialwissenschaften.

Bundesministerium für Wirtschaft und Energie. 2016. Was ist ein „Prosumer"? Energiewende direkt, 6/2016. https://www.bmwi-energiewende.de/EWD/Redaktion/Newsletter/2016/06/Meldung/direkt-erklaert.html (Zugriff: 17. August 2016).

Denegri-Knott, Janice und Detlev Zwick. 2012. Tracking prosumption work on eBay: Reproduction of desire and the challenge of slow re-McDonaldization. *American Behavioral Scientist* 56, Nr. 4: 439–458.

Dennig, Heike. 2005. Verbraucher als Verkäufer auf der Internetplattform Ebay: Eine empirische Untersuchung. Unveröffentlichte Diplomarbeit an der Universität Bonn, Professur für Haushalts- und Konsumökonomik.

European Commission. 2015. Best practice on renewable self-consumption. Accompanying the document from the Commission to the European Parliament, the Council, the European Economic and Social Committee of the

Regions delivering a new deal for energy consumers. Commission Staff Working Document. COM 2015, 339 final. SWD 2015, 141, final. Brussels: European Commission. http://ec.europa.eu/energy/sites/ener/files/documents/1_EN_autre_document_travail_service_part1_v6.pdf (Zugriff: 26. Juni 2016).

Gabriel, Yiannis und Tim Lang. 2006. *The unmanageable consumer.* 2. Auflage. London: Sage.

—. 2015. The unmanageable consumer. 3. Auflage. London: Sage.

GEWOS (Institut für Stadt-, Regional- und Wohnforschung GmbH). 2014. *Airbnb and the Berlin housing market. The impact of Airbnb properties on the housing supply in Berlin. Summary.* https://www.airbnbaction.com/wp-content/uploads/2014/12/AirbnbandtheBerlinhousingmarket.pdf (Zugriff: 14. August 2016).

Hansen, Ursula. 1993. Verbraucher, Verbraucherverbände und Verbraucherpolitik. In: *Handwörterbuch der Betriebswirtschaft.* Teilband 3. 5., völlig neu gestaltete Auflage, hg. von Waldemar Wittmann, Werner Kern, Richard Köhler, Hans-Ulrich Küpper und Klaus v. Wysocki, 4463-4477. Stuttgart: Schäffer-Poeschel.

Hellmann, Kai-Uwe. 2010. Prosumer Revisited: Zur Aktualität einer Debatte. Eine Einführung. In: *Prosumer Revisited: Zur Aktualität einer Debatte,* hg. von Birgit Blättel-Mink und Kai-Uwe Hellmann, 13-48. Wiesbaden: VS Verlag für Sozialwissenschaften.

Loske, Reinhard. 2016. Neue Formen kooperativen Wirtschaftens als Beitrag zur nachhaltigen Entwicklung: Überlegungen zur Wiedereinbettung der Ökonomie in Gesellschaft und Natur. In: *Prosuming und Sharing – neuer sozialer Konsum: Aspekte kollaborativer Formen von Konsumtion und Produktion,* hg. von Christian Bala und Wolfgang Schuldzinski, 31-62. Beiträge zur Verbraucherforschung 4. Düsseldorf: Verbraucherzentrale NRW.

May, Nils und Karsten Neuhoff. 2016. *„Eigenversorgung mit Solarstrom" – ein Treiber der Energiewende?* DIW Roundup, Politik im Fokus, 5. Januar. https://www.diw.de/de/diw_01.c.523538.de/presse/diw_roundup/eigenversorgung_mit_solarstrom_ein_treiber_der_energiewende.html (Zugriff: 2. Juli 2016).

Paypal Deutschland GmbH. 2006. ECommerce 2006. Berichtsband. Dreilinden, Bonn, Juni: Paypal Deutschland, EuPD Research. http://docplayer.org/8868841-Ecommerce-2006-berichtsband-juni-2006-paypal-eupd-research-06-2006.html (Zugriff: 27. Juni 2013).

Piorkowsky, Michael-Burkhard. 2000. Sozioökonomische Hybridsysteme mit Haushaltskomponente: Misch- und Übergangsformen von Privathaushalten, Unternehmen und Verbänden. *Hauswirtschaft und Wissenschaft* 48: 7-15.

—. 2016. Der Aufstieg des Conpreneurs. In: *Gestern. Heute. Zukunft: Ideen, die bewegen,* hg. von Michael Freytag, 54-63. Frankfurt am Main: Frankfurter Allgemeine Buch.

Professur für Haushalts- und Konsumökonomik, Universität Bonn. 2006. 3, 2, 1 deins! Studie an der Uni Bonn zu Motiven von ebay-Verkäufern. Presseinformation vom 26.6.2006. https://www.uni-bonn.de/die-universitaet/informationsquellen/presseinformationen/2006/263 (Zugriff: 21. Mai 2016).

Purnhagen, Kai. 2015. Die Zurechnung von Unternehmer- und Verbraucherhandeln in den §§ 13 und 14 BGB im Spiegel der Rechtsprechung – Eckpfeiler eines Konzepts? *Verbraucher und Recht* 30, Nr. 1: 3-9.

Purnhagen, Kai und Stefan Wahlen. 2016. Der Verbraucherbegriff im 21. Jahrhundert. Verbraucherbürger und Verbraucherproduzent: Studien und Gutachten im Auftrag des Sachverständigenrats für Verbraucherfragen. Dezember. Berlin: Sachverständigenrat für Verbraucherfragen beim Bundesministerium der Justiz und für Verbraucherschutz. http://www.svr-verbraucherfragen.de/wp-content/uploads/Gutachten-PurnhagenWahlen.pdf (Zugriff: 19. Dezember 2016).

Reisch, Lucia A. 2005. Neue Verbraucherpolitik: Ziele, Strategien und Instrumente. *Wirtschaftswissenschaftliches Studium* 34: 441-445.

Ritzer, George. 2010. Focusing on the prosumer: On correcting an error in the history of social theory. In: *Prosumer Revisited: Zur Aktualität einer Debatte,* hg. von Birgit Blättel-Mink und Kai-Uwe Hellmann, 61-79. Wiesbaden: VS Verlag für Sozialwissenschaften.

Schneider, Dieter. 1970. *Investition und Finanzierung: Lehrbuch der Investitions-, Finanzierungs- und Ungewißheitstheorie.* Köln: Westdeutscher Verlag.

Skowronnek, Alsino, Lucas Vogel und Jonas Parnow. 2015. Airbnb vs Berlin. Was sagen die Daten? http://www.airbnbvsberlin.de/ (Zugriff: 14. August 2016).

Sonnberger, Marco. 2015. *Der Erwerb von Photovoltaikanlagen in Privathaushalten: Eine empirische Untersuchung der Handlungsmotive, Treiber und Hemmnisse.* Wiesbaden: VS Verlag für Sozialwissenschaften.

Statistisches Bundesamt. 2015. *Finanzen und Steuern. Jährliche Einkommensteuerstatistik 2011. Sonderthema Werbungskosten.* Fachserie 14. Reihe 7.1.1. Wiesbaden: Statistisches Bundesamt. https://www.destatis.de/DE/Publikationen/Thematisch/FinanzenSteuern/Steuern/LohnEinkommensteuer/Einkommensteuerstatistik2140711117004.pdf;jsessionid=DA1DCA31D67EC4B538996CAEAD7F6F26.cae1?__blob=publicationFile (Zugriff: 1. Juli 2016).

—. 2016. *Wirtschaftsrechnungen. Fachserie 15, Reihe 4. Private Haushalte in der Informationsgesellschaft. Nutzung von Informations- und Kommunikationstechnologien.* Wiesbaden: Statistisches Bundesamt. https://www.destatis.de/DE/Publikationen/Thematisch/EinkommenKonsumLebensbedingungen/PrivateHaushalte/PrivateHaushalteIKT2150400157004.pdf?__blob=publicationFile (Zugriff: 7. Juli 2017).

SVRV (Sachverständigenrat für Verbraucherfragen) beim Bundesministerium der Justiz und für Verbraucherfragen. 2016. Verbraucherrecht 2.0. Verbraucher in der digitalen Welt. Gutachten des Sachverständigenrats für Verbraucherfragen. Berlin, Dezember 20. http://www.svr-verbraucherfragen.de/wp-content/uploads/Gutachten_SVRV-.pdf (Zugriff: 15. August 2017).

TNS Infratest. 2016. Immer mehr Deutsche sorgen sich um ihr Einkommen im Alter. Presseinformation vom 9.8.2016. http://www.tns-infratest.com/presse/presseinformation.asp?prID=3523 (Zugriff: 8. September 2016).

Toffler, Alvin. 1980. *The third wave.* New York: William Morrow & Co.

Verbraucherzentrale Nordrhein-Westfalen. 2016. Solarstrom: Mit der Energie der Sonne ins Geschäft kommen. Stand 18. April. http://www.verbraucherzentrale.nrw/eigenverbrauch (Zugriff: 14. Juli 2016).

Volkmann, Ute. 2010. Sekundäre Leistungsrolle: Eine differenzierungstheoretische Einordnung des Prosumenten am Beispiel des „Leser-Reporters". In: *Prosumer Revisited: Zur Aktualität einer Debatte,* hg. von Birgit Blättel-Mink und Kai-Uwe Hellmann, 206-220. Wiesbaden: VS Verlag für Sozialwissenschaften.

Voß, G. Günter und Kerstin Rieder. 2015: *Der arbeitende Kunde: Wenn Konsumenten zu unbezahlten Mitarbeitern werden.* Frankfurt am Main: Campus.

Weniger, Johannes, Tjarko Tjaden und Volker Quaschning. 2014. PV-Eigenverbrauch. Ökonomie von Photovoltaiksystemen im Eigenverbrauchszeitalter. *Sonnenenergie,* Nr. 2: 26-27. http://pvspeicher.htw-berlin.de/wp-content/uploads/2014/04/SONNENENERGIE-2014-%C3%96konomie-von-Photovoltaiksystemen-im-Eigenverbrauchszeitalter.pdf (Zugriff: 26. Juni 2016).

Wirth, Harry. 2012. *Aktuelle Fakten zur Photovoltaik in Deutschland.* Fraunhofer-Institut für Solare Energiesysteme ISE. Fassung vom 2. Februar. Freiburg: Fraunhofer ISE. http://www.kachelofen-dotzauer.de/home/aktuelle-fakten-zur-photovoltaik-in-deutschland.pdf (Zugriff: 26. Juni 2016).

Über den Autor

Prof. Dr. Michael-Burkhard Piorkowsky war Professor für Haushalts- und Konsumökonomik an der Rheinischen Friedrich-Wilhelms-Universität Bonn. Webseite: https://www.huk.uni-bonn.de/.

Verbraucherorientierter Datenschutz

Identifizierung von Verbraucherarchetypen zur effektiven Kommunikation von Datenschutzpraktiken

Ali Sunyaev, Tobias Dehling und Manuel Schmidt-Kraepelin

DOI 10.15501/978-3-86336-920-0_8

Abstract

Datenschutzkommunikation wird nur dann funktionieren, wenn die Informationsbedürfnisse der Verbraucher, die weder statisch noch einheitlich sind, adressiert werden. Ein vielversprechender, praktisch realisierbarer Ansatz ist es, die Kommunikation an Verbraucherarchetypen anzupassen. Diese Studie identifiziert die verschiedenen Archetypen basierend auf einer Webumfrage. Die identifizierten Archetypen liefern eine solide Grundlage für die Verwirklichung funktionierender Datenschutzkommunikation.

Dieser Beitrag erscheint unter der Creative-Commons-Lizenz:
Namensnennung 3.0 Deutschland | CC BY 3.0 DE
Kurzform | http://creativecommons.org/licenses/by/3.0/de/
Lizenztext | http://creativecommons.org/licenses/by/3.0/de/legalcode

1 Einleitung

Im Zeitalter der digitalen Informationen hinterlassen Verbraucherinnen und Verbraucher bei jeder Onlineaktivität Informationsspuren, die Dritten Aufschluss über Interessen, Charaktereigenschaften, Überzeugungen und Absichten geben können (Acquisti, Brandimarte und Loewenstein 2015). So verwundert es nicht, dass drei Viertel der europäischen Verbraucherinnen und Verbraucher der Meinung sind, dass es keine Alternative zur Offenlegung persönlicher Daten gibt, um bestimmte Produkte oder Services nutzen zu können (European Commission 2011). Der Datenschutz ist zu einer Kernherausforderung und einem zentralen Thema der heutigen Zeit geworden (Dehling und Sunyaev 2014).

Bestehende Forschung geht grundsätzlich davon aus, dass Datenschutz aus Verbrauchersicht sowohl durch externe Mechanismen (zum Beispiel Gesetzgebung, industrielle Selbstkontrolle), als auch durch interne Mechanismen (etwa Auswahl, Einwilligungserklärungen, Korrekturen) gesteuert wird (Tavani 2007). Da industrielle Selbstkontrolle versagt (Tavani und Moor 2001) und die Gesetzgebung nur in eingeschränktem Maß Einfluss üben kann (Weber 2010), fällt die Wahrung der Informationsprivatheit zumeist auf die Verbraucherinnen und Verbraucher zurück, und interne Mechanismen gewinnen zunehmend an Bedeutung. Bei der Nutzung von IT-Angeboten stehen Verbraucherinnen und Verbraucher häufig vor der Wahl, einen Teil ihrer Informationsprivatheit aufzugeben, um dadurch entsprechende Gegenleistungen zu erhalten, beispielsweise Datenauswertungen oder Zugang zu Webdiensten (Dinev und Hart 2006). Um fundierte Entscheidungen zu treffen, ob potentiell interessante IT-Angebote mit den eigenen Datenschutzpräferenzen vereinbar sind, müssen Verbraucherinnen und Verbraucher zunächst umfänglich über die Datenschutzpraktiken der jeweiligen Anbieter informiert werden (Tavani 2007). Die Nutzung bestehender Informationsangebote (zum Beispiel Datenschutzerklärungen) erfordert allerdings aufgrund ihrer Komplexität und Länge einen hohen zeitlichen Aufwand und Fachkenntnisse (Park 2013; McDonald und Cranor 2008). Daher werden sie faktisch von Verbraucherinnen und Verbrauchern nicht gelesen (Sunyaev et al. 2015). Verschiedene Anbieter versuchen den Datenschutz von Verbraucherinnen und Verbrauchern durch Privacy Enhancing Technologies (PETs) zu verbessern (Brüggemann et al. 2016). Darunter werden sowohl simple Indikatoren für Datenschutzmaßnahmen, wie zum Beispiel die Anzeige eines Schlosses in der Browsernavigationsleiste bei verschlüsselten Verbindungen als auch komplexere Angebote, wie Anonymisierungssoftware, Cookie-Managementsoftware oder Datenschutzerklärungen verstanden (Sunyaev et al. 2015; Xu et al. 2012). Der Mehrwert dieser Angebote für Verbraucherinnen und Verbraucher wird allerdings häufig durch einen mangelnden Fokus auf Verbraucherbedürfnisse erheblich gemindert. Endnutzern von IT-Angeboten ist daher derzeit kaum bewusst, welche persönlichen Daten in welchem Kontext von ihnen gesammelt und ausgewertet werden.

Um PETs zu schaffen, die einen echten Mehrwert für die Verbraucherschaft generieren und Informationsasymmetrien zwischen Anbietern von IT-Angeboten und Verbraucherschaft reduzieren, müssen PETs zukünftig die Informationen abbilden, die für die jeweilige Verbraucherin oder den jeweiligen Verbraucher relevant sind. So wird auf der einen Seite eine Informationsüberflutung verhindert, gleichzeitig aber werden alle relevanten Informationen berücksichtigt. Um derartige, effektive Kommunikation von Datenschutzpraktiken zu realisieren, wäre es eine intuitive Lösung, die Kommunikation von Datenschutzpraktiken individuell auf jede einzelne Verbraucherin und jeden einzelnen Verbraucher anzupassen. In der Praxis ist dieser Ansatz allerdings kaum umsetzbar, da es einen unzumutbaren Aufwand verursachen würde und Informationen über die Informationsbedürfnisse für jede Verbraucherin und jeden Verbraucher in diesem Detailgrad nicht verfügbar sind. Ein vielversprechenderer Ansatz, der darauf abzielt die Beschränkungen eines universellen Ansatzes zu umgehen – und auch praktisch eher umsetzbar ist als die individuelle Berücksichtigung aller Verbraucherinnen und Verbraucher –, ist die maßgeschneiderte Kommunikation für verschiedene Archetypen von Verbraucherinnen und Verbrauchern. Diese Vorgehensweise benötigt allerdings zunächst eine Einteilung der Verbraucherschaft in Archetypen mit ähnlichen Informationsbedürfnissen im Hinblick auf Datenschutzpraktiken. Diese Arbeit zielt darauf ab, Archetypen von Verbraucherinnen und Verbrauchern in Bezug auf deren Datenschutzinformationsbedürfnisse zu identifizieren und so eine Grundlage für die Entwicklung effektiverer PETs zu schaffen.

2 Bestehende Forschung zu Verbraucherarchetypen

Bisherige Forschung bietet eine Reihe verschiedener Einteilungen von Verbraucherinnen und Verbrauchern in Archetypen im Datenschutzkontext. Dabei wurde eine Reihe von verschiedenen Perspektiven eingenommen. Die bekannteste Einteilung stammt von Alan Westin und ordnet Verbraucherinnen und Verbraucher in Fundamentalisten, Pragmatiker und Unbedarfte ein (Kumaraguru und Cranor 2005). Hauptziel dieser Einteilung war es, die Datenschutzeinstellungen der einzelnen Verbrauchergruppen über längere Zeiträume zu analysieren und Veränderungen zu erklären (Kumaraguru und Cranor 2005). Andere Einteilungen von Verbraucherinnen und Verbrauchern wurden entwickelt und genutzt,

- um die Eigenschaften von Datenschutzbedenken zu analysieren (Ackerman, Cranor und Reagle 1999; Cranor, Reagle und Ackerman 1999),
- um Einstellungen bezüglich der Sekundärnutzung von persönlichen Daten zu untersuchen (Culnan 1993),
- um Zusammenhänge zwischen Personalisierungspräferenzen und Datenschutzeinstellungen zu identifizieren (Zhu et al. 2017),
- um angegebene Datenschutzbedenken mit Verhaltensabsichten (Woodruff et al. 2014) und tatsächlichem Onlineverhalten (Berendt, Günther und Spiekermann 2005; Spiekermann, Grossklags und Berendt 2001) zu vergleichen.

Obwohl diese Forschungsarbeiten interessante Einteilungen der Verbraucherschaft in Archetypen vorschlagen, sind sie für die Entwicklung von PETs aus zwei Gründen ungeeignet. Erstens bleiben alle Einteilungen auf einem sehr abstrakten und wenig detaillierten Level und vermeiden es dabei, inhaltliche Schwerpunkte verschiedener Datenschutzaspekte innerhalb ihrer Typisierungen zu setzen. Zweitens werden für die Archetypen vorrangig Datenschutzbedenken und Einstellungen zum Datenschutz als zentrale Konstrukte genutzt. Weitestgehend unbeachtet bleibt, über welche verschiedenen datenschutzrelevanten Aspekte Verbraucherinnen und Verbraucher bei der Nutzung von IT-Angeboten informiert werden möchten. Die vorliegende Studie adressiert diese Forschungslücke und stellt die Datenschutzinformationsbedürfnisse von Verbraucherinnen und Verbrauchern in den Mittelpunkt, um Verbraucherarchetypen zu identifizieren.

3 Methodik

3.1 Szenariobasierte Onlineumfrage

Um die Datenschutzinformationsbedürfnisse von Verbraucherinnen und Verbrauchern generell und mit möglichst wenig kontextbedingten Verzerrungen erheben zu können, wurde eine szenariobasierte Onlineumfrage mit vier verschiedenen Szenarien auf unterschiedlichen Sensitivitätsleveln durchgeführt. Als Szenarien wurden gängige Smartphone Applikationen genutzt, da Verbraucherinnen und Verbraucher mit diesen vertraut sind. Somit wurde den Umfrageteilnehmenden die Durchführung erleichtert.

3.2 Szenarioentwicklung

Zur Identifizierung von Szenarien mit verschiedenen Sensitivitätsleveln wurden zunächst 18 Szenarien entwickelt und in einer Vorstudie auf ihre Informationssensitivität und wahrgenommene Privatheit (Dinev et al. 2013) untersucht. Während der Vorstudie wurden jeder Teilnehmerin und jedem Teilnehmer vier Szenarien angezeigt und Fragen zur Informationssensitivität und wahrgenommenen Privatheit auf einer 7-Punkt Likert-Skala gestellt. In einem Pretest mit 18 wissenschaftlichen und studentischen Mitarbeitern aus dem Fachbereich der Wirtschaftsinformatik wurde die Umfrage getestet, um eine hohe Qualität der genutzten Items und Szenariobeschreibungen zu gewährleisten. Auf Grundlage des Pretests wurden sieben Szenarien aus der Auswahl entfernt, da sie zu ähnliche Ergebnisse im Vergleich zu anderen Szenarien zeigten. Die

Vorstudie wurde im April 2016 mit insgesamt 172 Teilnehmerinnen und Teilnehmern durchgeführt. Die Antworten von 27 Personen wurden entfernt, da sie entweder die Umfrage nicht zu Ende ausfüllten, die Umfrage zu schnell und nicht sorgfältig genug durchführten oder eine Kontrollfrage nicht richtig beantworteten. Von den übrigen 145 Teilnehmerinnen und Teilnehmern gaben 88 ihr Geschlecht als weiblich, 56 ihr Geschlecht als männlich und 1 als trans* an. Die Altersgruppen erstreckten sich von unter 18 Jahre bis 65-70 Jahre alt. Cronbachs Alpha für Informationssensitivität und wahrgenommene Privatheit betrugen 0.8685 und 0.9184. Die beiden Konstrukte offenbarten eine starke negative Korrelation (Pearson $r = 0{,}9816$, $p < 0{,}001$). Basierend aus den Antworten der Umfrage wurden vier Szenarien für die Hauptstudie ausgewählt. Dabei wurden ein Szenario mit hoher Sensitivität, zwei Szenarien mit mittlerer Sensitivität und ein Szenario mit niedriger Sensitivität gewählt. Tabelle 1 zeigt die gemessene Informationssensitivität und wahrgenommene Privatheit für die vier ausgewählten Szenarien.

Szenario	Beschreibung	N	Informationssensitivität M (SD)	Wahrgenommene Privatheit M (SD)
Taschenrechner	Eine App, die den Nutzer dabei unterstützt simple arithmetische Probleme zu lösen.	54	2,40 (1,78)	5,89 (1,40)
Musikstreaming	Eine App, die den Zugriff auf eine große Anzahl verschiedener Musikstücke und dessen Streaming auf das mobile Endgerät ermöglicht.	50	4,05 (1,72)	3,95 (1,60)
Navigation	Eine App, die den Nutzer bei der Navigation während des Autofahrens unterstützt.	44	5,19 (1,79)	3,47 (1,63)
Finanzen	Eine App, die es ermöglicht Zugriff zu einem Bankkonto zu erhalten und Finanztransaktionen abzuschließen.	44	6,09 (1,63)	2,86 (1,96)

Tabelle 1: Ergebnisse der Vorstudie zur Messung von Informationssensitivität und wahrgenommener Privatheit für die vier ausgewählten Szenarien.

3.3 Umfrage zur Messung von Datenschutzinformationsbedürfnissen

In der Umfrage zur Messung der Datenschutzinformationsbedürfnisse wurde den Teilnehmerinnen und Teilnehmern nach einer kurzen Einführung, welche den Zweck und Aufbau der Umfrage erläuterte, jeweils eins der vier Szenarien zufällig zugewiesen. Bezugnehmend auf das jeweilige Szenario wurde den Teilnehmerinnen und Teilnehmern der Umfrage dann folgende Anweisung zur Messung der Informationsbedürfnisse gestellt:

> „Bitte geben Sie für die folgenden Aspekte an, wie wichtig es für Sie ist, über diese informiert zu werden, wenn Sie die beschriebene Smartphone-App nutzen möchten."

Die Aspekte, die unter der Anweisung jeweils gelistet waren, beinhalteten dabei verschiedene Datenschutzpraktiken, welche in vorangegangener Forschung durch ein Literaturreview und die Betrachtung von Datenschutzerklärungen identifiziert worden waren (Dehling et al. 2015; Sunyaev et al. 2015). Die erhobenen Datenschutzpraktiken waren anhand vier verschiedener Kategorien organisiert: Informationssammlung, Handhabung von Informationen, Zweck der Datenschutzpraktiken und bereitgestellte Kontrollmechanismen (Ackerman, Cranor und Reagle 1999; Antón, Earp und Young 2010). Dabei fokussierten sich die Datenschutzpraktiken wie folgt:

- fünf auf Sensoren zur Sammlung von Informationen,
- fünf auf die Art der gesammelten Informationen,
- fünf auf die Handhabung der Informationen,
- neun auf Kontrollmechanismen,
- sieben auf den Zweck der Datenschutzpraktiken.

Die Teilnehmerinnen und Teilnehmer der Umfrage gaben ihre Antworten für jede einzelne Datenschutzpraktik auf einer 101 Punkte Skala (0 = unwichtig, 100 = sehr wichtig).

Die Umfrage wurde im Juni und Juli 2016 mit deutschen Verbraucherinnen und Verbrauchern durchgeführt. Sie wurden über soziale Medien als Teilnehmende rekrutiert. Insgesamt nahmen 160 Personen teil. 26 Teilnehmerinnen und

Teilnehmer beantworteten eine Kontrollfrage nicht korrekt und wurden daher für die Analyse ausgeschlossen. So blieben insgesamt die Antworten von 134 Personen (weiblich = 73, männlich = 60, unbekannt = 1) für die Datenanalyse übrig. Das Alter der Teilnehmerinnen und Teilnehmer betrug zwischen 18 und 70 Jahren. Die meisten von ihnen gaben an, einen Universitätsabschluss als höchsten Bildungsabschluss zu besitzen: Universitätsabschluss (79; 59 Prozent), Studenten (28; 20,9 Prozent); Berufsausbildung (14; 10,4 Prozent); Anderes (13; 9,7 Prozent). Zwei Personen gaben an, nicht regelmäßig ein Smartphone zu nutzen.

3.4 Datenanalyse

Zur Identifizierung von Verbrauchergruppen wurde ein agglomerativer, hierarchischer Clusteralgorithmus verwendet (Ward 1963). Dabei wurden Teilnehmerinnen und Teilnehmer mit den kleinsten Unterschieden in der Varianz ihrer Antworten iterativ gruppiert und eine hierarchische Struktur gebildet. Im Anschluss daran wurde die hierarchische Einteilung inspiziert und Mittelwerte sowie Standardabweichungen der Informationsbedürfnisse für alle Cluster berechnet. Außerdem wurden die entstandenen Cluster von einem Forscher auf besonders charakteristische Informationsbedürfnisse untersucht und anhand dessen ein initialer Name und eine Kurzbeschreibung der Charakteristiken der Cluster verfasst. Zur Sicherstellung, dass die Namensgebung und Beschreibungen intuitiv verständlich und passend zur vorhandenen Datengrundlage sind, wurden diese von drei weiteren Forschern begutachtet und in einer gemeinsamen Diskussion iterativ verfeinert, bis alle Mitglieder des Forschungsteams mit den Namen und Beschreibungen einverstanden waren (Dehling et al. 2016).

4 Identifizierte Verbraucherarchetypen

Über alle Archetypen hinweg sind Verbraucherinnen und Verbraucher am meisten interessiert

- an der Sammlung von Informationen über Nutzer (M = 83,6; SD = 23,5),
- an der Weitergabe von Informationen (M = 83,6; SD = 26,1),
- an Möglichkeiten für das Management von Einwilligungserklärungen (M = 80,5; SD = 24,2),
- an Benachrichtigungen über Datenschutzverstöße (M = 80,3; SD = 24,7)
- und am Zugriff auf gesammelte Informationen (M = 79,3; SD = 22,8).

Verbraucherinnen und Verbraucher waren am wenigsten interessiert an der Änderungshistorie von Datenschutzerklärungen (M = 58,2; SD = 30,4), ob Datenschutzpraktiken aus technischen Gründen (M = 56,0; SD = 31,04) oder zum Allgemeinwohl (M = 51,5; SD = 32,5) ausgeführt werden und an genutzten Datenformaten zur Informationssammlung (M = 49,9; SD = 32,5). Welches Szenario den Teilnehmerinnen und Teilnehmern präsentiert wurde, hatte keinen signifikanten Einfluss auf deren Zuteilung zu einem Archetyp (Spearman ρ = 0,101; p = 0,245). Das Alter (zweiseitiger Fisher-Test p = 0,139), Geschlecht (zweiseitiger Fisher-Test p = 0,742) und Bildungsniveau (Spearman ρ = -0,141; p = 0,106) zeigen ebenfalls keinen Einfluss auf die Zuteilung zu Archetypen. Die Absicht, Smartphones zukünftig zu nutzen (Spearman ρ = -0,251; p = 0,003) und die angegebene Häufigkeit der Smartphonebenutzung (Spearman ρ = -0,233; p = 0,007) weisen eine schwache negative Korrelation mit den mittleren Informationsbedürfnissen der Archetypen auf. Hingegen zeigen vorangegangene negative Datenschutzerfahrungen (Spearman ρ = 0,267; p = 0,002) und Datenschutzbedenken (Spearman ρ = 0,314; p < 0,001) schwache positive Korrelationen mit den Mittelwerten der Archetypen.

Insgesamt wurden 13 Verbraucherarchetypen auf zwei hierarchischen Ebenen identifiziert. Drei Gruppen bilden das erste Level der Hierarchie:

- Zurückhaltende Informationssuchende,
- Pragmatische Informationssuchende,
- Interessierte Informationssuchende.

Abbildung 1 (siehe Seite 172) zeigt die hierarchische Struktur der identifizierten Archetypen. Im Folgenden werden die Archetypen auf der unteren hierarchischen Ebene kurz beschrieben.

Abbildung 1: Verbraucherarchetypen.

Gelassene Nutzer: Diese Verbraucherinnen und Verbraucher kümmern sich nur wenig um Datenschutz und haben sehr geringe Informationsbedürfnisse. In wenigen Fällen möchten sie über Datenschutzpraktiken informiert werden, aber ihre Informationsbedürfnisse weisen keine eindeutigen Muster auf.

Oberflächliche Betrachter: Diese Verbraucherinnen und Verbraucher sind sich einer weiten Bandbreite an Datenschutzproblematiken bewusst, haben allerdings nur latente Informationsbedürfnisse. Sie wollen Informationen über Datenschutzpraktiken nur in bestimmten Situationen (zum Beispiel Sammlung von offensichtlich irrelevanten Informationen) erhalten.

Inspektoren von Informationsflüssen: Diese Verbraucherinnen und Verbraucher sind vor allem an der Vernetzung von Informationssystemen untereinander interessiert. Sie verlangen einige generelle Informationen über die Sammlung von Informationen, sind aber vor allem an erteilten Einwilligungserklärungen und der Behandlung ihrer Informationen interessiert.

Manager von Datenschutzrisiken: Diese Verbraucherinnen und Verbraucher kennen die Risiken bei der Nutzung von Informationssystemen und wollen mit Informationen versorgt werden, um diese Risiken abschätzen zu können. Sie sind vor allem daran interessiert, welche sensitiven Informationen gesammelt werden und wie mit diesen umgegangen wird.

Beschützer von personenbezogenen Informationen: Diese Verbraucherinnen und Verbraucher möchten es vermeiden, ihre personenbezogenen Informationen an jedes Informationssystem weiterzugeben. Sie müssen informiert werden welche und wie personenbezogenen Informationen gesammelt werden, wie diese behandelt werden und wie Sie über Änderungen informiert werden.

Ermittler bei persönlichen Informationen: Diese Verbraucherinnen und Verbraucher sind nicht sehr stark an Datenschutzpraktiken interessiert, wenn sie der Meinung sind, dass sie nicht identifizierbar sind. Sobald sie allerdings identifizierbar werden, möchten sie mit einer weiten Bandbreite an Informationen versorgt werden.

Kontrolleure von Informationssammlung und -flüssen: Diese Verbraucherinnen und Verbraucher interessieren sich wenig dafür, zu welchem Zweck Datenschutzpraktiken ausgeführt werden. Sie wollen allerdings im Detail informiert werden welche und wie Informationen gesammelt werden, wie diese behandelt werden und wie sie Kontrolle ausüben können.

Kontrolleure von personenbezogenen Daten: Diese Verbraucherinnen und Verbraucher sind nur wenig an Datenschutzpraktiken interessiert, die nicht personenbezogenen Informationen betreffen. Sie müssen darüber informiert werden welche und wie personenbezogenen Informationen gesammelt werden, wie diese behandelt werden, ob diese für die gewünschten Zwecke genutzt werden, und wie sie Kontrolle ausüben können.

Kontrolleure der angemessenen Verwendung: Diese Verbraucherinnen und Verbraucher akzeptieren, dass Datenschutzrisiken zu einem gewissen Grad unausweichlich sind. Allerdings möchten Sie darüber informiert werden was die Gründe von Datenschutzpraktiken sind und wie sie kontrollieren können, dass Informationen nicht weiterführend genutzt werden.

Hinterfrager von Datenschutzpraktiken: Diese Verbraucherinnen und Verbraucher wollen fast alles über Datenschutzpraktiken und den Grund ihrer Ausübung erfahren. Sie müssen daher mit ausführlichen Informationen versorgt werden.

5 Diskussion der Ergebnisse

Die Ergebnisse unserer Studie zeigen, dass sich Datenschutzinformationsbedürfnisse zwischen verschiedenen Gruppen von Verbraucherinnen und Verbrauchern stark unterscheiden. Einige Verbraucherinnen und Verbraucher weisen nur geringe Informationsbedürfnisse auf, andere haben starke Interessen an einer kleinen Auswahl spezieller Datenschutzpraktiken, und wieder andere möchten über fast alles informiert werden, das Datenschutz betrifft. Einige Datenschutzpraktiken sind für fast alle Verbraucherinnen und Verbraucher von Wichtigkeit (zum Beispiel Sammlung und Weitergabe von Nutzerinformationen). Andere Datenschutzpraktiken wiederum sind für fast Niemanden von Interesse (etwa Datenformate der gesammelten Informationen).

Die Projektergebnisse liefern eine Grundlage für die Entwicklung von zukunftsträchtigen PETs, die explizit auf die Bedürfnisse der Verbraucherinnen und Verbraucher ausgerichtet sind und diese in den Mittelpunkt stellen. Welche PETs für Verbraucherinnen und Verbraucher im Kontext welcher Informationssysteme relevant sind, konnte allerdings im Rahmen dieser Studien nicht beantwortet und sollte in Feldstudien ergründet werden. Anbieter können auf die Bedürfnisse verschiedener Verbraucherarchetypen eingehen und ihre Angebote entsprechend gestalten. Verbraucherinnen und Verbraucher profitieren, indem sie genau die Informationen bekommen, die sie benötigen. Auf diese Weise wird sowohl Informationsüberflutung als auch das Fehlen von Informationen, die von Verbraucherinnen und Verbrauchern als wichtig empfunden werden, verhindert. Zukünftige Forschung könnte weitere quantitative Umfragen mit einer größeren und soziodemografisch repräsentativeren Stichprobe durchführen, um so weitere Archetypen auf tieferen hierarchischen Ebenen zu analysieren. Des Weiteren könnten qualitative Untersuchungen dazu beitragen, ein tiefgründiges Verständnis der identifizierten Archetypen und ihrer Charakteristiken zu entwickeln. Es wäre außerdem von großem Interesse zu erfahren, wie Verbraucherinnen und Verbraucher Informationsbedürfnisse bilden und von welchen Faktoren diese beeinflusst werden. Eine weitere interessante Fragestellung ist, wie Informationen so dargestellt werden können, dass Datenschutzinformationsbedürfnisse von Verbrauchern im Alltag auch bedient werden können. Datenschutzerklärungen sind hier offensichtlich kein vielversprechender Ansatz (McDonald und Cranor 2008). Relevante Fragestellungen sind wann, in welcher Form und über welche Endgeräte Informationen zur Verfügung gestellt werden sowie die Möglichkeiten, die Verbrauchern angeboten werden, um Einfluss auf die Datenverarbeitung zu nehmen (Schaub et al. 2015). Adressierung von Verbraucherbedürfnissen ist ein Kernbestandteil von weltweiten Datenschutzgesetzen, insbesondere auch der EU Datenschutzgrundverordnung. Alltagstaugliche Ansätze dafür wurden allerdings bisher weder von Regierungen oder dem Markt noch von Verbrauchern selbst entwickelt. Die Erkenntnisse dieser Studie dienen als Grundlage für zukünftige Ansätze mit dem Ziel, diese Lücke zu schließen.

6 Handlungsempfehlungen

Angelehnt an die Forschungsergebnisse lassen sich folgende Handlungsempfehlungen für eine gute Verbraucherpolitik ableiten.

- Bestehende Angebote zur Kommunikation von Datenschutzpraktiken überladen Verbraucherinnen und Verbraucher mit zu vielen Informationen und führen dazu, dass diese nicht genutzt werden. Dieser Umstand muss geändert werden, damit es realistisch wird, dass Verbraucherinnen und Verbraucher wissen, was mit ihren persönlichen Informationen passiert.

- Verbraucherinnen und Verbraucher unterscheiden sich in ihren Datenschutzinformationsbedürfnissen. Um eine effektive Kommunikation von Datenschutzpraktiken zu ermöglichen, müssen PETs Informationsbedürfnisse stärker berücksichtigen und insbesondere solche Informationen kommunizieren, die für Verbraucherinnen und Verbraucher relevant sind. In der Praxis sollten Organisationen versuchen, ihre Nutzerbasis dahingehend zu untersuchen, welche Verbraucherarchetypen besonders stark vertreten sind und ihre Kommunikation von Datenschutzpraktiken entsprechend ausrichten. Dabei müssen allerdings die geltenden gesetzlichen Informationspflichten basierend auf europäischem und nationalem Recht berücksichtigt werden.

- Informationen über die Sammlung und Weitergabe von Nutzerinformationen, das Management von Einwilligungserklärungen und Benachrichtigungen im Fall von Datenschutzverstößen sind für Verbraucherinnen und Verbraucher besonders relevant, vor allem immer dann, wenn personenbezogene Daten betroffen sind. Daher sollte der Kommunikation dieser Datenschutzpraktiken besondere Aufmerksamkeit geschenkt werden.

- Bisher beschränken sich Anbieter von IT-Angeboten häufig auf die rechtlichen Vorgaben zur Kommunikation von Datenschutzpraktiken. Hinsichtlich eines steigenden Bewusstseins der Bedeutung von Datenschutz und Privatheit in der Verbraucherschaft, ist zu erwarten, dass Anbieter zukünftig versuchen werden, durch explizite Bewerbung von transparenten Datenschutzpraktiken Verbraucherinnen und Verbraucher auf ihre Angebote aufmerksam zu machen und so die eigene Marktposition zu stärken.

Literatur

Ackerman, Mark S., Lorrie Faith Cranor und Joseph Reagle. 1999. Privacy in e-commerce. In: *Proceedings of the ACM Conference on Electronic Commerce: Denver, Colorado, November 3-5, 1999*, hg. von Conference on Electronic Commerce und Association for Computing Machinery, 1-8. New York: ACM Press.

Acquisti, Alessandro, Laura Brandimarte und George Loewenstein. 2015. Privacy and human behavior in the age of information. *Science* 347, Nr. 6221: 509-514. doi: 10.1126/science.aaa1465.

Antón, Annie I., Julia B. Earp und Jessica D. Young. 2010. How internet users' privacy concerns have evolved since 2002. *IEEE Security & Privacy* 8, Nr. 1: 21-27. doi: 10.1109/MSP.2010.38.

Berendt, Bettina, Oliver Gerendt und Sarah Spiekermann. 2005. Privacy in e-commerce: Stated preferences vs. actual behavoiur. *Communications of the ACM* 48, Nr. 4: 101-106. doi:10.1145/1053291.1053295.

Brüggemann, Thomas, Joel Hansen, Tobias Dehling und Ali Sunyaev. 2016. An information privacy risk index for mHealth apps. In: *Privacy Technologies and Policy*, hg. von Stefan Schiffner, Jetzabel Serna, Demosthenes Ikonomou, und Kai Rannenberg, 190–201. Cham: Springer International Publishing. doi:10.1007/978-3-319-44760-5_12.

Cranor, Lorrie Faith, Joseph Reagle und Mark S. Ackerman. 1999. Beyond concern: Understanding net users' attitudes about online privacy. AT&T Labs-Research Technical Report, TR 99.4.3. https://arxiv.org/html/cs/9904010/report.htm.

Culnan, Mary J. 1993. ‚How did they get my name?': An exploratory investigation of consumer attitudes toward secondary information use. *MIS Quarterly* 17, Nr. 3: 341-363. doi: 10.2307/249775.

Dehling, Tobias, Fangjian Gao, Stephan Schneider und Ali Sunyaev. 2015. Exploring the far side of mobile health: Information security and privacy of mobile health apps on iOS and android. *JMIR mHealth uHealth* 3, Nr. 1: e8. doi: 10.2196/mhealth.3672.

Dehling, Tobias, Manuel Schmidt-Kraepelin, Muhammed Demircan, Jakub Szefer und Ali Sunyaev. 2016. User archetypes for effective information privacy communication. Pre-ICIS workshop on information security and privacy, Dublin, Ireland.

Dehling, Tobias und Ali Sunyaev. 2014. Secure provision of patient-centered health information technology services in public networks – leveraging security and privacy features provided by the German nationwide health information technology infrastructure. *Electronic Markets* 24, Nr. 2: 89–99. doi:10.1007/s12525-013-0150-6.

Dinev, Tamara und Paul Hart. 2006. Internet privacy concerns and social awareness as determinants of intention to transact. *International Journal of Electronic Commerce* 10, Nr. 2: 7-29. doi: 10.2753/JEC1086-4415100201.

Dinev, Tamara, Heng Xu, Jeff H. Smith und Paul Hart. 2013. Information privacy and correlates. An empirical attempt to bridge and distinguish privacy-related concepts. *European Journal of Information Systems* 22, Nr. 3: 295-316. doi: 10.1057/ejis.2012.23.

European Commission. 2011. *Attitudes on data protection and electronic identity in the European Union*. Special Eurobarometer 359. Brüssel: TNS

Opinion & Social. http://ec.europa.eu/commfrontoffice/publicopinion/archives/ebs/ebs_359_en.pdf.

Kumaraguru, Ponnurangam and Cranor, Lorrie Faith. 2005. Privacy Indexes: A survey of Westin's studies. (CMU-ISRI-5-138). Institute for Software Research International, School of Computer Science, Carnegie Mellon University, Pittsburgh, PA. http://www.cs.cmu.edu/~ponguru/CMU-ISRI-05-138.pdf.

McDonald, Aleecia M. und Lorrie Faith Cranor. 2008. The cost of reading privacy policies. *I/S: A Journal of Law and Policy for the Information Society* 4, Nr. 3: 540-565.

Park, Yong Jin. 2013. Digital literacy and privacy behavior online. *Communication Research* 40, Nr. 2: 215-236. doi: 10.1177/0093650211418338.

Schaub, Florian, Rebecca Balebako, Adam L. Durity und Lorrie Faith Cranor. 2015. A design space for effective privacy notices. In: *Eleventh symposium on usable privacy and security (SOUPS 2015)*, 1–17. Ottawa: USENIX Association. https://www.usenix.org/conference/soups2015/proceedings/presentation/schaub.

Spiekermann, Sarah, Jens Grossklags und Bettina Berendt. 2001. E-privacy in 2nd generation e-commerce. Privacy preferences versus actual behaviour. In: *Proceedings of the 3rd ACM Conference on Electronic Commerce: Tampa, Florida, USA, October 14-17, 2001*, hg. von Conference on Electronic Commerce und Association for Computing Machinery, 38-47. New York: ACM Press.

Sunyaev, Ali, Tobias Dehling, Patrick L. Taylor und Kenneth D. Mandl. 2015. Availability and quality of mobile health app privacy policies. *Journal of the American Medical Informatics Association* 22: e28–e33. doi: 10.1136/amiajnl-2013-002605.

Tavani, Herman T. 2007. Philosophical theories of privacy. *Metaphilosophy* 38, Nr. 1: 1-22. doi: 10.1111/j.1467-9973.2006.00474.x.

Tavani, Herman T. und James H. Moor. 2001. Privacy protection, control of information, and privacy-enhancing technologies. *ACM SIGCAS Computers and Society* 31, Nr. 1: 6-11. doi: 10.1145/572277.572278.

Ward, Joe H. 1963. Hierarchical grouping to optimize an objective function. *Journal of the American Statistical Association* 58, Nr. 301: 236-244. doi: 10.1080/01621459.1963.10500845.

Weber, Rolf H. 2010. Internet of things – new security and privacy challenges. *Computer Law & Security Review* 26, Nr. 1: 23-30. doi: 10.1016/j.clsr.2009.11.008.

Woodruff, Allison, Vasyl Pihur, Sunny Consolvo, Lauren Schmidt, Laura Brandimarte und Alessandro Acquisti. 2014. Would a privacy fundamentalist sell their DNA for $1000...if nothing bad happened as a Result? The Westin Categories, Behavioral Intentions, and Consequences. In: *Proceedings of the Symposium On Usable Privacy and Security: SOUPS '14*.

Xu, Heng, Sumeet Gupta, Mary Beth Rosson und John M. Carroll. 2012. Measuring mobile users' concerns for information privacy. In: *Proceedings of the Thirty Third International Conference on Information Systems* (ICIS 2012).

Zhu, Hui, Carol X. J. Ou, W. J. A. M. van den Heuvel und Hongwei Liu. 2017. Privacy calculus and its utility for personalization services in e-commerce. *Information & Management* 54, Nr. 4: 427-437. doi: 10.1016/j.im.2016.10.001.

Über die Autoren

Prof. Dr. Ali Sunyaev ist Professor für Angewandte Informatik am Karlsruher Institut für Technologie (KIT) und leitete an der Universität zu Köln das im Rahmen des KVF NRW geförderte Projekt „Verbraucherorientierter Datenschutz". Webseite: http://www.aifb.kit.edu/web/Ali_Sunyaev.

Dr. Tobias Dehling ist wissenschaftlicher Mitarbeiter am Institut für Angewandte Informatik und Formale Beschreibungsverfahren (AIFB) des Karlsruher Instituts für Technologie (KIT) und war Mitarbeiter im Rahmen des KVF NRW geförderten Projekts „Verbraucherorientierter Datenschutz" an der Universität zu Köln. Webseite: http://www.aifb.kit.edu/web/dehling.

M.Sc. Manuel Schmidt-Kraepelin ist Doktorand am Institut für Angewandte Informatik und Formale Beschreibungsverfahren (AIFB) des Karlsruher Instituts für Technologie (KIT) und war Mitarbeiter im Rahmen des KVF NRW geförderten Projekt „Verbraucherorientierter Datenschutz" an der Universität zu Köln. Webseite: http://www.aifb.kit.edu/web/Manuel_Schmidt-Kraepelin.

Privatsphäre im Internet

Einflussfaktoren auf Individualebene und Implikationen für Unternehmen und Verbraucherschutz

Mirja Kroschke

DOI 10.15501/978-3-86336-920-0_9

Abstract

Verbraucher äußern zunehmend Bedenken hinsichtlich ihrer Privatsphäre und der Preisgabe von persönlichen Informationen im Internet. In diesem Beitrag werden kritische individuelle Einflussgrößen auf die Ausprägung von Privatsphäre-Bedenken identifiziert und diskutiert. Darauf aufbauend werden verschieden Privatsphäre-Typen abgeleitet und Ansätze für Unternehmen zum Umgang mit Privatsphäre-Bedenken von Verbrauchern sowie Implikationen für den Verbraucherschutz entwickelt.

Dieser Beitrag erscheint unter der Creative-Commons-Lizenz:
Namensnennung 3.0 Deutschland | CC BY 3.0 DE
Kurzform | http://creativecommons.org/licenses/by/3.0/de/
Lizenztext| http://creativecommons.org/licenses/by/3.0/de/legalcode

1 Wachsende Privatsphäre-Bedenken im digitalen Zeitalter

Das digitale Zeitalter ist geprägt durch neue Kommunikations- und Informationstechnologien und den stetigen Austausch von Informationen. Insbesondere im Internet werden Verbraucher mehr und mehr dazu aufgefordert, persönliche Daten preiszugeben, sei es für Online-Einkäufe, bei der Nutzung von Smartphone-Applikationen oder in sozialen Netzwerken. Damit gehen sowohl Chancen als auch Risiken für unsere Gesellschaft einher. Einerseits hat der Informationsaustausch zwischen Verbrauchern und Unternehmen die Entwicklung neuer, auf Verbraucher abgestimmte Produkte und Dienstleistungen ermöglicht. Verbraucher können auf diese Weise von besser zugeschnittenen und individualisierten Angeboten und Erlebnissen profitieren. Andererseits sind gleichzeitig Datenschutz- und Privatsphäre-Bedenken von Verbrauchern stark gestiegen (Lwin, Wirtz und Williams 2007; Peltier, Milne und Phelps 2009; Smith, Dinev und Xu 2011). Die Sammlung, Nutzung und Weitergabe von Daten ist insbesondere in der digitalen Welt mit bedeutenden Risiken für Verbraucher verbunden und berühren in diesem Zusammenhang den Verbraucherschutz. Diese Risiken stehen den potenziellen Chancen für Unternehmen gegenüber, die aus der Informationsnutzung erwachsen können (Montgomery und Smith 2009; Rust, Kannan und Peng 2002) und führen damit zu einem Spannungsfeld.

Insbesondere deutsche Verbraucher sind im Vergleich zu anderen Nationalitäten überdurchschnittlich sensibel hinsichtlich des Schutzes ihrer persönlichen Daten (Institut für Handelsforschung 2015). Laut aktuellen Studien äußern Verbraucher zunehmend Privatsphäre-Bedenken und zeigen häufig eine nur eingeschränkte Bereitschaft, persönliche Informationen im Online-Kontext preiszugeben (zum Beispiel Bansal, Zahedi und Gefen 2016; Keith et al. 2015). Rund 70 Prozent der Verbraucher in Deutschland geben an, dass sie bezüglich der Sicherheit ihrer persönlichen Daten beunruhigt sind (GfK

Verein 2016). Dabei haben Verbraucher häufig Bedenken, dass ihre Daten für sekundäre Zwecke, wie beispielsweise unerwünschte Kontaktaufnahmen, genutzt werden könnten. Außerdem sorgen sich viele Verbraucher darüber, dass ihre Daten durch unzureichenden Datenschutz möglicherweise unbefugten Dritten zugänglich gemacht werden (Smith, Milberg und Burke 1996). Diese wachsenden Privatsphäre-Bedenken stellen für Unternehmen eine Herausforderung dar, da sie das Wachstum des elektronischen Handels hemmen und sich negativ auf den Unternehmenserfolg auswirken können (Lanier und Saini 2008; TRUSTe 2015).

Trotz der hohen Relevanz sind konzeptionelle Beiträge, die zu einem besseren Verständnis der Vielschichtigkeit der Thematik beitragen, bisher kaum vorhanden (Li 2011; Peltier, Milne und Phelps 2009). In diesem Beitrag werden daher individuelle Einflussfaktoren auf Privatsphäre-Bedenken von Verbrauchern anhand eines umfassenden Literaturüberblicks identifiziert und diskutiert und auf dieser Basis praxisnahe Implikationen für Unternehmen und den Verbraucherschutz abgeleitet.

2 Individuelle Einflussfaktoren auf Privatsphäre-Bedenken

Es kann davon ausgegangen werden, dass die Wahrnehmung von Privatsphäre-Risiken sowie die daraus resultierende Bereitschaft zur Datenpreisgabe nach bestimmten Verbrauchermerkmalen variiert. Aus der Marketing- und Informatik-Literatur lassen sich vier kritische Einflussgrößen identifizieren, die im Folgenden diskutiert werden: (1) Demografische Merkmale, (2) Persönlichkeitseigenschaften, (3) Kenntnisse und (4) Erfahrungen. Eine Übersicht der kritischen Einflussbereiche auf Individualebene findet sich in Abbildung 1.

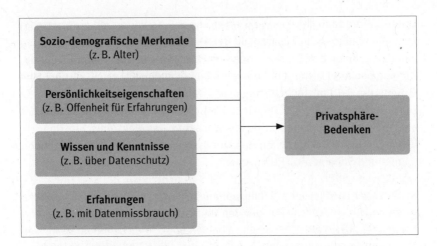

Abbildung 1: Einfluss von Verbrauchermerkmalen auf Privatsphäre-Bedenken (eigene Darstellung).

2.1 Demografische Merkmale

Zu den demografischen Merkmalen zählen unter anderem das Geschlecht, das Alter, die Bildung und das Einkommen der Verbraucher. Studien zeigen, dass Frauen tendenziell höhere Privatsphäre-Bedenken als Männer haben (Graeff und Harmon 2002; Sheehan 1999), sie mit höherer Wahrscheinlichkeit Datenschutzrichtlinien durchlesen (Milne und Culnan 2004) und generell eine geringere Bereitschaft aufweisen, Unternehmen ihre Daten preiszugeben (Joinson et al. 2010).

Zudem steigen mit höherem Alter die Privatsphäre-Bedenken (Graeff und Harmon 2002; Joinson et al. 2010; Milne und Boza 1999) und die Bereitschaft, sich die Datenschutzrichtlinien durchzulesen (Milne und Culnan 2004). Außerdem wurde in Studien gezeigt, dass ältere Verbraucher weniger ihre Privatsphäre schützen als jüngere Verbraucher (Dommeyer und Gross 2003). Eine mögliche Erklärung ist, dass älteren Verbrauchern hierfür die notwendigen Kenntnisse fehlen.

Hinsichtlich des Einflusses von Bildung und Einkommen auf die Wahrnehmung von Privatsphäre-Risiken und die daraus resultierende Bereitschaft zur

Datenpreisgabe liegen kaum Erkenntnisse vor. Es wurde lediglich gezeigt, dass ein höherer Bildungsgrad die Bereitschaft zum Durchlesen von Datenschutzrichtlinien erhöht (Milne und Culnan 2004) und dass Privatsphäre-Bedenken bei Verbrauchern mit höherem Einkommen stärker ausgeprägt sind (Graeff und Harmon 2002).

2.2 Persönlichkeitseigenschaften

Die Wahrnehmung von Privatsphäre-Risiken kann auch von generellen Persönlichkeitseigenschaften beeinflusst werden. Es konnte gezeigt werden, dass Verbraucher mit einer ausprägten Gewissenhaftigkeit und Offenheit für neue Erfahrungen zu höheren Privatsphäre-Bedenken neigen (Bansal, Zahedi und Gefen 2016; Junglas, Johnson und Spitzmüller 2008). Außerdem führt eine starke Ausprägung generellen Misstrauens zu höheren Bedenken (Smith, Milberg und Burke 1996). Auch wenn Verbraucher die Privatsphäre als wesentlich betrachten und vor allem Vertrauen schätzen, weisen sie höhere Bedenken auf (Li 2014; Xu et al. 2011a). Insgesamt kann festgestellt werden, dass der Einfluss von allgemeinen Persönlichkeitseigenschaften bisher nur vereinzelt und eher rudimentär beleuchtet wurde.

2.3 Kenntnisse

Deutsche Verbraucher legen besonders großen Wert auf den Schutz ihrer persönlichen Daten. Sie weisen aber im Vergleich zu anderen Nationalitäten die geringsten Kenntnisse über den Umgang von Unternehmen mit ihren Daten und über mögliche Maßnahmen zum eigenen Schutz auf (Morey, Forbath und Schoop 2015). In zahlreichen Studien konnte gezeigt werden, dass mehr Wissen über Maßnahmen zum Datenschutz die Wahrnehmung von Kontrolle erhöht und in diesem Zusammenhang die Wahrnehmung von Privatsphäre-Risiken reduziert (Culnan 1995; Milne und Boza 1999; Milne und Rohm 2000; Xu 2007; Xu et al. 2011a). Darüber hinaus wurde gezeigt, dass Verbraucher die Vorteile der Informationsbereitstellung wie beispielsweise auf sie speziell zugeschnittene Angebote höher wertschätzen, wenn sie grundsätzlich über mehr Wissen verfügen (Treiblmaier und Pollach 2007).

Die Wahrnehmung von Risiken sowie die Bereitschaft zur Datenpreisgabe werden zudem vom allgemeinen Interesse und von Kenntnissen hinsichtlich der Funktionsweise von technischen Geräten und dem Internet beeinflusst. Verbraucher mit geringen technischen Kenntnissen sind tendenziell weniger imstande, ihre Privatsphäre-Einstellungen im Internet anzupassen und sich angemessen zu schützen (Hargittai 2005). Wenn sich Verbraucher grundsätzlich für das Internet interessieren, ist auch die Bereitschaft zur Preisgabe von persönlichen Informationen im Internet höher (Dinev und Hart 2006).

2.4 Erfahrungen

Grundsätzlich vertrauen Verbraucher Unternehmen hinsichtlich des Umgangs mit ihren persönlichen Informationen eher, wenn sie bereits Erfahrungen mit Prozessen der Informationspreisgabe, Transaktionen im Internet oder auch Direkt-Marketing-Maßnahmen, etwa personalisierte Newsletter, gesammelt haben (Culnan und Armstrong 1999; Phelps, D'Souza und Nowak 2001). Beispielsweise reduzieren Erfahrungen mit Online-Kaufprozessen Privatsphäre-Bedenken (Liao, Liu und Chen 2011). Sie beeinflussen zudem die Wahrnehmung von verschiedenen Personalisierungsformen, wie beispielsweise personalisierten Anzeigen auf Seiten von Online-Shops, positiv (Institut für Handelsforschung 2015). Darüber hinaus konnte gezeigt werden, dass positive Erfahrungen mit einer bestimmten Internetseite das Vertrauen der Verbraucher und damit ihre Bereitschaft zur Informationspreisgabe steigern (Bansal, Zahedi und Gefen 2016; Metzger 2004).

Negative Erfahrungen, welche die Privatsphäre von Verbrauchern berühren, führen tendenziell zu höheren Privatsphäre-Bedenken. Dazu zählen beispielsweise Erfahrungen mit Datenmissbrauch (Keith et al. 2015; Smith, Milberg und Burke 1996) oder die Verletzung von Persönlichkeitsrechten und Privatsphäre im Allgemeinen (Bansal, Zahedi und Gefen 2016; Dolnicar und Jordaan 2006; Okazaki, Li und Hirose 2009; Xu et al. 2009). In der Literatur wird zudem darauf hingewiesen, dass die Thematik Privatsphäre häufig erst dann für Verbraucher relevant wird, wenn sie selbst Opfer eines Eingriffes in ihre Privatsphäre wurden, beispielsweise wenn ihre eigenen Daten missbräuchlich verwendet wurden (McCreary 2008).

3 Privatsphäre-Typen

Basierend auf diesen individuellen Einflussgrößen wird im Folgenden eine Kategorisierung verschiedener Privatsphäre-Typen entwickelt (siehe Abbildung 2). Es werden drei Gruppen von Privatsphäre-Typen identifiziert: (1) die Unwissenden, (2) die Indifferenten und (3) die Informierten. Die Kategorisierung basiert auf einer explorativen Vorgehensweise und es handelt sich hierbei um Tendenzaussagen. In diesem Zusammenhang sei auch darauf hingewiesen, dass Wirkungszusammenhänge und Interdependenzen der einzelnen Einflussgrößen in dieser Kategorisierung nicht berücksichtigt werden. Auch die relative Wirkungsstärke der einzelnen Einflussgrößen auf Privatsphäre-Bedenken kann nicht evaluiert werden.

	Privatsphäre-Typen		
	Die Unwissenden	Die Indifferenten	Die Informierten
Sozio-Demografika	Weiblich und alt	Gemischt und jung-alt	Männlich und jung
Persönlichkeit	unsicher	ausgeglichen	selbstsicher
Kenntnisse	gering	moderat	hoch
Erfahrungen	negativ	gemischt	nicht negativ
Privatsphäre-Bedenken	hoch	moderat	gering

Abbildung 2: Beschreibung der Privatsphäre-Typen (eigene Darstellung).

Die Unwissenden: Verbraucher in dieser Gruppe neigen tendenziell zu hohen Privatsphäre-Bedenken. Zu dieser Gruppe zählen überwiegend ältere Frauen, die eher unsicher sind und häufig nur über ein rudimentäres Wissen hinsichtlich Privatsphäre und Datenschutz verfügen. Hinzu kommt, dass diese Gruppe häufig schon negative Erfahrungen gemacht hat und beispielsweise Opfer von Datenmissbrauch wurde.

Die Indifferenten: Diese Gruppe zeichnet sich durch moderate Privatsphäre-Bedenken aus. Es handelt sich hierbei um eine Art Mischtypus. Diese Verbraucher besitzen einige Merkmale, die eher hohe Privatsphäre-Bedenken und einige Merkmale, die eher geringe Privatsphäre-Bedenken begünstigen. Beispielsweise haben ältere Frauen eher größere Privatsphäre-Bedenken als jüngere Männer. Wenn diese Frauen aber über ein hohes Wissen darüber verfügen, wie Unternehmen ihre Informationen nutzen und wie sie sich als Verbraucher dagegen schützen können, sind Privatsphäre-Bedenken eher geringer.

Die Informierten: Diese Verbraucher zeichnen tendenziell geringe Privatsphäre-Bedenken aus. Dieser Gruppe sind eher männliche Personen jüngeren Alters zuzuordnen, die über sehr detailliertes, fundiertes Wissen über Privatsphäre, Datenschutz und das Internet im Allgemeinen verfügen.

4 Ansatzpunkte für Unternehmen

Da sich Privatsphäre-Bedenken negativ auf den Unternehmenserfolg auswirken können, sind Unternehmen daran interessiert, Privatsphäre-Bedenken von Verbrauchern mit effektiven Maßnahmen zu adressieren und zu reduzieren. Im Folgenden werden Ansatzpunkte für Unternehmen zur gezielten Ansprache der drei verschiedenen Privatsphäre-Typen abgeleitet.

4.1 Aufklärung und Transparenz

Die Thematik Privatsphäre und Datenschutz weist eine hohe Komplexität und Abstraktheit auf und ist infolgedessen für viele Verbraucher schwierig zu verstehen. Hinzu kommt, dass sich Verbraucher damit häufig erst dann proaktiv auseinandersetzen, wenn sie davon persönlich betroffen wurden.

Daher sollten Unternehmen die Initiative zur Aufklärung ergreifen, insbesondere um die Gruppe der Unwissenden und Indifferenten anzusprechen.

Hierbei ist es wichtig, dass Unternehmen diese Verbraucher nicht mit einer Informationsflut überfordern, sondern in leicht verständlicher Weise über ihren Umgang mit persönlichen Daten aufklären. Beispielsweise könnten grafische Anzeigen in Print-Medien initiiert werden. In aktuellen Beispielen (zum Beispiel bei Facebook oder Google) wird Verbrauchern visuell dargestellt, wie sie ihre Privatsphäre-Optionen auf der jeweiligen Plattform aktiv nutzen und steuern können. Die Gruppe der Informierten sollte ebenfalls aktiv angesprochen und vor allem über technische oder regulatorische Rahmenbedingungen oder Veränderungen im Bereich der Privatsphäre und Datenschutz aufgeklärt werden. Da diese Verbraucher-Typen tendenziell ein größeres Interesse an der Thematik haben, können sich Unternehmen hierbei auch auf (technische) Details konzentrieren.

Grundsätzlich ist von Unternehmen ein transparenter Umgang hinsichtlich der Sammlung und Verwendung von Verbraucherdaten wichtig, um das Vertrauen der Verbraucher zu gewinnen. Wenn Verbraucher dem Unternehmen vertrauen, fallen Privatsphäre-Bedenken geringer (Chellappa und Sin 2005; Pavlou, Liang, und Xue 2007) und die Bereitschaft zur Datenpreisgabe höher aus (Bansal, Zahedi, und Gefen 2016; Malhotra, Kim und Agarwal 2004). Transparenz kann durch eine verständliche Datenschutz-Erklärung und/oder durch Hinweise zur Steuerung der Privatsphäre-Einstellungen, beispielsweise in Form von Pop-up-Fenstern, geschaffen werden. Auch ein Hinweis auf einen Ansprechpartner im Unternehmen bei Fragen zum Umgang oder Schutz der persönlichen Informationen kann die Transparenz und damit das Vertrauen von Verbrauchern in Unternehmen erhöhen.

4.2 Nutzen für Verbraucher

Verbraucher wiegen die Risiken der Datenpreisgabe gegen den zu erwartenden Nutzen ab. Dieses Phänomen wird in der Literatur als Privatsphäre-Kalkül beschrieben (Culnan und Bies 2003; Dinev und Hart 2006). Wenn der Nutzen größer als die Risiken ist, erfolgt dem Kalkül zufolge die Datenpreisgabe.

Unternehmen können einen Nutzen in Form von finanziellen Ersparnissen oder durch relevante personalisierte Informationen stiften (Xu et al. 2011b).

Shopping-Clubs bieten Unternehmen beispielsweise eine Möglichkeit, Daten über Verbraucher zu sammeln und ihnen dafür besondere Leistungen als Gegenwert zu geben. Bei Shopping-Clubs (zum Beispiel www.westwing.de) müssen sich Verbraucher in der Regel mit persönlichen Informationen registrieren. Unternehmen können als Gegenleistung sowohl finanzielle Vorteile, etwa in Form von Rabatten für bestimmte Produkte oder zu besonderen Anlässen, als auch nicht-finanzielle Vorteile, zum Beispiel in Form von Einladungen zu besonderen Events, bieten. In diesem Kontext könnte es für Unternehmen interessant sein, verschiedene Mitgliedschafts-Stufen (ähnlich wie bei hierarchischen Loyalitätsprogrammen) einzuführen. Verbraucher, die besonders viele Informationen über sich preisgeben möchten, könnten in eine höhere Stufe gelangen, die mit attraktiveren Vorteilen verbunden ist. Dadurch wäre es Verbrauchern möglich, den zu erwartenden Nutzen gegen ihre Privatsphäre-Bedenken abzuwägen und individuell zu entscheiden, welches Maß an Informationen sie über sich preisgeben möchten.

Hinsichtlich der Personalisierung, zum Beispiel von Produktempfehlungen oder Display-Werbung im Internet, sollten Unternehmen genau abwiegen, welcher Grad an Personalisierung sinnvoll ist. Zu viel Personalisierung kann von Verbrauchern unter Umständen nicht mehr als Nutzen, sondern als Eindringen in ihre Privatsphäre wahrgenommen werden und damit einen negativen Effekt bei Verbrauchern auslösen (Aguirre et al. 2016). Dieses Phänomen ist als Personalisierungs-Paradoxon bekannt (Awad und Krishnan 2006). Einerseits erwarten Verbraucher personalisierte und relevante Kommunikationsbotschaften. Andererseits steigen mit höherem Personalisierungsgrad gleichzeitig die Privatsphäre-Bedenken. Daher sollten Unternehmen genau evaluieren, welches Maß an Personalisierung für ihre Zielgruppe sinnvoll und vorteilhaft erscheint.

4.3 Unternehmenskultur

Grundsätzlich sollten Unternehmen eine Kultur etablieren, bei der Privatsphäre und Datenschutz eine zentrale Rolle spielen. Diese Unternehmenskultur sollte Mitarbeiter dazu bewegen, sich ethisch und moralisch verpflichtet zu fühlen sowie angemessen und nach einheitlichen Standards mit Verbraucherdaten umzugehen. Eine Unternehmenskultur, die sich an den Bedürfnissen von Verbrauchern zum Schutz ihrer Privatsphäre ausrichtet, sendet ebenfalls positive Signale an die Verbraucher. Damit können Unternehmen glaubhaft Vertrauen gewinnen und Privatsphäre-Bedenken senken.

5 Implikationen für den Verbraucherschutz

Der Verbraucherschutz bietet Verbrauchern bereits ein breites Spektrum an Angeboten und Dienstleistungen zum Thema Privatsphäre und Datenschutz. Beispielsweise gibt der Verbraucherschutz auf seinen Internetseiten Empfehlungen hinsichtlich Computer-Einstellungen und stellt Online-Formulare zur Verfügung, in denen Probleme gemeldet werden können. Verbraucher können sich aber auch direkt an den Verbraucherschutz wenden, indem sie eine der Beratungsstellen anlaufen und eine persönliche Rechtsberatung in Anspruch nehmen. Auf die meisten dieser Angebote werden Verbraucher jedoch erst dann aufmerksam, wenn sie danach aktiv suchen. Da viele Verbraucher nur eine eingeschränkte Bereitschaft aufweisen, sich mit dieser Thematik aktiv auseinanderzusetzen, sollte die Bekanntheit der Angebote des Verbraucherschutzes ausgebaut werden. Dies ist insbesondere für die Aufklärungsarbeit von Bedeutung. Um die Präsenz im Alltag der Verbraucher zu steigern, bieten sich beispielsweise Informationsstände in Stadtzentren an.

Darüber hinaus kann der Verbraucherschutz die Entwicklung ethischer Standards für Unternehmen und rechtlicher Rahmenbedingungen begleiten, um ein Umfeld zu schaffen, in dem die individuelle Privatsphäre von Verbrauchern und der Schutz ihrer Daten gewährleistet werden. Des Weiteren könnte der Verbraucherschutz die Entwicklung einheitlicher Standards für den Aufbau und Inhalt der Nutzungsbedingungen von Internet-Händlern unterstützen (Beltramini 2003; Pollach 2005). Dadurch könnte zum einen sichergestellt werden, dass Unternehmen die Daten von Verbrauchern nach einheitlichen Standards sammeln und nutzen, zum anderen könnten die Nutzungsbedingungen nutzerfreundlicher gestaltet werden.

Zudem könnte der Verbraucherschutz auch ein Qualitätssiegel einführen, das diejenigen Unternehmen auszeichnet, die einheitliche und objektive Standards und Richtlinien hinsichtlich des Umgangs von persönlichen Informationen erfüllen. So eine Auszeichnung wäre für Unternehmen attraktiv, da sie zum einen mit dem Siegel werben und zum anderen auf der Internetseite des Verbraucherschutzes als vertrauenswürdiges Unternehmen gelistet sein könnten.

Zusammenfassend ist davon auszugehen, dass die Bedeutung von Privatsphäre im Zuge der voranschreitenden Digitalisierung und dem damit verbundenen Austausch von Informationen weiter steigen wird. Es bleibt abzuwarten, wie Verbraucher, Unternehmen und Verbraucherschutz mit den daraus entstehenden Risiken hinsichtlich der individuellen Privatsphäre und des Schutzes von persönlichen Informationen umgehen werden.

Literatur

Aguirre, Elizabeth, Anne L. Roggeveen, Dhruv Grewal und Martin Wetzels. 2016. The personalization-privacy paradox: Implications for new media. *Journal of Consumer Marketing* 33, Nr. 2: 98–110.

Awad, Naveen F. und Mayuram S. Krishnan. 2006. The personalization privacy paradox: An empirical evaluation of information transparency and the willingness to be profiled online for personalization. *MIS Quarterly* 30, Nr. 1: 13–28.

Bansal, Gaurav, Fatemeh M. Zahedi und David Gefen. 2016. Do context and personality matter? Trust and privacy concerns in disclosing private information online. *Information and Management* 53, Nr. 1: 1–21.

Beltramini, Richard F. 2003. Application of the unfairness doctrine to marketing communications on the internet. *Journal of Business Ethics* 42, Nr. 4: 393–400.

Chellappa, Ramnath K. und Raymond G. Sin. 2005. Personalization versus privacy: An empirical examination of the online consumer's dilemma. *Information Technology and Management* 6, Nr. 2-3: 181–202.

Culnan, Mary J. 1995. Consumer awareness of name removal procedures: Implications for direct marketing. *Journal of Direct Marketing* 9, Nr. 2: 10–19.

Culnan, Mary J. und Pamela K. Armstrong. 1999. Information privacy concerns, procedural fairness, and impersonal trust: An empirical investigation. *Organization Science 10,* Nr. 1: 104–115.

Culnan, Mary J. und Robert J. Bies. 2003. Consumer privacy: Balancing economic and justice considerations. *Journal of Social Issues* 59, Nr. 2: 323–342.

Dinev, Tamara und Paul Hart. 2006. An extended privacy calculus model for e-commerce transactions. *Information Systems Research* 17, Nr. 1: 61–80.

Dolnicar, Sara und Yolanda Jordaan. 2006. Protecting consumer privacy in the company's best interest. *Australasian Marketing Journal* 14, Nr. 1: 39–61.

Dommeyer, Curt J. und Barbara L. Gross. 2003. What consumers know and what they do: An investigation of consumer knowledge, awareness, and use of privacy protection strategies. *Journal of Interactive Marketing* 17, Nr. 2: 34–51.

GfK Verein. 2016. Furcht vor Datenmissbrauch ist weit verbreitet: Die Studie „Daten & Schutz 2015/2016" des GfK Vereins. http://www.gfk.com/fileadmin/user_upload/dyna_content/DE/documents/Press_Releases/2016/PM_GfK_Verein_Daten_Schutz_2015_2016_fin.pdf.

Graeff, Timothy R. und Susan Harmon. 2002. Collecting and using personal data: Consumers' awareness and concerns. *Journal of Consumer Marketing* 19, Nr. 4: 302–318.

Hargittai, Eszter. 2005. Survey measures of web-oriented digital literacy. *Social Science Computer Review* 23, Nr. 3: 371–379.

Institut für Handelsforschung. 2015. Perspektiven für den Datenschutz in Europa aus der Sicht der Verbraucher und des (elektronischen) Handels. Köln.

Joinson, Adam, Ulf-Dietrich Reips, Tom Buchanan und Carina B. P. Schofield. 2010. Privacy, trust, and self-disclosure online. *Human-Computer Interaction* 25, Nr. 1: 1–24.

Junglas, Iris A., Norman A. Johnson und Christiane Spitzmüller. 2008. Personality traits and concern for privacy: An Empirical study in the context of location-based services. *European Journal of Information Systems* 17, Nr. 4: 387–402.

Keith, Mark J., Jeffry S. Babb, Paul B. Lowry, Christopher P. Furner und Amjad Abdullat. 2015. The role of mobile-computing self-efficacy in consumer information disclosure. *Information Systems Journal* 25, Nr. 6: 637–667.

Lanier, Clinton D. und Amit Saini. 2008. Understanding consumer privacy: A review and future directions. *Academy of Marketing Science Review* 12, Nr. 2: 1–45.

Li, Yuan. 2011. Empirical studies on online information privacy concerns: Literature review and an integrative framework. *Communications of the Association for Information Systems* 28, Nr. 28: 453–496.

—. 2014. The impact of disposition to privacy, website reputation and website familiarity on information privacy concerns. *Decision Support Systems* 57, Nr. 1: 343–354.

Liao, Chechen, Chuang-Chun Liu und Kuanchin Chen. 2011. Examining the impact of privacy, trust and risk perceptions beyond monetary transactions: An integrated model. *Electronic Commerce Research and Applications* 10, Nr. 6: 702–715.

Lwin, May, Jochen Wirtz und Jerome D. Williams. 2007. Consumer online privacy concerns and responses: A power-responsibility equilibrium perspective. *Journal of the Academy of Marketing Science* 35, Nr. 4: 572–585.

Malhotra, Naresh K., Sung S. Kim und James Agarwal. 2004. Internet Users' Information Privacy Concerns (IUIPC): The construct, the scale, and a causal model. *Information Systems Research* 15, Nr. 4: 336–355.

McCreary, Lew. 2008. What was privacy? *Harvard Business Review* 86, Nr. 10: 123–130.

Metzger, Miriam J. 2004. Privacy, trust, and disclosure: Exploring barriers to electronic commerce. *Journal of Computer-Mediated Communication* 9, Nr. 4: 1–24.

Milne, George R. und María-Eugenia Boza. 1999. Trust and concern in consumers' perceptions of marketing information management practices. *Journal of Interactive Marketing* 13, Nr. 1: 5–24.

Milne, George R. und Mary J. Culnan. 2004. Strategies for reducing online privacy risks: Why consumers read (or don't read) online privacy notices. *Journal of Interactive Marketing* 18, Nr. 3: 15–29.

Milne, George R. und Andrew J. Rohm. 2000. Consumer privacy and name removal across direct marketing channels: Exploring opt-in and opt-out alternatives. *Journal of Public Policy and Marketing* 19, Nr. 2: 238–249.

Montgomery, Alan L. und Michael D. Smith. 2009. Prospects for personalization on the internet. *Journal of Interactive Marketing* 23, Nr. 2: 130–137.

Morey, Timothy, Theodore Forbath und Allison Schoop. 2015. Customer data: Designing for transparency and trust. *Harvard Business Review* 93, Nr. 5: 96–105.

Okazaki, Shintaro, Hairong Li und Morikazu Hirose. 2009. Consumer privacy concerns and preference for degree of regulatory control. *Journal of Advertising* 38, Nr. 4: 63–77.

Pavlou, Paul A., Huigang Liang und Yajiong Xue. 2007. Understanding and mitigating uncertainty in online exchange relationships: A principal-agent perspective. *MIS Quarterly* 31, Nr. 1: 105–136.

Peltier, James W., George R. Milne und Joseph E. Phelps. 2009. Information privacy research: Framework for integrating multiple publics, information channels, and responses. *Journal of Interactive Marketing* 23, Nr. 2: 191–205.

Phelps, Joseph E., Giles D'Souza und Glen J. Nowak. 2001. Antecedents and consequences of consumer privacy concerns: An empirical investigation. *Journal of Interactive Marketing* 15, Nr. 4: 2–17.

Pollach, Irene. 2005. A Typology of communicative strategies in online privacy policies: Ethics, power and informed consent. *Journal of Business Ethics* 52, Nr. 3: 221–235.

Rust, Roland T., P. K. Kannan und Na Peng. 2002. The customer economics of internet privacy. *Journal of the Academy of Marketing Science* 30, Nr. 4: 455–464.

Sheehan, Kim B. 1999. An investigation of gender differences in online privacy concerns and resultant behaviors. *Journal of Interactive Marketing* 13, Nr. 4: 24–38.

Smith, Jeff H., Tamara Dinev und Heng Xu. 2011. Information privacy research: An interdisciplinary review. *MIS Quarterly* 35, Nr. 4: 980–1008.

Smith, Jeff H., Sandra J. Milberg und Sandra J. Burke. 1996. Information privacy: Measuring individuals' concerns about organizational practices. *MIS Quarterly* 20, Nr. 2: 167–196.

Treiblmaier, Horst und Irene Pollach. 2007. Users' perceptions of benefits and costs of personalization. *Proceedings of the 28th International Conference on Information Systems*, 2007, Nr. 141: 1–15.

TRUSTe. 2015. US Consumer Confidence Index 2015. https://www.truste.com/resources/privacy-research/us-consumer-confidence-index-2015/ (Zugriff: 19. Januar 2018).

Xu, Heng. 2007. The effects of self-construal and perceived control on privacy concerns. *Proceedings of the 28th International Conference on Information Systems*, 2007, Nr. 7: 1–14.

Xu, Heng, Tamara Dinev, Jeff H. Smith und Paul Hart. 2011a. Information privacy concerns: Linking individual perceptions with institutional privacy assurances. *Journal of Association for Information Systems* 12, Nr. 12: 798–824.

Xu, Heng, Xin Luo, John M. Carroll und Mary Beth Rosson. 2011b. The personalization privacy paradox: An exploratory study of decision making process for location-aware marketing. *Decision Support Systems* 51, Nr. 1: 42–52.

Xu, Heng, Hock-Hai Teo, Bernard C. Y. Tan und Ritu Agarwal. 2009. The role of push-pull technology in privacy calculus: The case of location-based services. *Journal of Management Information Systems* 26, Nr. 3: 135–174.

Über die Autorin

Dr. Mirja Kroschke ist akademische Rätin am Institut für Marketing der Westfälische Wilhelms-Universität Münster. Webseite: https://www.marketingcenter.de/en/mcm/ifm/team/mirja-kroschke.

Thesen: Jenseits des Otto Normalverbrauchers

Verbraucherpolitik in Zeiten des „unmanageable consumer"

Kompetenzzentrum Verbraucherforschung NRW

DOI 10.15501/978-3-86336-920-0_10

Abstract

Dieses Thesenpapier fasst die Ergebnisse der Vorträge und der Diskussion im Rahmen des 10. NRW-Workshops Verbraucherforschung aus Sicht der Veranstalter zusammen. Der Workshop fand am Montag, den 10. Juli 2017 im Heinrich-Heine-Institut in Düsseldorf statt. Die Dokumentation des Workshops ist auf unserer Webseite unter der Rubrik „Vernetzen ⇢ NRW-Workshops" zu finden (www.verbraucherforschung.nrw/vernetzen/).

Dieser Beitrag erscheint unter der Creative-Commons-Lizenz: Namensnennung – Weitergabe unter gleichen Bedingungen 3.0 Deutschland | CC BY-SA 3.0 DE Kurzform | http://creativecommons.org/licenses/by-sa/3.0/de/
Lizenztext | http://creativecommons.org/licenses/by-sa/3.0/de/legalcode

1 Ausgangssituation

These 1.1: „One size does not fit all": Eine differenzierte Betrachtung von Verbraucherinnen und Verbrauchern erfordert vielfältige Anpassungen.

Die zunehmende Differenzierung des Verständnisses von Verbraucherinnen und Verbrauchern sowie unterschiedliche Verbrauchergruppen erfordern von verbraucherpolitisch und -wissenschaftlich tätigen Akteuren gleichermaßen eine Differenzierung im Umgang mit Verbraucherthemen:

Aus Sicht des Verbraucherschutzes ergeben sich neue Zielgruppen wie junge Menschen, Seniorinnen und Senioren, Geflüchtete oder Einkommensschwache. Für diese ist ein einheitlicher Verbraucherschutz im Sinne eines „One size fits all"-Ansatzes nicht hilfreich. Vielmehr resultiert die Notwendigkeit, Beratungsangebote und -formen weiterzuentwickeln. Verbraucherinnen und Verbraucher sind beispielsweise oft mit für sie nicht überwindbaren (finanziellen, geografischen) Hürden konfrontiert, die sie davon abhalten, zentrale Beratungsangebote wahrzunehmen.

Die Verbraucherforschung muss neuen Konsumformen sowohl mit neuen Methoden als auch mit neuen Fragen (Beispiel: Wann und wo findet Konsum statt?) begegnen. Nur Methoden- und Theorienpluralismus sind in der Lage, neue Phänomene wie Prosuming, die Sharing Economy oder Crowdfunding zu erklären. Dabei sollten konkurrierende methodische und theoretische Positionen immer auch wissenschaftstheoretisch reflektiert werden, um nicht den Fehler zu begehen, die „heuristics and biases" wissenschaftlich tätiger Akteure zu vernachlässigen.

Für die Verbraucherpolitik stellt sich die Herausforderung, politische Instrumente wie gesetzliche Vorschriften, Anreize oder Informationen besser auf bestimmte Verbrauchergruppen anzupassen, damit diese in der Breite Wirkung erzielen.

Das Verbraucherrecht muss schließlich eine differenzierte Betrachtung von Verbraucherinnen und Verbrauchern ermöglichen, ohne zu einer Stigmatisierung zu führen. Das ist beispielsweise in Bezug auf das Lebensalter nicht trivial, denn hohes Alter kann zu erhöhter Verletzlichkeit führen, tut dies aber nicht zwangsläufig.

These 1.2: „Manageability" gelingt nur in einem interdisziplinären Ansatz.

Die wissenschaftliche Beschäftigung mit Konsum sowie Verbraucherinnen und Verbrauchern befindet sich in einem fortlaufenden Wandel. Dieser Wandel betrifft neben den Methoden und Erklärungsansätzen auch die beteiligten Disziplinen. Für einen erfolgreichen Umgang mit der Steuerungsproblematik, die aus der Heterogenität von Verbraucherinnen und Verbrauchern resultiert („The unmanageable consumer", Gabriel und Lang 2015), ist eine interdisziplinäre Herangehensweise nötig. Die Rechtswissenschaft ist beispielsweise auf empirische Evidenz aus den Sozialwissenschaften angewiesen, um den Nutzen von Aufklärungs- und Assistenzpflichten beurteilen zu können. Im Umkehrschluss dürfte die empirische Evidenz der Verhaltensökonomik aber auch weiterhin auf modelltheoretische Überlegungen der Ökonomik – wie George Akerlofs „Informationsmodell" – angewiesen sein, um den Nutzen und Nachteil einzelner verbraucherpolitischer Instrumente umfassend und adäquat beurteilen zu können.

These 1.3: Eine gestärkte Mikroperspektive verbessert das Verbraucherverständnis in der Verbraucherforschung.

Bei einer differenzierten Betrachtung der Verbraucherrolle wird diese aufgeladen um politische, soziale und ethische Dimensionen. Diesen Rollen liegen vielfältige Motive zugrunde. So werden Verbraucherinnen und Verbraucher unter anderem als Identitätssuchende, Hedonisten, Opfer, Rebellen oder als Verbraucherbürger beschrieben. Diesen Typisierungsversuchen ist ebenso wie der gängigen Trias „verletzlich", „vertrauend", „verantwortungsvoll" die vorherrschende, häufig politisch motivierte Außenbetrachtung von Verbraucherinnen und Verbrauchern gemein.

Historisch betrachtet hat die Verbraucherforschung ihren Untersuchungsgegenstand allerdings kontinuierlich erweitert und nimmt dabei auch die Verbraucher-Innensicht stärker in den Fokus. Diese Erweiterung erfolgte von der Wirtschaft in die Gesellschaft hinein beziehungsweise von reinen Markttransaktionen zu Phänomenen der individuellen Lebenswelten wie Wünschen, Gefühlen und Fantasien („experiential consumption"). Mit anderen Worten: Es veränderte sich der Blickwinkel in der Verbraucherforschung vom „homo oeconomicus" zum „homo consumens" als sich selbst erlebendem Verbraucher. Damit einhergehend veränderten sich Erklärungsansätze und Theorien (zum Beispiel von der Verhaltenspsychologie über Kognitionspsychologie und Motivationsforschung bis zur psychoanalytischen Individualbetrachtung und Erlebnispsychologie).

Auch die verwendeten Methoden sollten die Innensicht von Verbraucherinnen und Verbrauchern besser abbilden können. Eine entsprechende Entwicklung zeigt sich beispielsweise bei der Ergänzung experimenteller Methoden durch Fragebögen, Tiefeninterviews, Ethnographie und Introspektion.

2 Neue Verbrauchergruppen im Fokus der Verbraucherforschung

These 2.1: Geflüchtete stehen als Verbraucherinnen und Verbraucher vor Herausforderungen.

Geflüchtete sind mit einer Reihe endogener und exogener Faktoren konfrontiert, die es ihnen erschweren, ihre Rolle als Verbraucherinnen und Verbraucher erfolgreich zu gestalten. Zum einen haben diese Menschen meist eine gänzlich andere Konsumsozialisation und sind mit hiesigen Konsumangeboten, -formen und -praktiken nicht vertraut. Speziell in Krisengebieten steht beim Konsum häufig die existenzielle Dimension im Vordergrund. Eine Aufladung der Verbraucherrolle um politische, soziale oder ethische Dimensionen, wie sie in westlichen Ländern der Fall ist (zum Beispiel „Verbraucherbürger"), ist bei dieser Personengruppe nicht gegeben. Zum anderen schränken Hemmnisse wie Sprachschwierigkeiten oder nicht vorhandene Wahlmöglichkeiten aufgrund ökonomischer Einschränkungen Geflüchtete in ihrer Mündigkeit ein. Konkret stellt es sich für diese Verbraucherinnen und Verbraucher oftmals als unmöglich dar, Angebote zu vergleichen (unter anderem sprachlich bedingt), eine freie Wahl zu treffen (da sie beispielsweise Warengutscheine erhalten) oder Beratungsmöglichkeiten in Anspruch zu nehmen (auch wegen eingeschränkter Mobilität durch Wohnsitzauflagen).

Für die Verbraucherpolitik resultiert hieraus der Auftrag, marginalisierte Gruppen stärker zu aktivieren und zu beteiligen sowie Verbraucherbildung als Metabildung zu stärken.

Trotz Kultur- und Sozialisationsspezifika im Falle von Geflüchteten, betreffen die genannten Problemlagen auch deutsche Verbraucherinnen und Verbraucher in bestimmten Lebenslagen. Dies wurde in der Diskussion am Beispiel von quartiersbezogenen Beratungsangeboten thematisiert.

These 2.2: Lebensweltliche Veränderungen führen zur Herausbildung neuer Verbraucherrollen.

In den Fokus der Verbraucherforschung rücken neben der bereits genannten Gruppe der Geflüchteten auch zunehmend Verbraucherrollen, die teilweise aus neuen technischen Möglichkeiten resultieren. Dabei zeigt sich, dass ein ausschließlich passiver Konsum selten ist. Vielmehr ist die Mehrheit der Verbraucherinnen und Verbraucher faktisch Prosument. Innerhalb der Prosumption ist der Produktionsanteil dabei unterschiedlich stark ausgeprägt. Während beim klassischen Prosumenten, beispielsweise im Rahmen einer Do-it-yourself-Bewegung, die Grenze zwischen Konsum und Produktion verschwimmt, ermöglicht das Internet Verbraucherinnen und Verbrauchern, selbst mit Marktangeboten tätig und damit zu „Conpreneuren" zu werden. Konkret zeigt sich dies beispielsweise bei Internetverkäufen, Beförderungsangeboten oder Kurzzeitvermietungen.

Diesem unternehmerischen Verbraucherhandeln liegt meist eine Motivmischung zugrunde (ökologische, soziale, ökonomische Motive). Ökonomische Motive sind jedoch in der Regel stark ausgeprägt. Daraus resultiert die Frage, wie mit „Conpreneuren" rechtlich umzugehen ist. Der Sachverständigenrat für Verbraucherfragen schlägt dazu vor, dass „jeder, der kostenpflichtige Leistungen über eine Plattform anbietet, bis zum Beweis des Gegenteils als Unternehmer im Sinne von § 14 BGB zu behandeln ist." (SVRV 2016, 4)

3 Virtuelle Umwelten als neues Anwendungsfeld im Fokus der Verbraucherforschung

These 3.1: Wahrgenommene Privatsphärerisiken in virtuellen Umgebungen unterscheiden sich zwischen verschiedenen Nutzergruppen.

Die Heterogenität der Verbraucherinnen und Verbraucher zeigt sich auch im Kontext digitaler Angebote, die zunehmend Einzug in den Verbraucheralltag halten. Die wahrgenommenen Privatsphärerisiken in digitalen Umgebungen variieren zwischen Verbraucherinnen und Verbrauchern in Abhängigkeit von individuellen Merkmalen wie soziodemografischen Faktoren, Persönlichkeitseigenschaften, dem Wissen über Datenschutz und eigenen Vorerfahrungen. Bezüglich der Soziodemografie finden sich stärker ausgeprägte Privatsphärebedenken bei Frauen, bei zunehmendem Alter sowie Personen mit höherem Bildungsgrad und Einkommen. Der Einfluss von Persönlichkeitseigenschaften auf die Privatsphärebedenken von Verbraucherinnen und Verbrauchern wurde hingegen bislang nur rudimentär betrachtet. Negative Erfahrungen beispielsweise mit Datenmissbrauch machen das Thema für Verbraucherinnen und Verbraucher häufig erst relevant. Folglich greift auch beim Datenschutz ein „One size fits all"-Ansatz zu kurz. Verbraucherinnen und Verbraucher lassen sich basierend auf den individuellen Einflussgrößen in „Unwissende", „Indifferente" und „Informierte" einteilen.

Aus diesen Erkenntnissen resultiert die Notwendigkeit vertrauensbildender Maßnahmen beim Datenschutz (zum Beispiel verständliche Datenschutzerklärungen, Datenschutzsiegel), die die aus der hohen Komplexität des Themas resultierende Passivität von Verbraucherinnen und Verbrauchern reduzieren können.

These 3.2: Eine zielgruppenspezifische Kommunikation von Datenschutzinformationen kann den heterogenen Verbraucheransprüchen gerecht werden.

Datenschutz stellt eine Kernherausforderung im Zeitalter der Informationen dar. Wenn industrielle Selbstkontrolle versagt, ist der Gesetzgeber gefragt, den Verbraucherdatenschutz zu gewährleisten. Zugleich muss den Verbraucherinnen und Verbrauchern die Möglichkeit gegeben werden, ihre Privatsphäre zu sichern und die Hoheit über ihrer Daten wiederzuerlangen.

Um dies zu ermöglichen, müssen Verbraucherinnen und Verbraucher allerdings die relevanten Informationen zu Datenschutzpraktiken von Anbietern erhalten. Art, Umfang und Inhalt der Kommunikation von Datenschutzinformationen sollten sich dabei an den heterogenen Datenschutzbedürfnissen von Verbraucherinnen und Verbrauchern orientieren.

Während einige als „zurückhaltende Informationssuchende" beschrieben werden können, gehen andere pragmatisch vor („pragmatische Informationssuchende") oder zeigen ein hohes Informationsbedürfnis („interessierte Informationssuchende"). Darauf aufbauend lassen sich personalisierte Datenschutzangebote entwickeln. Aus personalisierten Datenschutzangeboten resultieren für Verbraucherinnen und Verbraucher eine Reihe von Vorteilen:

1. Eigene Bedürfnisse werden explizit berücksichtigt.
2. Durch eine einfach verständliche Darstellung wird die Überflutung mit Informationen vermieden.

3. Dies bietet eine Entscheidungshilfe, da Datenschutzinformationen verschiedener Angebot vergleichbar dargestellt werden können.
4. Schließlich werden auch Änderungen der eigenen Interessen und Bedürfnisse berücksichtigt. Verbraucherinnen und Verbraucher werden somit befähigt, sich aktiv und wirksam mit dem Schutz der eigenen Privatsphäre in virtuellen Kontexten zu beschäftigen.

4 Differenziertes Verbraucherverständnis in der Verbraucherpolitik

These 4.1: Ein differenziertes Verbraucherverständnis erfordert den bedarfsgerechten Einsatz verbraucherpolitischer Instrumente.

Bei der Auswahl geeigneter Instrumente politischer Steuerung sollten auch die Steuerungsadressaten – im konkreten Fall Verbraucherinnen und Verbraucher – berücksichtigt werden. Eine Analyse des Instrumentenportfolios, bestehend aus Regulierung (Verbote, Gebote), Anreizen (Vergünstigungen oder Subventionen), kapazitätsbildenden Maßnahmen (Informationen) und kooperativen Maßnahmen (Bereitstellung von Infrastruktur), in den Politikfeldern Energie und Umwelt sowie Gesundheit und Soziales zeigt, dass Kombinationen von Instrumenten vorherrschen.

Bei der Instrumentenwahl scheint jedoch bislang nicht das situations- oder personengruppenspezifische Adressatenverständnis als handlungsleitendes Prinzip zu wirken. Stattdessen dominiert in Gesetzesbeschlüssen die Auffassung von Verbraucherinnen und Verbrauchern als regelbefolgenden und vernunftbasierten (das heißt: mündigen) Akteuren. Dies zieht primär Regulierungs- und Informationsinstrumente nach sich und steht im Gegensatz zu dem sich zunehmend ausdifferenzierenden Verbraucherverständnis. Die Dominanz des „informed consumers" als Leitbild politischen Handelns zeigt sich beispielsweise auch an der Stiftung Warentest als einem staatlich etablierten Akteur des Verbraucherschutzes.

Perspektivisch sollte bei der Auswahl von verbraucherpolitischen Instrumenten daher ein differenzierteres Adressatenverständnis genutzt werden.

These 4.2: Das aktuelle Verbraucherrecht spiegelt die sich wandelnde Gesellschaft nur punktuell wider.

Die demografische Entwicklung Deutschlands ist geprägt vom Trend hin zur (Über-)Alterung, einem Bevölkerungsschwund, Migration und steigender Mobilität. Einige der genannten Faktoren können das Handeln von Verbraucherinnen und Verbrauchern dabei negativ beeinflussen. Wenngleich hohes Alter und Migrationserfahrungen zwar nicht zwingend zu einem erhöhten Schutzbedürfnis führen müssen (man denke etwa an den reicheren Erfahrungsschatz älterer Menschen), erhöhen sie doch in vielen Fällen die situative Verletzlichkeit (beispielsweise von älteren Menschen in digitalen Umwelten). Sowohl die (fehlende) Konsumsozialisation von Geflüchteten als auch die Erfahrungen aus aufsuchenden Beratungsansätzen unterstützen diese These.

Daraus resultieren besondere Herausforderungen für das Verbraucherrecht, wenn es seinem Schutzanspruch gerecht werden will. Im materiellen Privatrecht beispielsweise existieren bereits punktuell Regelungen. Kritisch ist jedoch, dass bestehende Rechte häufig nicht wahrgenommen werden und Informationspflichten ihre Wirkung aufgrund ihrer verbraucherunfreundlichen Ausgestaltung verfehlen. Weitere Instrumente, die unterschiedlichen Verbrauchergruppen bessere Entscheidungen ermöglichen, sind unter anderem qualitativ hochwerte, standardisierte Informationen oder Cooling-off-Perioden bei Vertragsschlüssen.

Es kann festgehalten werden, dass das Verbraucherrecht in Bezug auf die sich wandelnde Gesellschaft nicht vollkommen „demografieblind" ist. So finden sich Merkmale von Verbraucherleitbildern wie zum Beispiel die aus dem Alter resultierende potentielle Verletzlichkeit in aktuellen Gesetzen. Allerdings gilt es, die besondere Schutzwürdigkeit, die aus demografischen Wandlungen resultieren kann, zu berücksichtigen, ohne bestimmte Verbrauchergruppen zu stigmatisieren.

Literatur

Gabriel, Yiannis und Tim Lang. 2015. *The unmanageable consumer.* 3. Auflage. Los Angeles: SAGE Publications.
SVRV (Sachverständigenrat für Verbraucherfragen). 2016. Verbraucherrecht 2.0 – Verbraucher in der digitalen Welt. Gutachten des Sachverständigenrats für Verbraucherfragen. Dezember. Berlin. http://www.svr-verbraucherfragen.de/wp-content/uploads/Gutachten_SVRV-.pdf.

Impressum

Verbraucherzentrale Nordrhein-Westfalen e. V.
Mintropstraße 27, 40215 Düsseldorf
Telefon: 0211 3809-0, Telefax: 0211 3809-235
www.verbraucherzentrale.nrw

Die „Beiträge zur Verbraucherforschung" werden von Dr. Christian Bala (für das Kompetenzzentrum Verbraucherforschung NRW) und Wolfgang Schuldzinski (für die Verbraucherzentrale Nordrhein-Westfalen e. V.) herausgegeben.

Das KVF NRW ist ein Kooperationsprojekt der Verbraucherzentrale NRW e. V. mit dem Ministerium für Umwelt, Landwirtschaft, Natur- und Verbraucherschutz (MULNV) und dem Ministerium für Kultur und Wissenschaft (MKW) des Landes Nordrhein-Westfalen.

Die in diesem Band versammelten Beiträge geben die Meinung und die wissenschaftlichen Erkenntnisse der Autorinnen und Autoren wieder und müssen nicht mit den Meinungen und Positionen des KVF NRW, der Verbraucherzentrale NRW e. V., des MULNV und des MKW übereinstimmen.

  Ministerium für Umwelt, Landwirtschaft, Natur- und Verbraucherschutz des Landes Nordrhein-Westfalen   Ministerium für Kultur und Wissenschaft des Landes Nordrhein-Westfalen

Impressum

Kontakt:
Verbraucherzentrale Nordrhein-Westfalen e. V.
Kompetenzzentrum Verbraucherforschung NRW (KVF NRW)
Mintropstraße 27, 40215 Düsseldorf
Telefon: 02 11 38 09-0
E-Mail: verbraucherforschung@verbraucherzentrale.nrw
www.verbraucherforschung-nrw.de

Lektorat:	Heike Plank
Redaktion:	Hannah Scharrenberg
Gestaltung:	SQUIRCLE Design & Kommunikation, www.squircle.de
Gestaltungskonzept:	punkt8, Braunwald+Walter GbR, www.punkt8-berlin.de
Druck:	Druckerei & Verlag Steinmeier GmbH & Co.KG, www.steinmeier.net

Gedruckt auf 100 Prozent Recyclingpapier.

Redaktionsschluss: März 2018